[美]李·罗斯（Lee Rose）著 张磊 李野鹏 译

篮球技术与战术训练

有效提升攻防效率和比赛胜率

人民邮电出版社

北京

图书在版编目（CIP）数据

篮球技术与战术训练：有效提升攻防效率和比赛胜率 ／（美）李·罗斯（Lee Rose）著；张磊，李野鹏译 . — 北京：人民邮电出版社，2021.4
　ISBN 978-7-115-55420-8

Ⅰ. ①篮… Ⅱ. ①李… ②张… ③李… Ⅲ. ①篮球运动—运动技术 Ⅳ. ①G841.19

中国版本图书馆CIP数据核字(2020)第269078号

免责声明

作者和出版商都已尽可能确保本书技术上的准确性以及合理性，并特别声明，不会承担由于使用本出版物中的材料而遭受的任何损伤所直接或间接产生的与个人或团体相关的一切责任、损失或风险。

内 容 提 要

　　本书作者是在篮球领域享有盛誉的李·罗斯教练。在本书中，他以清晰、简洁的表达方式分享了自己在高中、大学和职业球队执教 40 多年间积累的宝贵经验。从进攻、防守、攻防转换到特定情况，罗斯在书中详细介绍了与比赛方方面面相关的技战术指导和针对性训练，以及球员成功执行战术需具备的基本技能和提升球队整体执行力的方法。此外，本书还展示了罗斯用于识别球员优势与劣势的表现评分体系及如何运用评分结果挖掘球员和球队潜力。任何想要提升执教水平的教练和希望全面发展的球员都将从书中的内容获益，从而不断优化球队或自身的场上表现，赢得比赛。

◆ 著　　　　　[美] 李·罗斯（Lee Rose）
　　译　　　　　张　磊　李野鹏
　　责任编辑　　王若璇
　　责任印制　　周昇亮
◆ 人民邮电出版社出版发行　　北京市丰台区成寿寺路 11 号
　　邮编　100164　　电子邮件　315@ptpress.com.cn
　　网址　https://www.ptpress.com.cn
　　北京虎彩文化传播有限公司印刷
◆ 开本：700×1000　1/16
　　印张：17　　　　　　　　　2021 年 4 月第 1 版
　　字数：342 千字　　　　　　2025 年 1 月北京第 8 次印刷
　　著作权合同登记号　图字：01-2019-7915 号

定价：98.00 元

读者服务热线：**(010) 81055296**　印装质量热线：**(010) 81055316**
反盗版热线：**(010) 81055315**
广告经营许可证：京东市监广登字 20170147 号

致我的家人：
一如既往，感谢你们的支持与陪伴。

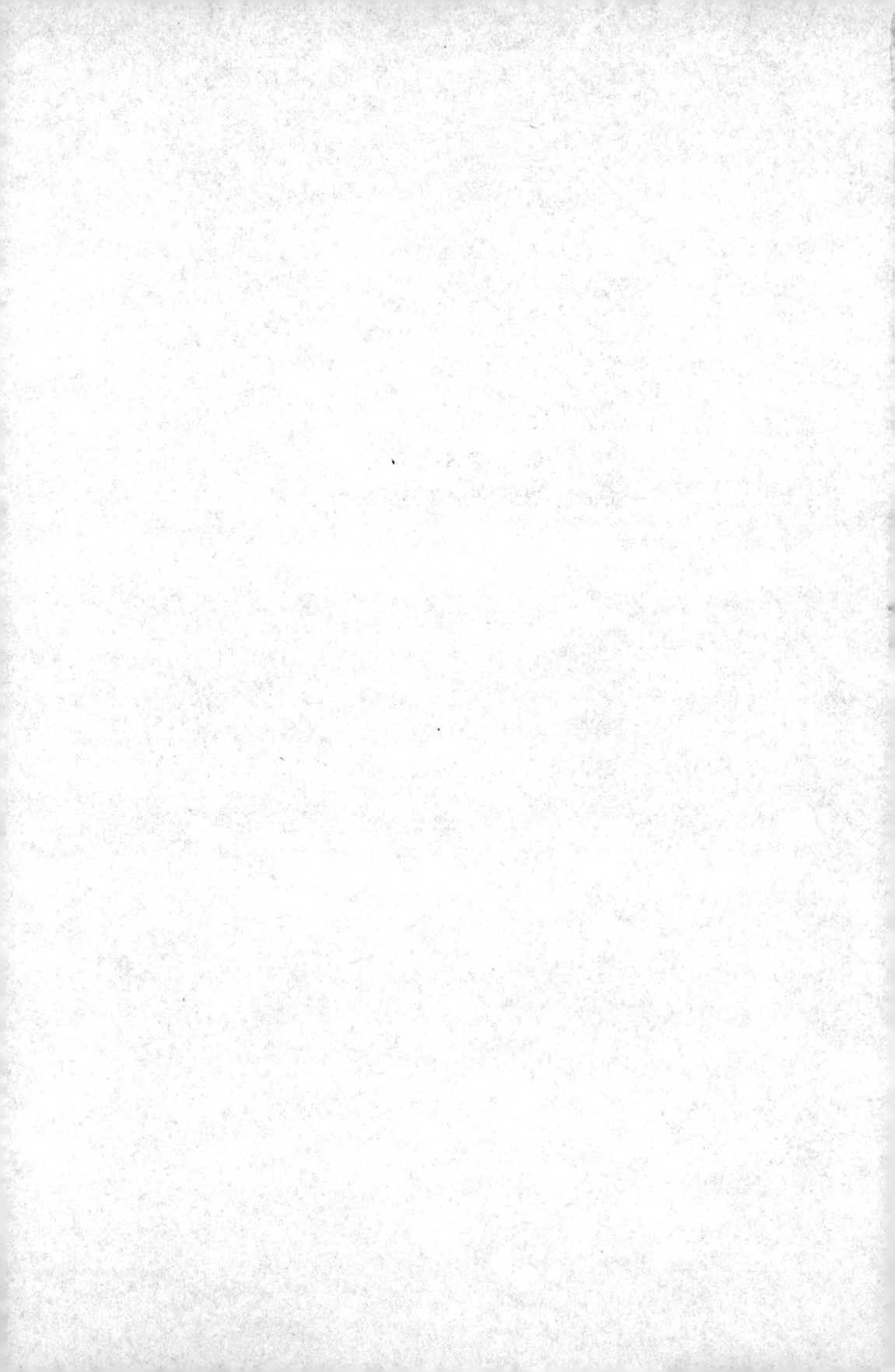

目　录

第 9 章　关键时刻的战术部署　221

扫描右方二维码添加企业微信。

1. 首次添加企业微信，即刻领取免费电子资源。

2. 加入体育爱好者交流群。

3. 不定期获取更多图书、课程、讲座等知识服务产品信息，以及参与直播互动、在线答疑和与专业导师直接对话的机会。

推 荐 序

　　所有的赞美之词，都不足以夸奖给这本书取名字的人。书的名字非常切合主题。如果篮球教练能够熟练地掌握书中的信息并将其应用到执教中，相信球队一定会经常取得比赛的胜利。此外，这本书还体现了李·罗斯的个人执教特色。

　　30多年前，我在弗吉尼亚联邦大学担任助理教练。我们的球队在赛场上和南佛罗里达大学的球队狭路相逢时，坐在他们主教练位置上的，是一个初出茅庐却声名鹊起的家伙。我几乎能感受到对方教练席传来的一股傲慢的气息，全凭对方球队拥有这位因获得年度最佳教练奖而闻名的教练——李·罗斯。他曾带领北卡罗来纳大学夏洛特分校和普渡大学这两所名校闯进四强。这对太阳带联盟的教练来说，可谓是梦寐以求的荣誉。

　　就我对与南佛罗里达大学的这一场和其余比赛的观察，罗斯非常关心球员和球队而非他自己。在他执教球队的球员要做的事情，就是尽最大努力发挥出自己的水平并坚信对手永远不可能战胜自己。

　　罗斯执教的球队基本功非常扎实，球队中每个球员在场上的表现似乎都超出了个人天赋所能达到的程度。罗斯是比赛的大师，这让赛场上不巧遇到他的对手教练很沮丧。每次对手教练认为自己获得优势时，罗斯都会运用正确的防守和恰当的球员阵容来做出积极的回应。看着这样的有力回应一次又一次地发生，大家忍不住想问："罗斯是怎么做到的？"

　　这本书就是答案。从第一页到最后一页，这本书都在讲述如何正确地运用技巧和战术，但是其最大的价值在于罗斯敏锐的洞察力及书中的一些实用的训练方法。无论是想要提高三分球、罚球的命中率，还是挡拆的成功率，教练都能从这本书中获得一些全新的思路，以最大化训练成果，同时保证球员技术动作的稳定性。球员表现评分体系（PRS）是一个可以用在比赛和训练中的优秀评估工具。不管教练们是想获得通用的指导原则，还是想知道如何应对特定的比赛状况，在这本书中，都可以找到一些充满智慧且易学好用的解决办法。

　　这本书的逻辑非常清晰，易读性很高。罗斯传授知识时注重精确性，就像他执教的球队在赛场上所表现出的那种精确性。罗斯沉着的极具控制力的性格造就了他简洁而直接的表达方式，对此我尤为赞赏。

　　但是，这本书除了给我们带来知识外，更令人印象深刻的是罗斯用它所做的事情。与 *The Basketball Handbook* 一样，罗斯会大量购买这本书并无偿捐赠给阿巴拉契亚一些贫困地区的学校。伴随这本书传递的是一个积极的信息，即教育是打开更美好未来之门的钥匙。这是我们篮球界所有人都应铭记的制胜点。

塔比·史密斯
明尼苏达大学主教练

前　言

本书适用于寻求教学技能提升的各级教练和对全面发展感兴趣的球员。在我多年的执教生涯中，我从未遇到过在某些方面不需要提升的球员。我身边有很多优秀球员、杰出球员和伟大球员，但从来没有一个是完美的。无论是投篮、罚球、运球、传球、抢篮板球、掩护、使用适当的投篮技巧，还是诸如无私或做良好的决策等与直觉有关的特征，再伟大的球员也可以在比赛中提升其中几项。本书对以上及更多方面进行了探讨。

如果你是一名初中生或高中生，你想知道在参加球队选拔时别人期望从你身上看到什么，你可以看看进攻技能的部分或防守战术的部分。如果你想知道如何提升垂直跳跃技能或怎样加快速度，也能从这本书里找到答案。如果你即将步入大学，你既可以在本书中找到一些基础训练，也可以发现关于你在选择学校的时候应该注意什么和期待什么的关键信息。

你在组织有序的球队中取得越多进步，就越被期待做出更多贡献。如果你有良好的习惯，你就会明白，你付出的努力越多，得到的回报就越多。这条格言在运动中是适用的，但更重要的是，它在生活中也是正确的。球员和教练都需要明白，失败带来的失望程度与为赢得比赛所耗费的精力直接相关。为什么一些年轻球员在高中时表现出色，但在进入大学后却落后了？这往往因为他们只关注自己容易掌握的技能，而忽视了全面发展的重要性。不管是教练还是球员，都需要在比赛中对成功的要素有充分的理解，然后制定一个计划来帮助自己实现目标。

本书的前 3 章提出了帮助教练和球员保持专注的原则，确定了球员、教练和球队的角色，还展示了具有公平性和一致性的评估过程。本书的第 4 章至第 9 章从理念和应用角度出发，讲解了进攻和防守基础知识并总结了特定情况下应使用的战术。相应的训练和图表有助于各个级别球员的发展。如果你是一名教练，这些训练和图表是很好的执教工具。

我在本书中加入了一些能证明某一观点的教练故事，但这讲的不是我的教练生涯，也无关我曾经工作过的大学机构或职业球队。本书旨在帮助读者理解比赛的基础及如何将相关知识与实际情况结合起来。我曾在美国职业篮球联赛（NBA）发展联盟做了六年的主教练管理工作，在这个职位上，我批评过很多专业的教练，也给他们提供了具体的建议，帮助他们发展专业技能。目前，我正给高中、大学和职业级别的篮球教练提供积极指导。本书中的内容帮助我解决了与教练们讨论的许多问题。我希望通过阅读本书，教练们会产生新的想法，从而赢得比赛。

仅靠天赋并不能保证获胜，但是通过基础训练磨炼出来的天赋，一定会使球队更上一个台阶。对篮球有深刻领悟的球员和教练都明白，随机释放的能量很难产生建设性的结果，因此他们在比赛中寻求提升的方法，即获得胜利优势的方法。成功的教练会为球队和每一位球员制定详细的训练计划。寻求篮球水平提高的球员往往需要同样的路径指引。训练中的每一个练习及对进攻或防守战术的每一次执行，都要有明确的目的。本书展示了很多经过验证的训练内容，这些内容可以让球员和教练变得更强。

本书中的内容是我积极参与篮球运动近 50 年而总结出来的精华。这些来自大学和 NBA 球队的训练内容经受住了时间的考验，是非常有效的。我希望教练们读过本书之后，都能够有较大的收获。

致　谢

首先，我要感谢我教导过的球员。要想赢球，教练必须拥有有天赋的球员，而我有幸确实拥有有天赋的球员。但更重要的是，我训练的是一群意志坚强的人。感谢你们每一个人，感谢你们成为我执教之旅及本书不可分割的部分。

其次，我要感谢那些默默无闻的助理教练，他们为我们的成功做出了巨大的贡献。以下是我相继担任过主教练的四所大学及我在这些大学的助理教练。

特兰西瓦尼亚大学：唐·莱恩、鲍勃·佩斯、罗恩·惠特森和罗兰·维尔威尔。

北卡罗来纳大学夏洛特分校：埃弗里特·巴斯和迈克·普拉特。

普渡大学：埃弗里特·巴斯、罗杰·布莱洛克、乔治·费贝尔、比利·凯利和杰夫·迈耶。

南佛罗里达大学：埃弗里特·巴斯、简·本内特、刘易斯·卡德、戈登·吉本斯、迈克·莱德曼、迈克·刘易斯、杰夫·迈耶、迈克·雪莉和马克·怀斯。

接着，我要感谢两位特别的人，在写作过程中他们不断鼓励和支持我。原稿只用了三年多的时间就完成了，但修改花费了两年的时间，这才形成了今天这个版本。然而，书中的经验、知识和理论是在一生的教练生涯中积累起来的。本书提出的概念和故事源自我，但如果没有许多人慷慨地付出他们的时间和精力，本书就不可能出版，更不用说这个全新的、改进的版本了。我想感谢以下两位。

第一位是约翰·基尔戈。1976年到1977年，我们进入四强的时候，约翰是北卡罗来纳大学夏洛特分校49人队的评论员，那时我们结下了深厚的友谊。我很感激他作为作家及电台、电视评论员提供的宝贵建议。他具有敏锐的洞察力，懂得很多篮球知识。他一遍又一遍地阅读这一版，他的支持是无价的。我对他表示感谢和深深的敬意。

第二位是乔丹·科恩。他在我写作过程中给予了鼓励，提供了事实和数据。我很感激。

我还要感谢美国人体运动出版社出版团队的成员，特别是特德·米勒，感谢他的耐心指导，感谢他的热情和他对上一版及这一版的坚定信心。特别感谢这一版的开发编辑劳拉·波代斯基。在整个出版过程中，她对细节的关注和不断的投入、鼓励是无价的。也感谢为这个项目做出贡献的其他人，如贾斯汀·克卢格、泰勒·沃尔珀特、尼尔·伯恩斯坦、乔伊斯·布伦菲尔德、乔·巴克、贾森·艾伦、劳拉·菲奇、阿尔·威尔伯恩和朱莉·登策尔，以及项目拍摄场地的提供方——位于伊利诺伊州厄巴纳市的厄巴纳高中。

在我成长的岁月里，我的教练们给我提供了很好的训练并给予了我很多鼓励，他们分别是莫顿初中的布里斯科·埃文斯、埃尔默·吉尔、约翰·希伯和沃尔特·希尔，亨利克莱高中校长沙普顿博士，以及特兰西瓦尼亚大学的哈利·斯蒂芬森、C.M.牛顿和杰克·怀斯。

我与同事之间相处的基础是拥有共同的价值观且相互尊重。我很荣幸地向大家介绍欧文·伦格博士、詹姆斯·布罗德斯博士、迪恩·科尔瓦德博士、弗兰克·迪基博士、道格·奥尔博士、韦恩·杜克、比尔·沃尔、维克·布斯、泰·贝克、弗雷德·绍斯和迪克·鲍尔斯博士。还有 NBA 的同事鲍勃·韦斯、威利斯·里德、德尔·哈里斯、弗兰克·汉布伦、迈克·邓利维、山姆·文森特、伦尼·威尔金斯、马蒂·布莱克、马特·威尼克、拉里·赖利、迈克尔·戈德堡，参议员赫布·科尔，以及密尔沃基雄鹿队的老板，他们总是给予我鼓励和支持。

最后，我要感谢埃莉诺·罗斯，她信念坚定，她无私奉献出自己的时间、精力来提供明智的建议。她是一位严格的批判家，她将每一个字、每一个训练读了又读。作为过去 53 年的合作伙伴，我们发现，在我们的生活中，几乎没有什么事情能和我们在写作和修改本书时经历的各种相提并论。

关键的示意图

进攻球员	○ ① ② ③ ④ ⑤
持球进攻球员	● ●₁●₂●₃●₄●₅
后卫	Ⓖ
控球后卫	●_G
前锋	Ⓕ
中锋	Ⓟ
教练	Ⓒ
有球指导	●_c
防守球员	x x¹ x² x³ x⁴ x⁵
传球	- - - - - - →
运球	⋀⋀⋀⋀→
掩护（进攻）、包夹或切断传球路线（防守）	├───
球员移动	────→
中轴脚	⟳

第 1 章

优秀球队的 6 大原则

从 1948 年的密歇根五虎到 20 世纪 60 年代中期鲁普的小球旋风，我亲眼见证了肯塔基大学辉煌的冠军篮球队成长之路。我从这所学校球队的比赛中学到了很多足以终身受益的东西。其中最重要的一点是，球队要获得成功，每个球员和教练都必须拥有相同的信念。

正如肯塔基的球队所证明的那样，并不是每一个俱乐部都必须遵循同样的模式才能成功，球员也无须完全相同，每个球员都注定有自己的成功之路。教练和球员必须考虑许多因素，如比赛经验、个人能力等。从历史上看，NBA 和美国大学生篮球联赛（NCAA）的冠军也有明显的区别，甚至某赛季和上赛季的冠军都有着天壤之别。

尽管如此，作为一名球员和教练，我从近半个世纪的职业运动员和执教经历中发现，能够一如既往保持赢球文化的球队都坚持以下 6 大原则。

1. 保持良好的身体状态。
2. 在比赛中拼尽全力。
3. 在比赛中多动脑筋。
4. 坚定执行战术计划。
5. 无私。
6. 扬长避短。

结合自身的经历，可以回顾一下，自己所处的最优秀的球队是否具备以上 6 大特质？而与此相反的是，一个成绩较为糟糕的球队是否缺少上面一个或几个特质？

基本上，能否获胜取决于天赋，但当球队缺乏这 6 大特质中的任何一个时，球员的能力都会打折扣。因此，不管是球员还是教练，都要致力于实现和保持这些原则。可以从首先需要解决的身体状态问题开始。

原则 1: 保持良好的身体状态

优秀的球员在打球时令人着迷。他们不仅能熟练地运用技巧和战术，而且在每场比赛中都会全力以赴。更令人惊讶的是，他们做这一切看起来如此轻松。

显然，并不是每个球员都能像明星球员那样轻松自如地发挥自身的实力，但是通过适当的体能训练，球员们可以极大地提高他们在球场上的表现。拥有理想的篮球专项体能，球员的上场时间就能增加，在比赛中打球的质量也会提升。

在赛季开始之前的训练计划中，我推荐的内容主要由三个不同要素组成：一是练就扎实的基本功，二是进行敏捷性和爆发力训练，三是对于临场发挥的训练。这个训练计划的要求很高，但很实用，也很有效。有竞争力的球员喜欢每天对自己发起挑战，他们可以通过完成特定体育项目的训练，以在实战中获得巨大的好处。

无论是在体能训练、专项训练中，还是在正式的比赛中，球员必须摄入足够的饮用水。适当的水合作用不仅有益于身体健康，还能够让球员的身体机能得到充分发挥，并支持其在训练、比赛中完成高水平的发挥。

以下是对训练计划的三个重点要素的详细说明。

练就扎实的基本功

以前，篮球的技术动作训练是一个缓慢的过程，需要很长时间，训练量也非常大。为此需要进行的有氧运动可能包括长跑、骑自行车、游泳或其他能够提升耐力的运动。这样的训练如果能够经过精心的设计，并在适当的强度下进行，随着时间的推移，就能改善球员的呼吸效率和心率。这在休赛期是很好的训练，能保证球员的身体状态处于最佳水平。

但是为了改善球员的心血管健康状况，有科学研究提出应该适当减少球员跑步的距离，同时提升训练时的速度。多年来，训练球员的重点都放在拉伸肌肉上，即打造修长、有弹性且能适应长距离跑动的肌肉。但是快缩肌纤维，即在短时间的高强度体育活动中收缩得更快的肌肉纤维，在球员的训练、比赛中其实更加重要。

这一切需要建立在球员能够完成足够的无氧训练的基础上，以及保证球员在身体正常运动的条件下，能够达到在场上比赛的要求。这就像建房子打地基一样，在施工的过程中，我们会在结构中加入一些特定的风格特征，但是如果没有一个坚实的基础来支撑和维持，这些新加入的东西可能就会不太稳定。以无氧训练为基础，我们会为篮球运动中重要的特定动作设计特定的风格。

根据亚拉巴马州伯明翰市的美国运动医学研究所（ASMI）的说法，无氧训练是"持续30秒到2分钟的活动"。这一定义包括间歇性训练，它强调肌肉的快速收缩反应。间歇性训练指的是在有限的时间内进行高强度的训练，训练和休息的时间比例大约是

1：2（例如，每训练1分钟，休息2分钟）。间歇性训练是篮球运动员训练的首选方法，是无氧训练的主要组成部分。

间歇性训练会让球员机体产生氧债，但这既不会让运动员感到疲惫，也不会让他们因疲劳而更容易受伤。氧债更常见的说法是"喘不过气来"，从氧债中恢复需要一段时间的休息。球员越健康，从氧债中恢复的速度就越快。间歇性训练可以增加肺活量和氧气摄入量，从而增强恢复能力和耐力。球员必须有较强的耐力，这样才能在整个比赛中保持出色的表现，并和队友一起取得优异的成绩。

间歇性训练需要在室内进行，如体育馆或室内跑道，并且训练场地中要常备时钟和秒表等计时工具。时钟和秒表有两个主要功能：一是可以反映每次训练和休息的时间，二是可以激励球员更加努力。尽管不像正式比赛那样需要身体接触，但是球员的动机是和时间赛跑，而不是和队友或对手对抗。时钟和秒表的这种激励作用是相当强大的。当球员把注意力集中在一个没有生命的物体上时，教练就不必扮演"坏人"的角色。使用跑道时，需要在直道的一侧地板上，标出28.7米的距离。

下面介绍如何组织间歇性训练。将1 600米的距离分为8段，每段200米，每个球员每次需要完成200米的跑步训练。可以根据球员在场上的位置不同，为后卫、前锋、中锋预先设定不同的完成时间。在赛季前的训练期间，按时间和场上位置，对球员5年的个人统计数据进行汇总后，设定球员完成训练的时间。这里需要注意的是，所有这些时间都是根据球员大学期间的成绩进行统计的，对于身体条件还不成熟的高中球员或已经拥有很高技能水平的职业球员来说，设定的时间可能会不同。

每个球员都要在特定的时间段内进行冲刺。所有球员的目标是每天缩短完成时间，从而提高速度。例如，教练让后卫在另一个训练日用44秒的时间跑完200米的距离；在第二个训练日，时间缩减到43秒；在第三个训练日，时间缩减到42秒；以此类推。前锋同样从44秒开始；在第二个训练日，时间缩减到43秒；在第三个训练日，时间仍为43秒。中锋则从45秒开始；在第二个训练日，时间缩减到44秒；在第三个训练日，时间仍为44秒。

这种高强度间歇性训练需要持续10天。要有人对此进行监督，并记录结果。训练分为两个不同的部分，在周一、周三和周五进行200米跑，周二和周四进行400米跑。训练计划样本（表1.1）可以反映出一周中每一天球员完成规定距离跑步训练所需的时间。

间歇性训练开始时，可以将训练时间设置为24分钟，这样就不需要不断重置秒表。这个倒计时会一直持续到三组球员（后卫、前锋和中锋）跑完1 600米为止。通常情况下，后卫先进行跑步训练。助理教练在他们冲过终点线时，喊出并记录他们的用时。在完成200米跑时，前锋在后卫开始训练后1分钟也开始跑步训练，即从23分0秒开始倒计时。然后中锋来到起跑线，从22分0秒开始倒计时。而当中锋完成跑步训

表1.1 训练计划样本

第1周					
	周一	周二	周三	周四	周五
距离	200 米	400 米	200 米	400 米	200 米
后卫（控球后卫和得分后卫）	44 秒	1 分 38 秒	43 秒	1 分 35 秒	42 秒
前锋（小前锋和大前锋）	44 秒	1 分 38 秒	43 秒	1 分 35 秒	43 秒
中锋	45 秒	1 分 42 秒	44 秒	1 分 41 秒	44 秒

- 与大个子球员协商后，确定他们训练的时间和组数。可以根据年龄、体重和速度进行相应调整
- 对后卫和前锋来说，第一周的时间安排应该没有问题
- 每个球员在进行 400 米跑时都会有呼吸困难的感觉

第2周					
	周一	周二	周三	周四	周五
距离	200 米	400 米	200 米	400 米	200 米
后卫（控球后卫和得分后卫）	41 秒	1 分 33 秒	40 秒	1 分 33 秒	39 秒
前锋（小前锋和大前锋）	42 秒	1 分 33 秒	41 秒	1 分 33 秒	40 秒
中锋	44 秒	1 分 40 秒	43 秒	1 分 40 秒	42 秒

- 目标是把大个子球员完成 400 米跑的时间减少到 1 分 40 秒
- 以速度见长的球员完全可以应对这样的时间安排
- 跑动积极的球员可以显著提高速度
- 普通的球员可以明显提高速度

练时，后卫又开始新一轮训练。每一名球员都要再重复 7 次 200 米跑，直到所有人都完成 1 600 米的距离为止。

无论是 200 米跑，还是 400 米跑，除了休息的时间间隔不同，其他的顺序都是一样的。进行 400 米跑训练时，后卫从 24 分 0 秒开始倒计时，而前锋从 22 分 0 秒开始倒计时，中锋从 20 分 0 秒开始倒计时。每组轮流进行，直到倒计时结束，每组跑 4 个 400 米，也就是完成 1 600 米的距离。

在 200 米跑的训练中如果有球员有一次跑步训练没有达标，就需要再多跑 200 米。而完成这 200 米跑时，可以允许球员多用 5 秒的时间，即如果原本规定要在 42 秒内

完成200米跑，补跑的时间要求可以延长到47秒。而如果球员补跑也失败，第二次补跑可以再延长10秒的时间。如果因没有跑到转弯处就开始转弯而导致跑动的距离不够，需惩罚球员再跑2个200米。在400米跑的训练中，如果球员第一次没有达标，补跑时可以允许延长15秒；而如果还没达标，是否需要补跑可以根据球员自身状况来决定。短暂休息一段时间后，球员在开始第二阶段的训练前需完成所有的补跑。在所有的转弯中，球员必须用双手触摸边线，如果不这样做，则需要继续进行惩罚补跑。这种间歇性训练从教练给出的哨声或喊出"开始"的命令开始，抢跑的处罚是多跑200米。

这种训练的目的是唤醒球员的身体，这样可以保证他们在接下来的2小时训练中，避免肌肉拉伤或其他的伤病。但这种训练不能让球员耗光体力，以免适得其反。教练应该谨慎判断球员的状态，不要让球员硬撑着，以免出现受伤。

敏捷性和爆发力训练

在打好基础后，赛季前的训练项目必须集中在提高肌肉耐力、敏捷性、柔韧性、平衡性、力量和爆发力上。在跑步训练阶段结束后，可以直接开始这些训练。

在周一、周三和周五的间歇性训练之后，进行6项与篮球相关的训练。其中，3项训练强调敏捷性、柔韧性和力量，即防守滑步、仰卧起坐和立卧撑跳；另外3项训练的重点为快速伸缩复合跳跃训练，即快速起跳、跳绳和篮板跳。在周二和周四的跑步训练之后，整个训练主要围绕着快速伸缩复合跳跃训练展开。

快速伸缩复合训练起源于20世纪60年代中期。苏联人在训练中，尤其是在田径训练中，利用快速伸缩复合训练取得了巨大的成功。尤里·沃克霍山斯基教练在跳跃方面的成功堪称传奇，被称为"快速伸缩复合训练之父"。他通过增加跳高和跳远等利用肌肉组织的自然弹力的训练成功地提升了运动员的反应能力。

这里建议的6项在周一、周三和周五进行的训练由教练、训练员和统计人员监督，他们负责记录每个球员的成绩。每项训练持续45秒，每项运动后休息2分钟。基于位置把球员分成几组。所有小组都受到监督，并且所有小组都在同一哨声下开始。给每组分配一项开始训练。球员有组织地轮换，直到他们完成所有的6项训练。在将球员分成5组的情况下，每次轮换期间有一项训练是轮空的。每天的目标是由前一天设定的平均重复次数决定的。

仰卧起坐

仰卧起坐可以增强腹肌力量。建立强大的腹部核心肌肉力量有助于防止肌肉拉伤、撕裂和损伤，而这些伤病往往需要经过一个赛季的时间才能够痊愈。

1. 开始时，平躺在地板上，膝盖弯曲，双脚平放在地板上，双手放在头的两侧，让队友帮忙按住双脚（图1.1a）。

2. 将躯干卷起来，当肘部接触到膝盖时，一次动作完成（图1.1b），然后重复动作。

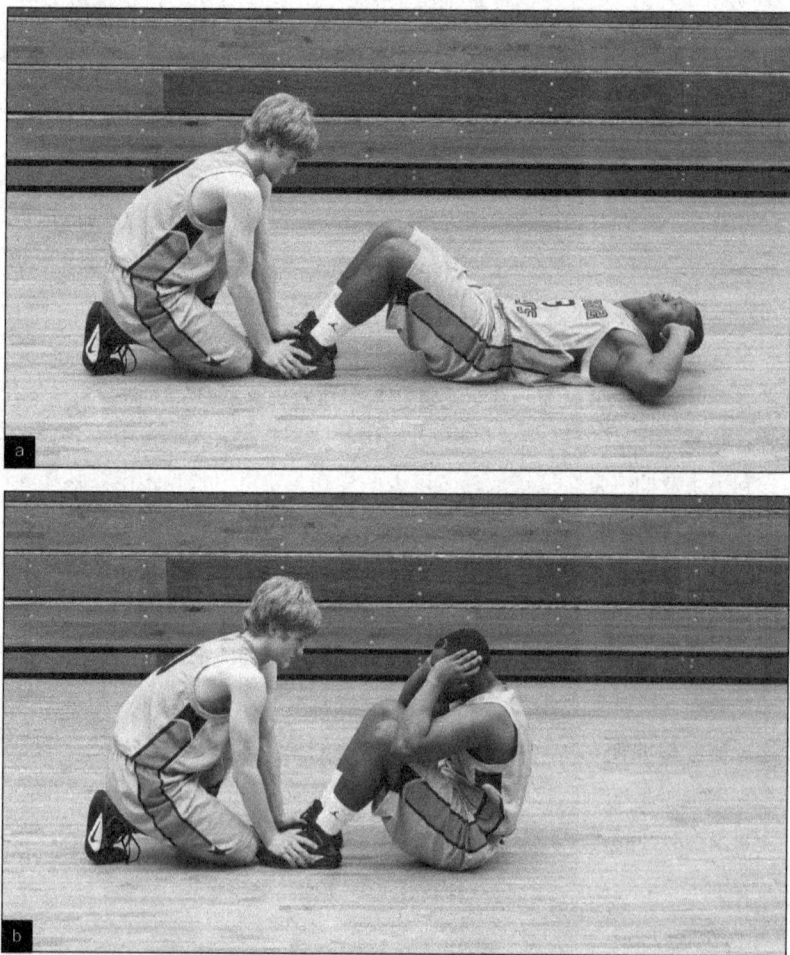

图 1.1 仰卧起坐: a. 仰卧; b. 双肘触膝

立卧撑跳

立卧撑跳，也叫波比跳，它结合了多种运动，可以增强力量、敏捷性和柔韧性。这种训练对于大个子球员来说尤其困难。

1. 开始时站立，双脚稍稍分开（图1.2a）。

2. 下蹲，把手掌放在地板上，双手应与肩同宽，放在膝盖外侧（图1.2b）。

3. 向后撤腿，形成俯卧撑准备姿势（图1.2c），然后身体向下，胸部几乎贴地（图1.2d）。

4. 先恢复俯卧撑姿势，然后再做下蹲姿势，挺胸直立，然后重复这个动作。

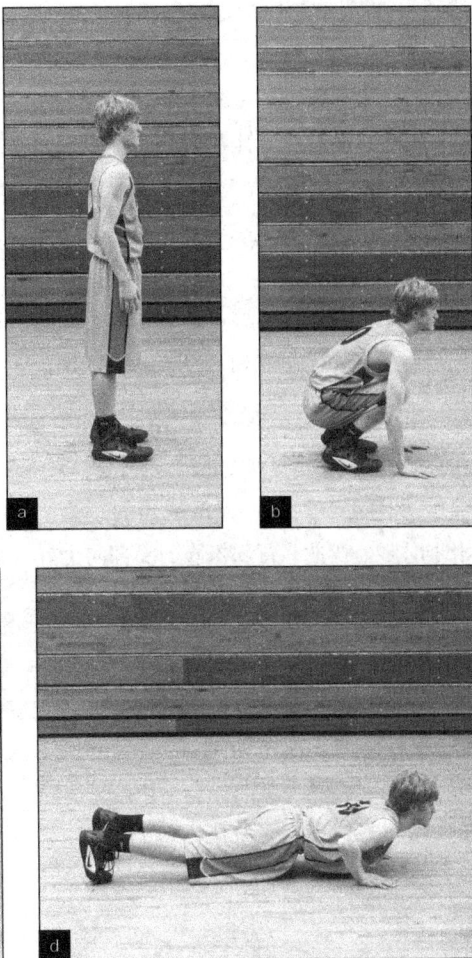

图1.2 立卧撑跳：a. 站立；b. 蹲；c. 形成俯卧撑准备姿势；d. 进行俯卧撑

这项训练中包括直立、下蹲、向后撤腿和俯卧撑姿势，这让它成为一种对身体要求很高的训练。从篮球的角度来看，这种训练是为了让球员们知道他们有能力抢夺地板球，而且这也是比赛中球迷们喜闻乐见的场面。

防守滑步

防守滑步是通过正确的步法，学习正确的防守姿势的过程。滑步对于加强腹股沟、腹部和背部肌肉的力量非常有用。这项训练用到的道具是四把椅子或橙色的圆锥体，用以指定滑行的范围。

1. 开始时双脚分开并弯曲膝盖，伸出双臂（图1.3a）。

2. 移动右脚，让双脚靠得更近（图1.3b），然后左脚向左侧迈步（图1.3c）。注意，迈出的是短步而不是交叉步。

3. 在四到五次滑步之后，改变方向回到起始姿势。重复上面的动作。

完成从一侧到另一侧的滑步训练后，球员还可以前后移动。重点在于技巧：保持身体处于低位，保持适当的平衡，滑步时膝盖弯曲，背部挺直，头部向上。防守滑步有助于防止腹股沟受伤。这种训练需要球员不断地移动。

图1.3　防守滑步：a. 双脚分开；b. 移动右脚，让双脚靠得更近；c. 左脚向左侧迈步

快速起跳

这项训练需要一个 15 厘米高的道具。这项训练可以提高速度、敏捷性、耐力和力量。

1. 开始快速起跳前，呈站立姿势，膝盖弯曲（图 1.4a）。
2. 球员跳过 15 厘米高的道具（图 1.4b），双脚着地（图 1.4c），立即跳回起始位置。重复上面的动作。

球员以连续的动作来回跳跃。虽然重点是速度和敏捷性，但安全也是要考虑的问题。因为球员经常会在训练即将结束时感到疲劳，所以球员在完成训练前可能要暂时停下来，让自己喘口气、打起精神。

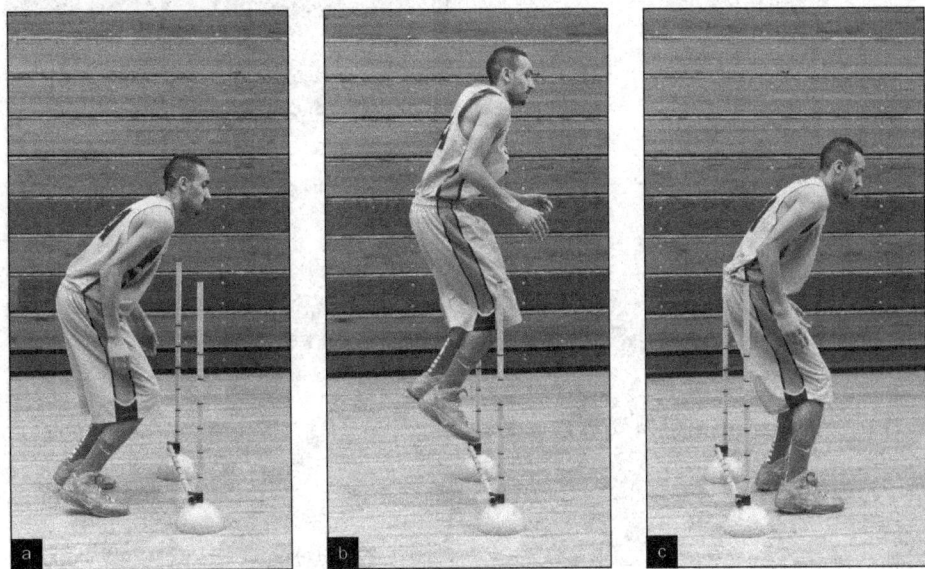

图 1.4　快速起跳：a. 屈膝；b. 跳跃；c. 双脚着地

篮 板 跳

篮板跳训练可以增强力量，调整节奏，还能增强双脚起跳时的爆发力。

1. 训练开始时，站在罚球线，准备进行两步起跳（图 1.5a）。

2. 靠近篮板时，爆发性地双脚起跳，双手同时向上伸展（图 1.5b），双手尽可能高地拍打篮板（图 1.5c）。

3. 落地后，迅速回到罚球线，重复这个过程，与此同时，教练统计跳跃的次数。

目标是每天提高速度、高度和增加触摸次数。

图 1.5 篮板跳：a. 站在罚球线，准备进行两步起跳；b. 爆发性地双脚起跳；c. 拍打篮板

跳 绳

跳绳对于掌握时机、节奏以及加强腿部和脚踝的力量都是至关重要的。

1. 训练开始时，双脚起跳并挥绳，持续 15 秒（图 1.6a）。

2. 切换到右脚起跳并挥绳，持续 15 秒（图 1.6b）。

3. 左脚起跳并挥绳，持续 15 秒（图 1.6c）。

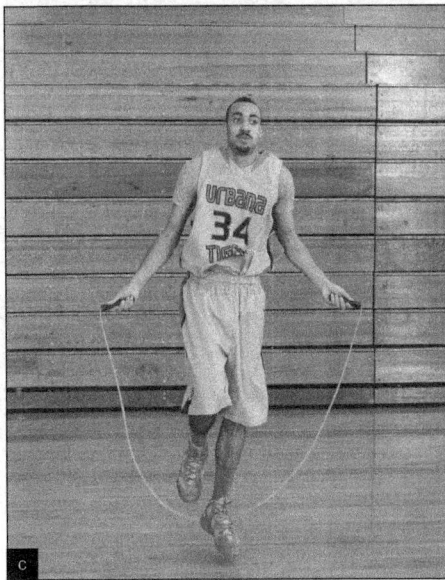

图 1.6 跳绳：a. 双脚起跳；b. 右脚起跳；c. 左脚起跳

周二和周四，球员应注重快速伸缩复合跳深训练。单腿瞬间抬起能增强耐力、促进发展和提高肌肉动作的拉长−缩短周期的效率。在拉伸过程中，大量的弹性能储存在肌肉中，在接下来的同心运动中，肌肉通过重新利用这种弹性能变得更强壮。确保球员与合格的教练一起训练，并能熟悉正确的跳跃技巧。

跳深训练

选择高为30厘米、45厘米、60厘米、75厘米和90厘米的跳凳，其底座长90厘米、宽90厘米。把跳凳排成一排，间隔60厘米，从最矮的开始，跳到最高的结束。

1. 首先跳到30厘米高的跳凳上（图1.7a ~ 1.7c）。

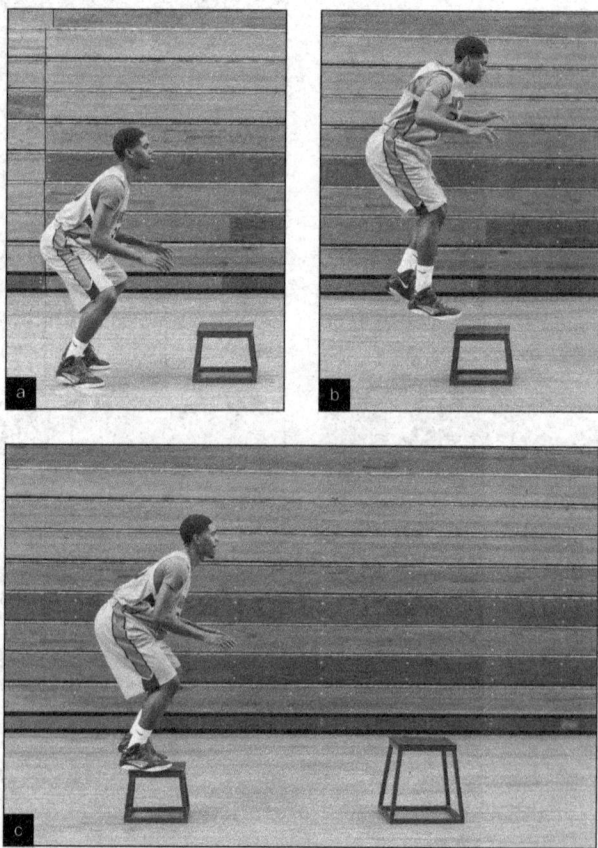

图1.7 跳深训练：a ~ c. 跳到30厘米高的跳凳上

2. 立即跳下来并跳到 45 厘米高的跳凳上（图 1.7d ~ 1.7f），再次快速跳下来并跳到 60 厘米高的跳凳上，以此类推。

3. 在确保安全的情况下，尽可能跳过更多的跳凳，可以使用相同的弹跳动作，一次跳过一个跳凳。

　　球员接触到地面后，立即开始做重复动作。球员每组要完成 3 ~ 6 次重复动作，分别用双腿、右腿和左腿起跳；在休息 2 分钟后，开始下一组训练。

图 1.7（续）　跳深训练：d ~ f. 跳到 45 厘米高的跳凳上

临场发挥训练

赛季前训练中的最后一个部分是打全场比赛，在比赛中，球员自己选择球队和裁判。球队中经验丰富的球员，有助于确保缺乏经验的球员在场上每一秒都能全力以赴，以保证训练的效果得以最大化。

先投进10个球的队伍获胜，优胜的队伍留在场上继续比赛，失败的队伍就地休息。15名球员组成3支球队，每支球队至少参与2场比赛。打全场比赛有助于增强球员的毅力和耐力。在完成200米跑的间歇性训练、敏捷性和爆发力训练后，球员会感到疲倦，有时甚至会感到精疲力竭。因此，训练赛中球员通常会打得草率、马虎。

为了能够在比赛中取得进步，每个球员都必须督促自己，努力克服疲劳。把训练赛加入训练中3~4天后，球员应该能提高心肺的恢复速度，并在训练结束时更有能力展示高水平的技能。

原则2：在比赛中拼尽全力

1958年，我从特兰西瓦尼亚大学毕业。这所大学位于肯塔基州莱克星顿市，是一所小型的文科学院，有着丰富的篮球历史和传统。我们很快就学会了在自己的圈子里活得舒适、安逸，因为我们和肯塔基大学在同一个城市，我们知道自己会永远活在它的影子里。在担任篮球队队长并获得体育学位后，我找到了一份教练的工作。

对我来说，钱不是问题，但我一直在寻找一个机会。我跳槽去了肯塔基州凡尔赛小镇的一所高中当教练，这个小镇距离莱克星顿市大约20千米。我负责教5门课、3项运动（篮球、足球和棒球），以及开校车参加体育赛事。我的年薪是3200美元，这对我来说还可以。这是我当篮球教练的机会，而且是千载难逢的机会。

许多人和我一样，有为工作全力以赴的经历。但如果篮球是一个人的梦想，不管是打篮球还是当篮球教练，还是二者兼而有之，努力工作和奉献自我必然是其中的一部分。有些年轻人想当教练，但又因为不想住在偏僻小镇而放弃当教练的机会，对此我不太欣赏。要想在当篮球教练或打篮球上有所突破，你必须从小处着手，全力以赴。如果高中和大学的球员和教练不全力以赴，就没办法经常带领球队取得比赛的胜利。这些级别的球员和教练必须努力工作，为自己和球队打下坚实的基础，因为在其他条件相同的情况下，努力程度通常决定谁会成为获胜者。

在特兰西瓦尼亚大学时，我们的学生作息时间主管戴维·亨齐克以身作则告诉我们，懒惰不可接受。尽管他患有脑瘫，但他会对自己的工作没有出现失误而感到非常自豪。他是学校里非常重要的员工，为我们的球队树立了一个很好的榜样。他对每个人都产生了鼓舞作用，以至于我们谁也不会想到抱怨或者放弃。以下几点是努力工作的方法。

保持专注

像生活中的大多数事情一样，要想在篮球比赛中获胜，需要奋力进取。成功没有任何捷径，要心无旁骛。赢家认识到他们必须保持专注，努力向上，并明白在努力进取的过程中，也会发生令人沮丧的挫折。

无论是在室外球场上独自训练个人能力，还是在赛季中期参加球队训练，全心投入是学习、保持和执行的关键。由于球员在训练中注意力不集中、没有保持紧张感，发生脚踝扭伤和肌肉拉伤是很常见的事。

要有效率

教练防止球员分心的一个方法是让训练变得有趣、有成效、积极向上。个别训练应该快速进行，最好有一个时钟来调节每次训练的时间。除了训练赛，一般训练时长不应超过 5 分钟。可以用 20 分钟的时间训练特定的方面（投篮、防守步法、卡位），在这段时间内训练要多样化。多样化的训练不会让球员感到无聊，并能帮助他们保持专注。用更少的时间完成更多的事情，训练对每个球员来说才会更有成效。

球员提高效率的方法包括按时训练、穿着得体、注意细节、集中注意力并正确地进行训练、全神贯注地比赛、以积极的态度来表达对队友和教练的支持。

每天竞争

不管是想要进入校代表队的中学新生，还是想要出现在首发阵容中的职业球员，身处良性竞争的训练环境中有助于球员自身的成长。高中球员可以寻找机会与当地各类机构的篮球队进行比赛。大学或大学以上级别的球员可以把最简单的进攻训练应用到更高水平的比赛中。例如，进行个人投篮训练时，要决出获胜方。谁先投进一定数量的球，谁就是获胜方。获胜方出现后，换一个训练项目。对于球队投篮，可以进行翻身跳投、后仰投篮和低位掩护接球投篮训练，第一个投进 5 个球的球队获胜。我曾经和戴尔·库里、格伦·赖斯、戴尔·埃利斯和里基·皮尔斯这样伟大的 NBA 投手共事，我可以告诉你，驱使他们不断进步的，也是这样的竞争。

加练

训练前和训练后的时间是球员用来提升自我的时间。无论是控球、抢篮板球、防守还是投篮，每天多投入 15 ~ 30 分钟训练的球员，比那些训练开始时才出场、训练结束后一溜烟消失的球员进步得更快。提升自我的时间也给球员提供了一个改善与教练或队友关系的绝佳机会。那些掌握了技能并且对教练感觉更好的球员，从一个训练项目到另一个训练项目的过程中会更有动力。许多教练把提升自我的时间作为训练的一部分。提升自我的时间对于年轻球员以及任何级别没有足够上场时间的老将来说，都是非常重要的。

原则 3：在比赛中多动脑筋

任意挥霍天赋，往往无法取得任何的效果。特兰西瓦尼亚大学教育学院院长吉姆·布罗德斯博士是我们进行篮球训练时的常客。作为一个善于分析的人，他总是对为什么要做某些事情表示质疑。例如，他想知道为什么在紧逼进攻中，我们要对付 7 名防守球员。实际上，这样做是为了让进攻更加有效。布罗德斯博士对球员们的高度专注很感兴趣，他想知道这种做法能否应用到自己的教学中。我们讨论了在教授合作与竞争的过程中出现的难题。他对教学过程很感兴趣，喜欢球员和教练之间的互相谦让。他提出的问题强调了为什么一项特定的训练和计划比另一项更好。此外，他的问题说明个体应该带着目标去做每件事，给工作制定计划并努力完成计划。内部会议和训练场是制定计划的地方，也是球员通过巧妙的比赛学习获得成功的地方。

以下几点总结了巧妙比赛的方法。

篮球智商

在决定如何执行一个计划时，教练可以带动球队、督促球队或领导球队。虽然教练通常更偏爱一种风格，但在漫长的赛季中，这三种方法都有可能会派上用场。高效的教练明白，成功不仅是篮球比赛上的成功，还包括每个球员在学业上的成功。为了保证计划能够顺利实施、圆满完成，教练需要参与整个计划的全部过程。

在训练场上，球员通过遵守学校和球队的规章制度、给队友更多的支持、在训练前和训练后尽可能地早到和晚走及在球队需要时与队友精诚合作，来展示自己的篮球智商。在球场之外，球员需要对自己的学业负责，完成课堂要求，科学饮食，保持健康的习惯，明智地选择朋友，远离伤害。

垃 圾 话

篮球名人堂成员、1983 年的 NBA 得分王亚历克斯·英格利希曾在 2001—2002 年担任 NBA 发展联盟查尔斯顿队的教练。当时我是 NBA 发展联盟的教练主管，在一次训练中，我注意到英格利希教练的球员们互相说垃圾话。在评论环节，我问英格利希教练，为什么他允许球员们在训练中彼此说垃圾话。他只是耸了耸肩，好像他不知道，或者根本没有想过这个问题。我对他说："你的那些球员，任何一个人都不能站在 NBA 的赛场上说垃圾话。"他对此表示认可，并在当晚的球队会议上，在球队面前做出了声明，纠正了这个问题。

有针对性的训练

如果不了解基础知识，球员就没有办法打出聪明的比赛，他们应在训练中学习这些基础知识。如果一支球队的底子不好，基本功不扎实，或者全体球员无法朝着同一个目标努力，那么他们在比赛中就会非常困难，尤其是面对逆境的时候，很难逆转。一些让比赛看起来很轻松的球员，如洛杉矶快船队的克里斯·保罗 *，可能会给人留下凭直觉和胆量打球的印象，但统计数据揭开了一个秘密。在 2011—2012 赛季，保罗平均每场比赛拿到 19.8 分，投篮命中率 47.8%，罚球命中率 86.1%，平均每场比赛 9.1 次助攻。训练赛为球员提供了很多尝试的机会，让他们能了解自己的优势，并与队友建立共同的目标。

打下坚实基础

教练必须想尽一切办法，将球员的基本进攻和防守技巧从高中水平提升到专业水平。当年轻球员在队伍中不断进步时，注意力通常会过多地集中在如何得分上。那些经常阅读报纸上关于比赛报道的人不一定总能看出这一点——头号得分手不一定是球队最优秀的球员。

得分多的球员不一定是好的投手。投手可能是得分手，但反过来并不总是这样。在很多情况下，大个子年轻球员得分更多，这只是因为他们比防守球员更加高大强壮。媒体对他们得分的报道让他们有些飘飘然，因此可能会忽视自己需要提高传球和运球技术，或者增加跳投的距离。随着球员的比赛水平越来越高，他们整体技能的缺乏就会成为大问题，并会对他们的发展形成掣肘，因而教练必须提醒他们，让他们知道自己需要努力做什么。

比赛需要的不仅是得分，养成良好的防守习惯才是至关重要的事情。球员还需要学习如何正面单打对手，如何在跳投中处于比较有利的低位位置，如何避免运球突破时被抢断或干扰，以及如何应用争抢篮板球的技巧。那些进入好大学，甚至成为职业球员的人，早就已经发展成一个攻守兼备的完整体。

减少犯规

在球员们掌握了基本的技术动作之后，他们应该开始意识到，由于自己犯规而让对手站上罚球线的代价是巨大的。如果球员因为缺乏基本功或者因为懈怠而犯规，那就没办法打出聪明的比赛。教练们需要清楚地认识到，过多的犯规往往会导致输掉比赛。毕竟，在没有人防守的情况下，从篮筐正前方 4.5 米的距离投篮，对一个职业球员来说应该不会太难。

我在北卡罗来纳大学夏洛特分校、普渡大学和南佛罗里达大学执教时，都会做这

---

* 本书中的信息截至英文原版书出版日期，即 2012 年 9 月。——译者注

样一个规定：只要一个球员第一次犯规，我就会换下他。这条规定有以下两个好处。第一，替补球员能够认识到他们对球队很重要，因为他们知道一旦首发球员在比赛中第一次犯规，他们就会上场。替补球员知道自己很快会上场比赛，在训练中注意力就会更加集中。他们会认为自己不是替代品，需要在比赛中付出努力。第二，当首发球员在犯规后离场时，他能强烈地感觉到随意犯规会伤害球队。坐着休息一会儿，球员就有时间集中精力，避免出现第二次不小心的犯规。这一规定还包括让首发球员在第二次和第三次犯规后也被换下来，以避免出现犯规过多的问题。

正确传球

在训练中，教练和球员应该做很多工作，以确保在比赛的最后阶段，发边线球的球员能够将球传到正确的队友手中。在比赛的最后阶段，保持领先优势的球队会尽一切努力把球传给最好的罚球手，因为他们知道一旦发出边线球，对手就可能立刻采取犯规以节省时间。

NBA前球队夏洛特黄蜂队发边线球，在面对对方的紧逼防守时，采取所有球员排成一行，然后迅速散开到场地的开阔区域的方式应对。接到边线球的球员，会立刻遭到对手的犯规，所以球队最好的罚球手格伦·赖斯是最适合接边线球的球员。在这种情况下，他通常是第一选择。如果发球球员成功地把球传给赖斯，对手就不愿意对他犯规，因为他在罚球线上投篮的命中率高达85%。没有被犯规就能争取到更多的时间，这样对球队有利。

因此在比赛的关键时间里，知道自己球队的优势，并加以利用，是对球队最有利的做法。

原则 4：坚定执行战术计划

一场比赛在最后阶段往往就是两三个回合的较量。比赛胜负难分时，通常，哪支球队在比赛最后阶段能持续保持从容、镇定，哪支球队会取得最终的胜利。知道了这一点，教练们就会花上数小时来研究比赛最后阶段的情况。他们强调正确的传球角度、进行掩护、掌握好场上的平衡，让对手难以掩护进攻球员，或用两位防守球员包夹对方的进攻球员。主教练会让所有球员在球场上努力扮演好自己的角色，并通过不停地跑动，找机会让其中一名球员在无人防守下的情况下完成投篮。教练和球员都知道，精神上开小差会导致身体做出错误的技术动作，因此优秀的球队会专注于场上的形势，球员的精神高度集中，能够保持积极心态。

在比赛后期仅仅得到投篮机会是不够的，还要保证较高的命中率。这样做需要球队有严格的纪律，需要球员能够在场上保持镇定、沉着，也需要球队和球员能够对此有充足的准备。场上的所有球员，无论是传球的球员、掩护的球员、牵扯防守的球员，以及最终完成致命一击的球员，都必须正确地扮演自己的角色，帮助球队达到目标。篮球比赛的真谛之一就是，如果一个球员表现糟糕，那么其他四个队友即使表现出色，所有努力也会付诸东流。篮球是一项真正的团队运动，需要五个人齐心协力完成一个目标。如果集中注意力，所有的教练和球员在每一场比赛中都能总结出一些新东西，那么球队的发展也会越来越顺畅。

以下几点总结了如何执行战术计划。

不要在比赛中做实验

在我在南佛罗里达大学队执教时，有一场比赛的对手是杰克逊维尔大学队。当时，我们全场落后于对手。在距离比赛仅剩下 5 秒的时候，我们终于通过 1–3–1 压迫式防守，将比分差距缩小至 2 分。而此时，杰克逊维尔大学队的中锋对我们的中锋犯规了，我们的中锋在罚球线上获得了 2 次罚球机会，如果全部命中，我们就有机会追平比分。紧逼战术非常奏效，我们决定继续用这个战术完成剩余的比赛。但是我们首先需要调整阵容，因为中锋正在罚球。如果中锋罚球成功，他在回防时要站在高位，在紧逼战术下防守对方内线策应的传球手，而小前锋需要去护筐，防止对方长传或带球突破上篮。

我们的中锋两罚全中，把比分扳平，然后按照我要求的防守阵型，防守杰克逊维尔大学队的边线球。杰克逊维尔大学队把边线球发给了后卫，后卫接到球后沿着边路推进。但他没有选择单打我们侧翼的防守球员，而是一个长传，把球传给了杰克逊维尔大学队的中锋。杰克逊维尔大学队的中锋在终场哨响的那一刻，在无人防守的情况下，上篮命中了一个绝杀球。而我们球队的小前锋虽然在对方发边线球时站在正确的位置，但是当杰克逊维尔大学队投中绝杀的时候，他擅离职守，跑到中场附近的习惯站位，因为他忘记了自己已经和中锋交换了位置。

作为南佛罗里达大学队的主教练，我从这次经历中吸取了两个重要的教训：第一，不要在一场比赛中进行球员从未训练过的尝试；第二，尽管有些球员能够在激烈的比拼中迅速做出调整，但有些球员却不能，他们需要待在自己的舒适区。比赛最后阶段的失败，让我们失去了翻盘的机会。

和教练一样，球员也应该避免在比赛中进行一些不曾做过的尝试，做出重大调整之前需要在训练中充分准备。

适时打出王牌

绝大多数优秀的球队都知道执行力有多么重要。棒球队很少使用强迫取分，但他们会对此进行训练。橄榄球队会训练四分卫偷袭，但他们在比赛中也很少使用这个战术。篮球队几乎每天都应拿出时间模拟比赛的最后时刻，进行全场比赛训练。球队应该花时间对每一个细节勤加训练，因为类似的情况在任何比赛中都可能会出现。当我还是特兰西瓦尼亚队的主教练时，我们参加了肯塔基大学体育协会联赛的决赛，对手是肯塔基州巴伯维尔联合学院队。巴伯维尔联合学院队拥有主场优势，因为他们是排名更高的种子选手。这场比赛的获胜者将进入美国全国大学校际体育协会联赛（NAIA）的季后赛，而失败者的赛季将结束，因而这场比赛关系重大。

在比赛的常规时间还剩下 4 秒时，双方打成平局，而我们球队在距离篮筐 28.7 米的地方获得发边线球的机会。我们整个赛季都在对这种情况进行反复演练，因此当我们喊了暂停时，球员在走向暂停区的瞬间，就已经知道接下来的战术安排了。为了能够将战术发挥出色，每个球员都需要做好自己的工作。回到场上后，我们球队的两名后卫分别站在中线附近的两端，而球队中个子最高的鲍勃·埃克罗伊德站在我方的罚球线位置，球队的中锋在中场位置。我们的球员喊了一声"上前掩护"，鲍勃·埃克罗伊德给中锋做了后掩护，而两名后卫立即迈出三大步，冲向后场佯装接球，然后迅速转身前插。而球最后传给了此时已经站在中线附近的鲍勃·埃克罗伊德，他接到球后转身向前推进。鲍勃·埃克罗伊德当时有两个选择，一是把球传给一名后卫，但在当时，这个选择已经是不可能的了；二是自己带球到篮下并完成投篮。在终场哨声响起时，球颠进了篮筐，我们看到了去堪萨斯城参加 NAIA 的曙光。后掩护、后卫们的快速冲刺、快速转身前插、长传给位于中场附近的鲍勃·埃克罗伊德，以及他的接球、运球和投篮，每一个环节都准确无误，绝杀球也将比赛推到了高潮。可以说，执行力才是执教和比赛的最大魅力所在。

原则 5：无私

我从来没有见过哪个教练喜欢训练一个自私的球员，我也从来没有见过哪个球员喜欢和一个自私的队友一起打球。球员很早就能认识到，投篮和控球是教练在选择球员时看重的技能。不幸的是，当教练们为美国业余体育联盟（AAU）、初中和高中球队挑选更好的球员时，自私的打法已经在这一体系中根深蒂固了。

无私不是通过向队友、教练和球迷证明你不自私来体现的，而是通过保持一种心态和打球的方式来体现的，在这种心态和方式之下，所有的决定和行为都反映了一个愿望，便是尽可能帮助球队获得胜利。在某些情况下，无私可能意味着带球突破吸引防守后，把球传给位置更好的队友；而在另一些情况下，无私可能意味着面对无人防守时的跳投。一个球员首先应考虑的是如何以最有效的方式实现球队目标。

在 2011 年的 NCAA 中，有几支球队以其无私的精神在比赛中击败了排名更高的种子选手，成为典范。从巴特勒大学斗牛犬队两年内第二次闯入四强开始，8 号种子巴特勒大学斗牛犬队在第二轮击败了 1 号种子匹兹堡大学队；13 号种子莫尔黑德州立大学队打败了强大的 4 号种子路易斯维尔大学队；来自大西洋十大联盟的 12 号种子里士满大学队击败了东南赛区联盟的强大球队，5号种子选手范德堡大学队。在2011年的NCAA中，最能体现球队无私精神的例子可能要数弗吉尼亚联邦大学队了，他们是11号种子，在进入四强的比赛中，击败了1号种子堪萨斯大学队。

以下几点总结了无私表现在哪些具体的方面。

分享球

由擅长得分的球员组成的球队称为全明星球队，其受到那些不懂篮球比赛，只关注得分的媒体的关注。在这种情况下，很多年轻球员变得自私就不足为奇了。他们认为投篮和得分是获得成功的主要途径。

教练们会花很多时间教球员如何选择投篮时机。而糟糕的投篮时机，往往会摧毁一支球队的信心。经验丰富的教练会告诉球员，糟糕的投篮时机可能会导致以下几个问题。

- 球队抢进攻篮板球的站位不好，没有人知道什么时候去拼抢进攻篮板球。
- 糟糕的投篮时机让球队很容易遭到对手的快速反击，也会给对手轻松投篮的机会。
- 糟糕的投篮时机会摧毁球队士气，投篮球员把个人利益置于球队成功之上。
- 当球员投篮时机选择得不好时，队友也会失去掩护和切入的动力。
- 随心所欲、妄想一劳永逸的投篮时机选择，会让球队的战术执行变得混乱，让队友产生困惑。

教练在赛季开始时就应该跟球员讲清楚什么是好的投篮时机、什么是坏的投篮时机及二者的区别。球员也要清楚二者的界限。

持球者要带球移动，找到空位队友，尤其是在快攻时，要有开阔的传球视野。自私的球员可能会选择一直带球突破，而不是把球传给正在跑位的队友，从而破坏快攻中本方球队人数占优势的情形。我们可以看看当今NBA比赛中那些优秀的球员，德里克·罗斯、克里斯·保罗、科比·布莱恩特、史蒂夫·纳什和拉简·朗多等这些球员的名字很容易被想起。这些球员不需要让球在自己的手中也能在场上发挥作用。事实上，他们会想尽办法将队友串联起来，让所有队友都能够分担得分的任务，让对手更难防守。克里斯·保罗平均每场9.8次助攻，拉简·朗多平均每场8.1次助攻，德里克·罗斯平均每场6.8次助攻。到目前为止，科比职业生涯的助攻次数高达5418次。他们展现出的不仅是无私的打球方式，而且是聪明的打球方式。好的教练会设计出半场进攻战术，使球员发挥最擅长的本领，让球流畅地运转起来。而如果球停在球员的手中，进攻的战术也就遭到破坏了。无论是为了球员自己，还是为了球队能够成功，球员都应该分享篮球。球员会发现，好的传球能够帮助队友投篮得分，而这和自己得分一样是有价值的。

协防

防守是打好篮球的基础。防守好的球队跟有天赋的球队一样，都能够坚持到比赛的最后一刻。即使是天赋异禀的球队，也会遇到一些问题，尤其是在客场时，他们的投篮命中率不高。在这样的情况下，赢球的方法就是要有良好的防守。通过防守，降低对手的投篮命中率，球队获胜的机会就能大大增加。优秀的球员都会有强烈的防守意愿并愿意学习在比赛中进行有效防守的方法，我们在比赛中也经常能看到防守好的队伍。

球员需要什么才能打出好的防守？防守球员要有充沛的能量、有韧性、无私、热情、有快速移动的能力和良好的预判能力。好的防守球员总是随时准备向被击败的队友伸出援助之手。伟大的队友之情可以建立在防守上。这种关系的美妙之处在于能把无私渗透到球队的防守中，从而培养球员无私的行为。防守可以很有趣，最好的防守队伍会为自己的防守感到自豪。教练可以通过观察球员的防守，来对球员加深了解。

以下是球员为球队防守做出贡献时，需要达成的 9 条防守指标。

1. 时刻处于运动状态，摆出防守姿势。
2. 滑动双脚，不要交叉。
3. 当球员在球的后面时，冲刺以追上球。
4. 正面牵制对方持球球员。
5. 在面对对手的每一次投篮时，都要尽量干扰。
6. 封掉强侧传球线路。
7. 卡位争抢篮板球。
8. 争抢地板球。这种行为会让队友更加积极。
9. 如果球员需要休息，示意让教练换人。防守时不可以偷懒休息。

清除毒瘤

自私的球员迟早会影响球队。教练们必须迅速、果断地剔除球队中自私的"毒瘤"。如果教练能接受一个球员自私的打球方式，那么其他球员到最后忍无可忍，就会抱怨："教练允许乔这样打，为什么我不能？"发生这样的事，球队就完了。

比尔·拉塞尔曾是波士顿凯尔特人队优秀的中锋，他以无私的精神领导着球队。一天晚上，我坐在汤姆·桑德斯旁边，他是拉塞尔在波士顿凯尔特人队效力时的队友。我问他是什么让波士顿凯尔特人队有着如此之高的影响力。桑德斯说，这一切都是拉塞尔的功劳。桑德斯说："90% 的时间他都在为球队掌控球权，但他自己只得到 10% 的分数。"拉塞尔明白球员的成功是靠赢球，而不是靠个人得分数据。虽然 NBA 已经出现了许多明星球员，但只有真正无私的球员，如拉塞尔、迈克尔·乔丹、拉里·伯德、"魔术师"约翰逊、以塞亚·托马斯，以及沙奎尔·奥尼尔、科比·布莱恩特、大卫·罗宾逊和蒂姆·邓肯，才能为赢得 NBA 总冠军提供必要的领导力。

原则 6：扬长避短

球员会把自己擅长的所有东西都带到赛场上。有些人是得分手和投手，有些人是控球手，有些人擅长抢篮板球，有些人擅长防守，有些人拥有全面的领导力，能够增强球队的凝聚力。优秀的教练知道每个球员在球队中，哪里做得好，哪里做得不好；而严谨认真的球员不管身处美国业余体育联盟、夏令营，还是校队，他们都想要知道自己真实的技术水平到底处于一个什么样的位置。

一支 NBA 球队列出了 67 个不同的防守参数，每天根据这些指标给球员打分。以下几点总结了扬长避短的方法。

记录训练成绩

表 1.2 是一份用于选拔和训练的初步评估表，它为教练提供了具体的信息，以便在讨论运动员的优缺点时给出准确的评价。

教练通过训练和记录来分析和确定球队的价值和缺陷，最终完善球员的角色，建立一个有凝聚力的球队。角色说明了投手、篮板手和后卫应承担什么责任。大多数时候，这些角色的工作大家都清楚。当球员能理解并接受他们的角色时，产生冲突的可能性就会降低。富有洞察力的教练明白，球员可能会对比赛风格产生分歧。后卫们更喜欢把中距离投篮作为进攻方式的第一选择，而大个子球员则希望在进攻时先进入内线。天赋异禀的球队享有内线和外线进攻的优势，但是低水平球队的教练必须清楚什么样的风格才是最重要的。在比赛风格上主教练可以征求助理教练的意见，但主教练要做出最后的决定。

为了确保不产生混乱，教练对球员扮演什么角色来帮助球队取得成功有最终的决定权。在赛季的第一次会议上，教练必须对一些问题进行讨论，如政策、规章制度和纪律。在这个时候，所有的球员都应该填写一张表格，说明他们的强项、弱项和今年的个人目标（表 1.3）。收集并评估这些表格有助于减少潜在的冲突，让每个人都朝着同一个方向努力。

表 1.2 初步评估表

姓名：_____ 评分标准：1 ~ 5 分（5 分最佳）

评估			
进攻技巧	评分	防守技巧	评分
投篮		防守姿势正确	
中距离投篮		牵制力	
带球		对抗能力	
传球		给予帮助或支援	
向前带球		阻止运球突破	
进攻篮板球		防守篮板球	
态度		扑救	
讨论点			
强项	评分	弱项	评分
投篮		姿势正确	
运球		对抗能力	
态度		给予帮助或支援	
牵制力		阻止运球突破	
防守篮板球		中距离投篮	
扑救		传球	
		向前带球	
		进攻篮板球	

[源自：L. Rose, 2013, *Winning basketball fundamentals* (Champaign, IL: Human Kinetics).]

表 1.3 球员信息表

姓名：_____

1. 球队目标	请对此进行解释

续表

2. 个人目标	请对此进行解释	

3. 提升的统计	计划	去年的数据
投中次数		
罚球		
平均篮板球		
平均助攻		
平均失误		
个人犯规		
每场比赛得分		
每场比赛投篮		
态度［评分标准：1～5分（5分最佳）］		
4. 学业相关	**计划**	**去年**
分数等级		
平均分数等级		
主修科目		
指导教练		
毕业日期		
第一学期课程		

续表

	强项	弱项
5. 比赛中的强项和弱项（请列举并详细说明）	1	1
	2	2
	3	3
	4	4
	5	5

[源自：L. Rose, 2013, *Winning basketball fundamentals* (Champaign, IL: Human Kinetics).]

使用统计数据

如果使用得当，统计数据有助于确定球员的强项和弱项。在训练中编制的统计数据和图表（第3章）是确立球员角色的宝贵资源。追踪球员的进步是一种重要的方式，可以告诉他们哪里需要改进，以及他们在自己的位置上与其他球员有什么差距。统计数据可以衡量一个赛季或特定数量的比赛中个别球员和球队的表现。收集信息是这个过程的一部分，更重要的是知道如何应用它。有效的统计数据是帮助教练识别球队优势和劣势的工具。统计数据不代表一切，但如果使用得当，就能提供有价值的指导。统计数据可以反映球员在某些领域的进步，结合在训练中发生的其他事情，可以确定球员的比赛时间。

统计数据就像是球员的成绩单，它能公平地展示球员的强项和弱项。每场比赛的数据统计完毕后，教练应与球员进行讨论。在单独的会议中，应对统计数据进行回顾和讨论，并就球员如何改进不足给出意见。

让最优秀的球员终结比赛

对教练和球员来说，最大的挑战之一是确保直到激烈的比赛结束时最优秀的球员都在场上。当队友遇到犯规麻烦时，球员应该迅速意识到并做出调整来帮助防守，冲抢篮板球，或者快速跑回篮下提供帮助。乔·巴里·卡罗尔的身高有213厘米，1980年从普渡大学被选为NBA状元秀，他对我们球队的价值非常大。每当他在比赛中，领到第4次犯规时，我们就得想尽办法，帮助他继续留在场上。我们可能会改变防守战术或调整阵容。教练必须掌握个人犯规情况、球员的疲劳状态和伤病情况，并知道谁是最好的压力型罚球手，这样才能在比赛临近结束时的关键时间里，让最强的阵容留在场上。2004年的NCAA半决赛中，康涅狄格大学队战胜杜克大学队的比赛中就做到了这一点，在上半场比赛中，康涅狄格大学队让埃梅卡·奥卡福在替补席上坐了将近16分钟，换来了他在下半场能够打到最后一刻。

　　对于每一个想在自己的行业里取得成功的人来说，做出计划并执行计划是很好的建议。在早期的规划阶段，教练应该建立可信赖的原则，该原则是做出成功篮球计划的基础。保持良好的身体状态、在比赛中拼尽全力、在比赛中多动脑筋、坚定执行战术计划、无私、扬长避短，优秀球队的这6大特质使教练和球员能够在一个清晰、明确的路线图的指引下，打下坚实的基础。随着这些特质能够体现在球队的比赛中时，我们的下一步是对球员和教练在领导素质方面所承担的重要角色进行说明。

第 2 章

比赛和执教

自 1891 年詹姆斯·奈史密斯创立篮球运动以来，篮球已成为一项不断发展的运动。2010—2011 年，美国国立高中协会联合会（National Federation of State High School Associations）进行了一项有关篮球参与人数的调查。调查显示，有 984 777 名运动员参加了篮球运动。这些运动员既有男性（545 844 人），也有女性（438 933 人）。在高中，篮球的参与人数排第三，仅次于橄榄球的参与人数（1 109 836 人）和户外田径的参与人数（1 054 587 人）。篮球的普及程度持续增长，在小学、校内和 AAU 都有针对特定年龄段的课程。初中与篮球相关的课程已经成为高中教育的分支系统，竞争空前激烈；大城市的一些学校有多达 100 名学生竞争 15 个校队名额。整个夏天播放的 AAU 项目，为球员的成长和技能发展提供了一个很好的机会。人们对篮球运动的热情、兴趣和参与程度都达到了前所未有的高度。

随着比赛的不断发展，规则、装备、场地规模、比赛策略、球员的体形在不断变化，球员的技能水平也在不断提高。与此同时，教练也在开发新的战术，以便在规则范围内最大限度地发挥集体和个人的才能。

规则及角色的转变

随着球员们身高增加、更加强壮并具备超强的运动能力和高级的技术，规则也有必要进行改变。像鲍勃·库尔兰、乔治·麦肯、威尔特·张伯伦和卡里姆·阿卜杜尔-贾巴尔这样的大个子球员对改变和改写有关干扰球、扣篮、罚球和其他方面的规则有着巨大的影响。

教练也推动了规则的改变。北卡罗来纳大学队的迪恩·史密斯采用的四角进攻法，就是利用了出色的控球手和大学阶段缺乏投篮机会的特点。随着越来越多的球队试图通过在比赛时不让更强壮、更有运动天赋的球员拿球来缩短比赛时间，大学的决策者和电视广告商开始担心公众会失去兴趣，电视节目收视率会下滑。因此，在 20 世纪

80年代中期，为了提高得分和消除拖延战术，对以下三条规则进行了更改。

1. 45秒进攻投篮时间。

2. 三分球。

3. 防守时的打手犯规要被判罚篮。

这些变化对现代篮球运动产生了巨大的影响。进攻时间限制和三分球的出现，促使教练改变以往的攻防战术策略。一开始教练们认为区域防守是更有效的，因为球队必须在规定的时间内投篮，防守球员必须在球场上不停移动，并守住三分线。但很快教练们就意识到，如果进攻方的分享球做得好，就会产生大量无人防守的中距离投篮机会。而在这种情况下，又会有很多球队意识到，人盯人防守才是根本的解决办法。

此外，防守时的打手犯规要被判罚篮这个规则让带球突破战术更加流行。以往的篮球比赛中，允许防守球员的一只手放在进攻球员的髋部位置，从而达到防守时对进攻球员的变向和加速进行预判。然而，在20世纪80年代中期，这一规则改变了。如果进攻球员面对防守球员，防守球员不得触碰他。优势很快从防守方转移到进攻方，而带球突破（第6章）成为一种非常盛行的进攻战术。

进攻时间限制和三分球加上防守时的打手犯规要被判罚篮，这些规则的实施，让制定规则的人获得了他们想要的效果。1993年，大学篮球比赛中的进攻时间限制被缩短到35秒；2008年，三分线被移到6.32米的位置。

随着规则的改变，球员变得更壮、更强、更快、更熟练，这使得传统的角色标签过时了。多年来，球员的角色基本分为三类：后卫、前锋和中锋。然而，随着球员的进步，位置划分变得更加具体。

控球后卫（1号位） 据说真正欣赏控球后卫的教练，是那些不得不在没有控球后卫的情况下打球的球队的教练。控球后卫可以称得上是场上的教练。在大多数情况下，控球后卫是场上的领袖，他总是知道比赛的剩余时间、场上比分、本队还有多少次暂停、每支球队有多少次犯规，以及在必要的时候，谁需要站出来犯规。控球后卫必须有很强的外围意识，并且能在控球方面做出正确的决定。控球后卫不能自私，必须认为传球第一，投篮第二。优秀的控球后卫能产生大量的助攻，因为他们希望把球传出去。他们的动作要敏捷迅速，在运球时要能创造出空间。NBA四名出色的控球后卫是德里克·罗斯、克里斯·保罗、拉塞尔·威斯布鲁克和史蒂夫·纳什。

得分后卫（2号位） 得分后卫擅长得分。得分后卫需要有出色的中距离投篮技巧，其主要作用是得分。一般来说，得分后卫的身材比控球后卫的身材更高大，身高从190厘米到2米多的都有，而且要体格健壮，如科比·布莱恩特身高198厘米、勒布朗·詹姆斯身高 203 厘米、乔·约翰逊身高 201 厘米，以及雷·阿伦身高 196 厘米。但身高不是必须条件，如密尔沃基雄鹿队的蒙塔·埃利斯和金州勇士队的斯蒂芬·库里的身高都只有 183 厘米，但他们在场上既可以打控球后卫，也可以胜任得分后卫。

得分后卫要能持球，突破、冲垮对方的防守，最后以得分结束进攻。他们要熟练掌握接球就投的技巧，如翻身跳投、溜底线掩护后撤步投篮。他们的一大优势是能在快攻时找到空位并完成投篮，而且由于比赛最后的僵持阶段通常都是由得分后卫持球并完成最后一投，所以他们也是球队中优秀的罚球手。

小前锋（3 号位） 以下三个词可以用来描述小前锋：灵活多变、身材高大、善于得分。小前锋是非常有技巧的球员，他们也掌握很多得分后卫的技巧。小前锋通常是比得分后卫个子更高的球员，能够采用内外线结合的打法，既可以在低位单打，也可以在外线投篮。小前锋可以在运球后立即抢篮板球并发起进攻，在快攻中一马当先。他们是优秀的开放式进攻球员，有控球、传球和一锤定音的能力。小前锋的身高没有具体的标准，从 196 厘米到 213 厘米都有。"小前锋"这个词有点误导人，凯文·杜兰特身高 206 厘米、凯文·加内特身高 211 厘米，以及德克·诺维茨基同样身高 211 厘米。

事实上，小前锋在球队中发挥出的技能越多，对手就越难与之匹敌。成功的球队至少需要 3 名能够保持场均得分在十几分到二十几分的球员，往往小前锋就是其中之一。

大前锋（4 号位） 大前锋通常个子高、力量大，相比技巧性而言，他们更注重力量。这个位置的球员要求体格强壮。大前锋必须积极抢篮板、保护篮筐、盖帽，还要有防守能力。大前锋还需要能够完成 5 米范围内的中距离跳投和低位单打。大前锋不需要获得很高的得分，但每场比赛应该保持平均拿到 8～10 分，要有良好的投篮命中率。像蒂姆·邓肯和布莱克·格里芬这种能使用交叉步运球的优秀得分手的大前锋，往往是可遇不可求的。在大多数情况下，大前锋都愿意牺牲得分机会来换取防守机会和篮板球。曾经效力于夏洛特黄蜂队和新奥尔良鹈鹕队的 P. J. 布朗就是一个很好的例子，他展示出了在大前锋这个位置上需要付出什么。

中锋（5 号位） 常言道："能进攻的中锋都是了不起的大人物。"理想的中锋高大、强壮、灵活，并且能够很好地持球。他们在篮下有各种得分的手段。优秀的中锋同时也会是一个优秀的传球手，且具有外围组织意识，如保罗·加索尔。优秀的中锋还可以是优秀的篮板手和盖帽手，他们有快速弹跳的能力，如德怀特·霍华德。低位球员要有柔和的手感、良好的步法和身体平衡。优秀的中锋也需要是优秀的罚球手，在比赛最后的焦灼阶段，可以让他们来完成罚篮。但沙奎尔·奥尼尔和威尔特·张伯伦明显是例外，他们的生涯罚球命中率分别为 53% 和 51%。

对于一个优秀的低位球员来说，关键是要能灵活移动，让对手无从阻挡。灵活的动作可以是勾手投篮、后撤步跳投、突然启动或者持球面对篮筐突破等。肯塔基有句老话，"伟大的中锋不常见"，从篮球诞生以来便是如此。

在任何位置上，灵活性、力量和速度都是最重要的。球员仅擅长一项技术的时代已成为历史。拥有多种技能、能胜任多个位置的球员不再是异类，而是成了人们对于球员所期望的标准。

当然，重用拥有多项技能的球员，让他们以许多积极的方式影响球队的比赛，这并不是什么新鲜事。20 世纪 60 年代初，身高 196 厘米的控球后卫、得分后卫奥斯卡·罗伯逊在辛辛那提大学队时统治了大学篮球比赛，之后在 NBA 度过了 14 年的光辉岁月。职业生涯中，他 11 次入选 NBA 最佳阵容，12 次入选 NBA 全明星赛。他是 NBA 历史上唯一一个整个赛季场均三双的球员。可以说他是史上最伟大的全能球员之一，是大后卫的典范，他既可以在外线活动，也可以低位进攻。

杜克大学的佐贝克和普拉姆利

由于身高更高、更有天赋的球员在大学毕业之前就申请了 NBA 选秀，所以，如今的大学篮球教练面临着相当多的不确定因素。教练们必须挖掘到年轻的天才球员，然后通过教学、球员的成长和体格发育，帮助他们成为更好的球员。

杜克大学在没有那些有潜力成为 NBA 全明星球员的统治性球员的情况下赢得了 2010 年的 NCAA 总冠军。其核心球员包括凯尔·辛格勒、乔恩·沙耶尔、诺兰·史密斯等，但要争夺冠军，他们还需要大个子球员。他们的球队是充分利用球员优势的一个很好的例子。

杜克大学自 2004 年以来就没有进入过 NCAA 决赛，原因之一似乎是缺少更强的内线球员。但是出现了这样两位球员。其一是身高 216 厘米的布赖恩·佐贝克，其身高和力量足够，但需要经验和信心，好在他于大三时在这方面有了进步。其二是迈尔斯·普拉姆利，身高 208 厘米，在内线能提供极好的后援支持。佐贝克和普卢姆利一起创造了两双（10 分，11 个篮板），同时建立了强大的防守体系。在进攻端，大个子球员为球队提供了赢得总冠军所必需的内线力量。他们有天赋，但不一定是在 NBA 选秀大会的前几顺位被选中的天才级球员。在 2010 年 NCAA 的冠军争夺战中，佐贝克和普拉姆利证明了自己的价值，杜克大学的培养和耐心得到了回报。

到了 20 世纪 70 年代中期，可以胜任多个位置的大个子球员开始统治 NBA 赛场。身高 206 厘米的拉里·伯德和"魔术师"约翰逊在 NBA 赛场上崭露头角，接着是 1985 年，身高 198 厘米的迈克尔·乔丹横空出世。乔丹率领的芝加哥公牛队在 20 世纪 90 年代先后 6 次赢得了 NBA 总冠军。当乔丹进入职业生涯的暮年时，同样身高 198 厘米的科比·布莱恩特在 1996 年从高中一毕业就直接参加选秀，进入了 NBA，接过了大个子后卫的衣钵，并成了能够左右比赛的关键人物。

如今，能胜任多个位置的关键球员开始变得常见。当科比决定结束自己的职业生涯时，许多拥有多项技能的明星球员已经准备好接过火炬了。其中包括身高 203 厘米的勒布朗·詹姆斯和身高 206 厘米的凯文·杜兰特，身高 208 厘米的布莱克·格里芬和身高 193 厘米的德怀恩·韦德。这些球员与众不同的地方在哪里呢？其他球员几乎无法对他们进行一对一防守，因为他们极具力量和爆发力，且具有高超的处理球的能力和阅读比赛的能力。像科比、詹姆斯、杜兰特这样的球员，在比赛中找到空位或开放的投篮机会并不难，他们的队友只需要坚定地执行主教练的战术，解读好对手的防守策略，剩下的工作就可以交给这些明星球员了。

比 赛

球员的身体条件各不相同。不管在什么级别的比赛，球员加入球队首先要达到的要求，便是具备球队所需要的某一个技能。在一个球队中，需要具有不同的身体条件和性格特点的球员，所以对球员的高矮、胖瘦、速度快慢没有具体的规定。

此外，重要的是球员如何利用自己所拥有的技能。例如，按照传统的标准来看，一些球员并不算高，如控球后卫厄尔·博伊金斯身高 165 厘米，蒂龙·博格斯身高 160 厘米，斯波特·韦伯身高 168 厘米，曾效力于底特律活塞队的威尔·拜纳姆身高 183 厘米，以及芝加哥公牛队的约翰·卢卡斯三世身高 180 厘米，但是他们都具有出色的持球能力敏捷性，可以在 NBA 赛场上闯出一片天地。

随着比赛的发展，对球员和教练来说最大的变化之一，就是要强调场上不同位置需要不同的技能。随着竞争日益激烈、AAU 的出现及学校扩招，教练要向年轻球员解释尽早培养身体素质的重要性。例如，如果一个年轻球员个子高，可以抢篮板球和防守，他就很有可能成长为大前锋，所以教练要强化他的大前锋的特定技能。

球员在参加球队选拔时，必须具备两样素质——良好的职业道德和自信积极的态度。年轻的球员加入一个球队时，他们可能很快就会意识到，自己并不具备所有的技能，但他们永远不应该放弃。例如，一个球员身材高大但速度不快，如果他有良好的直觉和传球技巧，并且知道如何进行可靠的掩护，他就能在球队中找到自己的位置；速度快但投篮不好的篮板手，可以补充球队的防守；一个小个子后卫的篮板和低位防守能力有限，但如果他拥有很好的控球后卫意识，那么他对于一个使用紧逼防守的球队来说，无疑是非常理想的。

第一次组成球队时，球员必须意识到许多角色在球队概念中是可行的。一个球队有5个首发球员、5个替补球员，在15人的队伍里，有5个给替补球员做替补的球员。当首发球员犯规到达上限，不得不退出比赛时，替补球员能够在场上承担起职责。因此，年轻的球员必须每天努力训练，提升基础技能。球员们必须保持专注，并通过履行自己的职责和为球队做贡献，来给教练、球队提供帮助。

球员永远不能放弃，必须坚持发挥和发展自己的技能。我在北卡罗来纳大学夏洛特分校时，一名年轻球员曾在10年级时参加选拔，但被淘汰了。他问教练自己做什么可以提高水平，教练告诉他可以参加校内项目。他去做了。第二年，作为一名11年级学生，他再次参加选拔，结果又被淘汰了。他再次参加校内项目，并专心打比赛。在12年级的时候，他加入了这个球队。度过了一个美好的赛季后，他获得了上大学的奖学金。在成功的大学生涯之后，他被波士顿凯尔特人队选中。在他为波士顿凯尔特人队效力的第四个赛季，他们与休斯敦火箭队争夺NBA总冠军。波士顿凯尔特人队获胜了，在高中被淘汰两次但却从未放弃的塞德里克·马克斯维尔被选为NBA总决赛的最有价值球员（MVP）。请记住，只要你有信心、有毅力，只要你付出努力总会有回报。这并不是说每个努力不放弃的球员都会成为NBA总决赛的MVP，但如果没有这样的努力和决心，你连机会也没有。

执　教

如今，教练指导和球员打球的方法，在很多方面都过时了。现在教练和球员的关系是互相依赖的关系。教练不是在场上和场下发号施令，而是需要探求球员的想法，听取他们的建议，了解他们的顾虑，并在符合球队利益的情况下，尝试让球员在比赛中发挥出自己最擅长的本领。

然而，教练和球员的角色和责任在很多方面是不同的。一方面，作为有监督职责和权威性的成年人，教练必须具备知识和优势，为整个球队的训练、比赛以及所有参与者的利益服务。另一方面，球员们关注的是他们如何融入球队，以及他们能获得多少上场时间。

教练和球员共同的利益就是赢得比赛的胜利。当教练们对成功的定义与球员们对成功的定义一致，并且取得胜利成为每个人的首要目标时，教练和球员就能够最大限度地发挥自己在球队中的作用。

成为一名教练

教练这个职业具有怎样的魅力，在每个人的心中都有不同的答案。有些人是想成为受人尊敬的榜样；有些人觉得，向球员传授篮球知识、培养球员成长更有魅力；有竞争意识的人，认为这也是一种挑战自我的方式；有些人享受在复杂的球队规划和比赛中，可以推动事情朝着有利方向发展的过程；也有些人是出于自身的天赋和身体状况的原因，他们无法继续做球员，做教练也就成了一种自然而然的选择。但是，成为篮球教练最佳和最常见的原因，是对这项运动的热情。

小时候，我参加过许多体育运动，参加的比赛让我得到了认可。在这样的激励下，我更加努力，并且力争在下次上场时做得更好。在"大个子的游戏"中，我身材矮小，因此，克服身材上的劣势成了我从小学、高中到大学的一大动力。

我大学时打过棒球和篮球，但篮球最终成为我的最爱，并成为我的职业。我尽情享受着比赛的竞争性和强度，全身心投入对篮球教学技巧和策略的探索中。

加入教练行业有多种方式。在大学里参加必修课程或指导学校里的校内项目，可以为加入教练行业做入门准备。许多家长在当地高中做志愿者，参与青少年的活动、加入当地的 AAU 或加入当地的职业球队。以前在大学里当教练的先决条件是有大学学位，但现在不一定是这样。

在每个领域，人际关系都是工作中的重要组成部分。无论是小学教练还是 NBA 主教练，人际关系在其一生中，会起到非常重要的作用。如果你突然有一个想法，想成为一个篮球队的教练，朋友的孩子或其他的亲戚也许正在从事这一个行业，他们会很热心地帮助你。而且，当你在寻找一个成为主教练的机会的时候，可能你在高中或大学期间结交的朋友，毕业后也会为你提供很大的帮助。很多人通过参与志愿活动被教练这份职业吸引，并从最基本的东西开始学习。教练来自各行各业，不同的行业背景对于他们看待比赛的视角都有着不同的影响。

教练和体系

在我从事与篮球相关的工作的时代，对于想要通过一两场精彩的比赛了解篮球这项极具魅力的运动的年轻教练来说，有一句至理名言："要经常去培训班学习，哪怕你只是有一点点想法，你会发现去培训班是一个明智的选择。"很少有一种想法能够解决一切的问题。教练们需要聚精会神地听战术大师们的讲解，并慢慢消化他们传授的知识。

四种风格的打法和大师级教练的讲授，对我对比赛方式的看法产生了巨大的影响。

我的学习之旅是从我的大学教练 C.M. 牛顿那里开始的，他毕业于肯塔基大学，师从阿道夫·鲁普。1932—1972 年，鲁普在肯塔基大学执教，率队赢得了四次 NCAA

冠军。他以优异的带队成绩而闻名遐迩。阿道夫·鲁普教练用快打旋风的进攻理念统治了东南赛区，这种理念强调速度、快速的防守和强大的内线。他通过制定不同的训练计划来丰富这种打法。多年来，这也一直是我主张的进攻理念。

继阿道夫·鲁普教练之后，另一位对我影响很大的教练是来自西海岸的教练，他的名字叫约翰·伍登。1948—1975年，由他担任教练的加利福尼亚大学洛杉矶分校（UCLA）棕熊队，赢得了10次NCAA冠军。对我来说，约翰·伍登教练展现了一个全面的教练应该是什么样子的。通过观看他的球队比赛，我学到了球队应有的尊严、礼仪和纪律。伍登教练极具创造力，尤其是他凭借自己独特的能力，基于球员的技能和天赋，年复一年地改变打法。这种方法让我学会了把技能最大化、把局限性最小化的重要性。不管面对怎样的球员，教练需要找到一套行之有效的打法。约翰·伍登教练在我们的黑板上写下了极具哲理的名言，如"要迅速，但不要慌张""永远不要把行动当成成就""比赛开始谁占优势不重要，重要的是谁能赢得比赛的最后胜利""细节决定成败""小错会酿成大错"等。

我效仿的第三位教练是迪恩·史密斯教练，他在20世纪60年代初成为北卡罗来纳大学的主教练，大约在同一时间，我开始从事教练工作。迪恩·史密斯教练是大西洋海岸联盟的领军人物，曾两次赢得NCAA冠军。掌控比赛是他最强的能力之一，观看他的球队比赛是一种真正的享受。迪恩·史密斯教练做出了很多的创新，如无限换防、独特的换人体系、暂停的使用，以及有名的四角进攻战术，这些战术帮助我形成了关于控制节奏和比赛最后如何进行指导的想法。特别是史密斯教练总是在下半场最后五分钟的时间，运用犯规战术和换人方式，给自己的球员以最大的保护。他早期的犯规换人规则是战术策略中重要的组成部分，对我在比赛管理的许多方面都产生了影响。

对我的战术思想影响很大的第四位教练，是辛辛那提大学的泰·贝克。1961—1962年，贝克教练是埃德·尤克尔的助理教练，在这期间他们连续赢得NCAA的冠军。贝克教练是一名专注于防守的教练。在我在辛辛那提大学协助贝克教练的三年中，我们的球队是全国防守最好的球队之一。

这四位教练——阿道夫·鲁普、约翰·伍登、迪恩·史密斯和泰·贝克，他们的篮球理念影响了我的教练生涯。我读他们的书，引用他们的名言，观看他们的球队比赛，当他们坐在教练席上管理比赛时，我全神贯注地看着他们执教。他们率领的球队有纪律、有组织、有约束。他们不会公开羞辱自己的球员，把暂停运用得很好，也从不会被自己打败。他们的球员很有天赋，并且他们能够通过训练和比赛，把球员的天赋发挥出来。这样的球队怎么可能不经常赢球呢？

在我的教练生涯中，除了阿道夫·鲁普、迪恩·史密斯、约翰·伍登和泰·贝克，我还欣赏其他几位教练的战术方法。菲尔·杰克逊和特克斯·温特就是其中两位。

20 世纪 70 年代早期是纽约尼克斯队的辉煌时期，菲尔·杰克逊是一名角色球员。他坐在替补席上，对他的教练瑞德·霍尔兹曼娴熟的战略部署进行观察，之后他又继续在美国大陆篮球协会磨炼自己的执教水平。在此期间，他与奥尔巴尼地主队在 1984 年赢得了冠军。1989 年，菲尔·杰克逊在接任芝加哥公牛队主教练时，他做的第一件事就是留下芝加哥公牛队的助理教练特克斯·温特。

伟大的球员不一定能成为优秀的教练

我认为教练的成功要通过努力工作、拥有积极的支持体系来获得，同时教练的成功也是有天赋的篮球运动员所带来的好运。在成功的教练身上，这三个要素缺一不可。天赋本身并不能保证成功。

从前，有天赋的球员在成为教练时，往往难以理解这一事实。因此，他们的教练经历往往令人失望且难以长久。以下是一些十分优秀的球员的名单，他们都是名人堂球员，然而他们的执教成绩跟自己作为球员的优秀成绩比起来，让人唏嘘。

教练	胜负数	胜率
戴夫·德布斯彻	79 胜 190 负	29%
韦斯·昂塞尔德	202 胜 345 负	37%
埃尔金·贝勒	86 胜 135 负	39%
威利斯·里德	82 胜 124 负	40%
鲍勃·库锡	141 胜 209 负	40%

2001 年，我被聘为新成立的 NBDL 的教练主管。我的工作是帮助 NBA 前球员从球员变为具有专业水平的教练。当时，NBDL 有 8 支球队，每支球队有 2 名教练，这 16 位有抱负的教练都想进入 NBA。每年我都为他们举办关于篮球比赛各个方面的培训班。涉及的主题包括挑选球员、组织训练会议、教授进攻战术和防守掩护，以及面试准备、建立职场人际关系、合同谈判等。

长期以来，特克斯·温特一直是一位非常成功的大学教练，1946—1947 年他在南加利福尼亚大学的山姆·巴里教练的球队打球时，培养了自己在进攻方面的执教技能。人们对他的进攻方式越来越感兴趣，1962 年，温特出版了一本名为 *The Triple-Post Offense* 的书。多年来，他在大学和主教练的工作中对这种进攻方式进行改进，最后还给它起了一个新名字——三角进攻战术（第 6 章）。

布阵平衡和拉开进攻空间、球和球员的移动、变向切入篮下、掩护转身切入、低位背身单打、中场配合下顺内线、拉开单打，以及弱侧低位掩护，这些战术吸引着杰

伟大的教练不一定是优秀的球员

无论是在哪个级别球队执教的教练，专业的教练想要取得成功，都需要球队中拥有天赋异禀的球员。而且球员必须在训练和比赛中把天赋激发出来，才能够让球队不断地获得胜利。许多教练围绕明星球员建立了自己的球队和体系，并取得了极大的成功。

胜率反映了教练的成功，很多非 NBA 球员在担任 NBA 教练时，也都取得了成功。格雷格·波波维奇的体系先后以大卫·罗宾逊和蒂姆·邓肯为中心。由他担任教练的马刺队赢得了 4 次 NBA 总冠军，而在波波维奇执教于马刺队期间，他的球队一共取得了 736 胜 362 负的骄人战绩。查克·戴利在拥有了伊塞亚·托马斯、乔·杜马斯和比尔·莱姆比尔后，率领底特律活塞队赢得了 2 次 NBA 总冠军，其执教期间底特律活塞队的战绩是 638 胜 437 负。这些教练和其他从来没有在 NBA 打过球的教练，围绕自己的明星球员发展了独特的风格和体系，从而获得了成功。

教练	胜负数	胜率
格雷格·波波维奇	736 胜 362 负	67%
迈克·布朗	272 胜 138 负	66%
斯坦·范·甘迪	431 胜 282 负	60%
查克·戴利	638 胜 437 负	59%
杰夫·范·甘迪	430 胜 318 负	57%
埃里克·斯波尔斯特拉	194 胜 118 负	62%

这份名单表明，优秀的教练可以有各种各样的背景。但所有成功的教练都有一个共同的秘诀，那就是处理好与管理层、员工、球员和媒体的关系。名单中列出的 5 位教练都能够直面挑战，并在专业能力上取得成功。

克逊，让他回想起自己效力尼克斯队时，球队在当时所展示的那些完美的跑位和球队合作。温特、杰克逊不仅对进攻细节有深入的了解，而且在传授进攻方式方面也是经验丰富的大师。在迈克尔·乔丹的帮助下，杰克逊和温特一起创造了对对方防守球员来说如同噩梦的三角进攻战术，统治了 NBA 赛场，并在接下来的 9 年时间里，一共赢得了 6 次 NBA 总冠军。

是的，杰克逊很幸运，在他的整个 NBA 执教生涯中，与很多出色球员进行了合作。乔丹、斯科特·皮蓬、沙奎尔·奥尼尔和科比·布莱恩特的进攻都无与伦比。但正是三角进攻战术帮助这些球员和队友形成一个整体，提高了进攻的效率和一致性，并让对手不可能把所有的防守都集中在一两个球员身上。

我有幸在公牛队神奇的冠军岁月里，仔细观察过他们的三角进攻战术。他们的进攻体系让我想起20世纪60年代中期，我在辛辛那提大学担任助理教练时的一次经历。辛辛那提大学的主教练泰·贝克把我们这些助理教练召集在一起，让我们列出在半场进攻中想使用的所有战术。黑板上写着两人进攻和三人进攻的战术。当每个人都发表完自己的想法时，贝克教练让我们共同协作，以确保比赛的连续性。这个学习过程很美妙，因此我在整个教练生涯中一直沿用这个做法——让助理教练开动脑筋，并把他们的想法应用到赛场上，这是一个非常有成效的做法。

助理教练和后勤人员

正如菲尔·杰克逊选择特克斯·温特，主教练做出的最重要的决定之一，就是挑选适合自己的助理教练。沃伦·巴菲特说，在招聘人员时，有三点很重要：第一是为人正直，第二是聪明才智，第三是职业道德。他补充到，如果候选人做不到第一项，那就不要考虑第二项了。每个主教练的目标都应该是找到可靠的助手，助手应该能为球员带来多样性、能够给球员传授知识并且做到诚信对人、忠于球队。我认为聘请一个与主教练观点不同的助理教练，是非常有必要的。选择来自不同背景的助理教练，能够给主教练提供看待问题的新角度，并通过其带来的新信息和更多的可能性提升整个教练组的执教水平。

不论是高中、大学还是职业球队，主教练都有权决定人员的任免和职责分配。主教练需要对每一个事项进行优先级排序，并确保助理教练的任务能反映出他们的价值。这意味着主教练不仅要分配职责，而且要为每个助理教练规定传授知识的范围和界限。以下是高中和大学球队的助理教练必须涉及的重要领域。

学术水平 教育机构的教练是重要的学术导师。派出一名助理教练去监督所有的学术问题——上课、实验、出勤、夜间自习，并确保课程以正确的顺序及时进行，从而让球员能在毕业时达到应达到的学术标准。这一点至关重要。

招聘 大学阶段的教练是首席招聘官。应让一个助理教练负责维护关于招募联系人、拜访和比赛安排的所有重要信息。这个助理教练需要制作一张有五个维度的纵深图表，并经常在毕业班上展示。

日程安排 要有人员负责安排日程，这是很重要的。无论在高中、大学还是NBA，全年都会涉及比赛的安排。虽然大多数球队都参加联赛，而且大部分比赛都是确定的，但仍然需要确定日期。在一些城市（如夏洛特市），公立学校不与私立学校竞争，因此私立学校必须尽快确定对手。大学球队也有同样的需求，需要在会议上确定四分之三的日程，以给学校留出多达12场比赛的时间。高中和大学球队的主教练会讨论主客场比赛的优先顺序，然后让助理教练确定日期，自己再进行选择。在某些情况下，体育指导员会协助助理教练与主办方取得联系，并确定日期。

尽管 NBA 的所有比赛都是由官方安排的，但由于音乐会、马术表演、拳击比赛和大学比赛等各种活动的预订，许多赛场都会出现问题。当一个球队有连续多个比赛时，日程安排就成了一个大问题，因此必须有人清楚了解所有的比赛计划，确保不会发生重复预订。

装备 大多数情况下，设备管理员是体育工作人员中的一个全职职位，负责订购、备货和洗涤所有装备。装备包括主客场的制服、训练服、训练装备，如篮球、跳绳以及不同颜色的背心。

录像 录像技术员负责拍摄所有的比赛，并提供剪辑好的视频或完整的比赛视频供训练使用。由于多数教练都想在每场比赛后把比赛视频带回家，因此比赛视频的复制也很重要。摄像协调员负责安装和拆卸所有的视频设备，并维护所有比赛的完整文件。

训练和比赛的数据 教练在讨论球员的角色、解读球员的积极和消极属性时，准确的数据是最好的工具。一些教练只喜欢看比赛数据，而另一些教练更具体，他们需要统计人员对每天的训练数据进行统计。指派一个助理教练来监督每天的数据统计工作是非常值得的。学生志愿者也是有用的资源。观察比赛和训练结果之间的关系总是很有趣的。大多数人喜欢看分数，但分数并不总能说明全部，表现评分表（第 3 章）在这方面是非常宝贵的资源。

出行监管 出行后勤的监管涉及大量细节，首先是行程安排。虽然根据球队选择的交通方式不同，后勤工作是不同的，但是都要注意细节。助理教练必须确保把所有信息都传达给球员，并强调他们必须守时、穿着得体、准备好自己的装备（即使装备管理员会管理球员的比赛装备，但还是要确保球员携带有个人装备）。同样，根据不同的水平，在出发前必须对用餐进行计划和安排。如果需要过夜，在出发前必须安排好房间的分配。

训练相关工作 要想让训练顺利进行，需要做很多杂活。例如，有一项很重要的任务是用胶带绑住球员的脚踝，通常这个工作是由培训师来做，但在高中和规模较小的大学中，可能并没有培训师，因此只能依靠助理教练来完成这项工作。其他确保训练顺利进行的工作包括清洁地板、推出球架、确保训练开始前篮球的气是充足的、把不同颜色的背心分给球员从而划分出不同的球队、确保跳绳和其他类似装备可供球员使用、确保比赛用时钟是呈打开状态并转动的。同样，根据赛事级别或实际情况，装备管理员或学生助手也可以做这些事。

为助理教练指派与进攻和防守训练相关的工作，并让其在整个训练过程中与球队一起工作。在进行训练赛时，助理教练通常监督一个队，同时担任裁判。因为有许多细节必须处理，所以在训练开始前应指定好助理教练。做好准备是非常关键的事情。

比赛日的职责 在比赛日，应指定一名助理教练为球探，这个人负责把对手的阵容写在黑板上并附上具体的防守任务。球探要利用图表解析对手的战术，强调对手在关键时刻会采用何种战术；要画出对方的底线球、边线球的战术并进行解读，要对球员讲清楚对手如何进行紧逼进攻及采取何种策略来与之抗衡；要列出对方发球最差的球员名单，以便球队知道在必要时该对谁犯规；要讨论是否使用紧逼防守，以及是在投篮命中之后还是罚球之后采用紧逼防守。

在球探分析之后，球队和助理教练一起上场热身。助理教练可以通过传球的方式参与训练，也可以只是站在一旁观察，确保球员们没有胡闹。在进行突破上篮和定点投篮之后，球队回到更衣室，主教练在那里做赛前最后的动员，然后球队回到场上。

在比赛中，应给助理教练分配一张有关进攻或防守的图表，他们会在中场休息时参考这张图表，看看对手在哪个方面处于优势。整个比赛中，所有的教练都要对替补席上的球员行为负责，当比赛结束时，所有教练都要确保自己的球队有序离场。一名助理教练会拿到个人技术统计表，然后将其交给主教练，主教练可能会对球队做出评价，或让球队就地解散。

球队的化学反应和领导力

几乎无一例外，能获胜的球队都是由致力于共同目标的球员和教练组成的，他们都有一个共同的目标：他们的工作要能确保球队赢得更多的比赛。

虽然这么简单的道理谁都明白，但无论是高中、大学的教练还是NBA教练，都不一定能够做好，为什么会出现这种情况呢？因为建立球队的化学反应就像抓一把果冻，看起来简单，做起来难。"化学反应"并不是什么有形的东西，不是靠教练的讲话就能创造出来的，也不是像电灯开关一样能打开的。化学反应是一种难以捉摸的纽带，是一种对优秀球队至关重要但又难以捕捉的团结感。

良好的化学反应不仅仅是球队所有人围聚在一起，叠起双手，齐声大喊："防守！"建立球队的化学反应涉及球队的人员组成、行为、结构，以及球队成员一起朝着一个特定目标努力的关系。体现这种特殊化学反应的球员，包括史蒂夫·纳什、大卫·罗宾逊、德克·诺维茨基、蒂姆·邓肯，以及进攻组织者德里克·费舍尔和贾森·基德。

虽然不能保证教练与特定的球队一定能建立默契，但我发现要想做到这一点，必须确立并落实三个基本原则。教练必须创造良好的化学反应可以蓬勃发展的环境。在这里，我们来看看每个教练在建立化学反应时，应该考虑的5个步骤。

NBA 评价球员的方式

对一名有着不错前景的大学球员进行追踪和评估，往往需要花费成千上万美元，需要教练员跑千百里路，花掉的时间也数不清。同样的道理也适用于 NBA 球队，他们的球探会在欧洲联赛和现役的 NBA 球员中，寻找适合自己球队的球员。大学和职业级别的数百名专家，一直在评估和监控球员的性格。

一年一度的 NBA 选秀大会，也会提供各种各样的球员评估。有些涉及身体测试，有些是心理测试，所有潜在球员都要接受深度访谈。NBA 球队也可以要求球员进行一系列的心理测试，或者让有意向加入球队的球员在拜访球队时接受心理测试。然而，大学招生人员主要依靠高中和 AAU 的教练、教师、辅导员和校长的推荐，因此心理测试不是必需的。

教练最不希望引进的就是性格有问题的球员，因为这可能会破坏球队的化学反应。借用美国第 16 任总统亚伯拉罕·林肯的一句话："名声是影子，性格是树。我们的性格，不只是我们想要展示给别人看的东西，即使在没有人看的情况下，我们也会自然地将其表现出来。拥有良好的性格才能做正确的事。"

各个级别的教练在评估球员的天赋时，虽然偶尔会犯错误，但是他们可以通过日后的执教来弥补错误。然而，在判断球员的性格时犯错误，可能会对球队造成致命的影响。

性格超越种族、宗教、教育、地位、年龄、性别和个性。因为每个人都有自己的性格，所以教练必须区分好性格和坏性格。性格缺陷会在训练项目中充分暴露，因此管理人员会介入调查，其他球员也无法把精力集中在训练、比赛中。所有这些都会导致一个相同的负面结果——球队的化学反应遭到破坏。如果球队中最具天赋的球员，同时也是最具破坏性的球员时，就会出现大问题，这样的球员难以应付，还经常需要特殊待遇。教练们希望球队中最好的球员在课堂上、在训练场上，以及校外，都能成为最可靠的领导者。如果一个教练为少数人牺牲多数人，那他犯的就是一个大错误。在 NBA 球队中，不言而喻而又非常现实的问题是：一支球队的 12 名球员中，究竟有多少具有破坏性的球员？

1. 公平且一致。

教练在定义公平概念上花的时间是最重要的。对一个球员来说，没有什么比在公平的比赛环境中竞争更重要的了。如果教练在定义关于公平的规则和指导方针时带有主观色彩，那么他就是在自找麻烦，他很可能带队经历一个冗长却毫无成效的赛季。教练必须设计出一个公平的体系，清除任何带有偏见或欺骗性的暗示，让球员都可以按照自己喜欢的方式进行训练、比赛。虽然这并不容易，但却是非常必要的。我设计了一个体系来维护球队的公平性，并给这个体系取名为表现评分体系，在第3章会对其进行详细的介绍。

对于球队，教练要时刻保持诚信。球员需要了解教练如何对他们进行评估，以及什么时候会对他们进行评估等情况，如果出现和预期不一致的情况，他们会立刻察觉到。例如，在我给出的体系中，球员综合评分表上得分更高的球员，应该比得分低的球员得到更高的评价。如果不是这样，而是得分较低的球员反而得到了更高的评价，那么得分较高的球员的自信心可能会受到打击，他们甚至永远不会忘记这个事情，他们会感觉自己被愚弄了。体系制定后，不管出现什么问题，如果教练没有做出公正或一致的管理，球员知道后，就会对教练失去信任。无论是训练迟到、不上课，还是偷队友的东西等不良行为，球队进行投票后，教练都需要无条件执行结果。每个教练的目标，都应该是让球队能够相互尊重，保持一致非常重要。

2. 拿最好的球员开刀。

要让纪律严明的体系发挥作用，教练必须足够坚毅，在球员违反或破坏规则时，有勇气惩罚球队中最好的球员或带头的球员。我在NBA工作已经20多年了，积累了很多的经验和教训。在我担任教练的一支NBA球队里，当时正在进行投篮训练。这支球队分成了两个不相上下的小组，都在投三分球。这是常规训练结束后，球队内部的竞争性训练，看哪个小组能以最快的速度投中15球。规则是球员要在三分线后把球投进篮筐。随着训练的进行，一名球员开始作弊，没有站在三分线后。我提醒他说："只有你站在三分线后时，投进的球才算数。"第二次，他又站在三分线前投篮，所以我点了他的名字。然而这名球员非常生气，我叫停了他的训练，而最终他也只能接受这个处罚（队内规定训练时间不够，球员会被罚款）。第二天训练的时候，球队负责收罚款的教练问我，是不是我把那名球员的训练给取消了，我回答说是的，收罚款的教练说主教练给他打了电话并取消了罚款。接下来虽然什么都没有发生，但球队是一个整体，这件事情很快被传开了。球员们知道这件事情之后，主教练失去了球员们的尊重。

3. 在制定规则和传授知识的过程中，建立信任关系。

无论是高中、大学还是职业级别的教练，都应该与球员建立信任关系。获得信任不是理所当然的。这种信任不会自动建立，也不可能一夜之间建立起来。当球员意识到教练希望并鼓励他们参与制定管理球队的规则时，信任就开始萌芽了。当球员在球队委员会中服务，帮助确定球队规则，定义什么规则可以接受，并设定一些标准、调整目标及期望值时，他们会相信自己已经成为体系中不可或缺的一分子。他们也不会打破规则，因为这是自己参与制定的。参与规则的制定，为球员在比赛中扮演更积极的角色打开了大门。在球队中建立起这样一个良性的信任体系：无论是更衣室里、训练中、个人和球队会议上的行为，还是替补席上的行为，都能够体现出教练信任球员，球员也信任教练；所有参与到球队中的人员，都能够清楚教练希望什么、鼓励什么，而且不会在公共场合让球员难堪。

肯定会破坏信任的一种方式是教练在比赛中对球员横加指责。训练和中场休息是不对外公开的，球迷无法看到。这是教练对球员讲话的恰当时机。一个好的教练与球员的协议应该是："训练是属于教练的，比赛是属于球员的。"即使球员在一次暂停后的比赛中，犯了一个错误，选错了盯防对象，导致对方投进了绝杀球结束了比赛，球员也应该知道，教练在赛后不会把他丢给媒体数落。在比赛后，教练即使带有一些情绪，也不应对球员进行刻薄的批评。比赛一结束，明智的教练可能只会说"干得漂亮"或"我认为我们比对手做得更好"。球员的错误可以在第二天看比赛录像时进行反思或纠正。视频被称为"真理回放机"，球员们常说："眼睛不会说谎。"他们很聪明，不会为他们在视频中看到的东西争论。建立信任需要时间，但没有证据的怀疑会摧毁信任。其实信任是非常脆弱的，我给教练们的建议是保持冷静，尽量不要发表批评性的言论，永远不要对球员进行人身攻击。让机器或眼睛去代替教练完成这项工作。

4. 正当理由和借口之间的区别。

正当理由和借口之间的区别是巨大的，会在我们对某一个行为的性质进行判断时产生很大的影响。球队的规则和处罚决定，应该由球员和教练来决定和投票。在球队建设中，有些事情是神圣而不可动摇的：准时参加所有活动、完成训练作业、遵守着装要求与出行要求、尊重他人及其意见。球员违规时，相关人员要参考与球员制定的协议，公平地解决分歧。在讨论规则时，关于正当理由和借口的解释有助于澄清问题。举个例子，如果一个球员睡过了头，并且在训练中迟到了，这就是借口；当一个球员开车去训练时，被另一辆车从后面撞到，然后去警察局协助调查，这就是正当理由。球员也能理解并尊重这种领导方式。

5. 消除评估中的主观性。

虽然规则适用于所有球员，但球员的个性不同。教练必须承认并尊重这些差异。让明星球员逃避惩罚，就会破坏球队士气。给明星球员良好的待遇，对于球队氛围来说是致命的。例如，如果已经报道了道路宵禁，而明星球员忽视并违反了这个规则，不出几个小时，这件事情会在整支球队中传开。而如果教练在处理这样的违规时表现出偏袒，他很可能会失去全队的支持。众所周知，这样的错误会让教练丢掉工作。明星球员不能有特殊待遇，一个也不能有。如果一个球队中的普通球员认为，在球队中有一套规则支配着他的行为，而另一套完全不同的、更加宽容的规则在给队里的明星球员服务，那么球队怎么可能产生化学反应呢？教练必须证明，球队规则对每个球员都适用。

教练应尽其所能激励球员和自己。有些人在大型比赛前会看电影,有些人会请以前的球员来给球队做演讲,但几乎所有人都会引用成功人士的话。教练们希望这些激励措施能让球员们对他们的目标,以及他们应该如何取得进步有更深入的思考。

这里有 5 个正能量的说法,不仅适用于篮球,也适用于生活中更广泛的问题,如学术问题和个人成长问题。无论你是教练还是球员,都需要认真思考以下 5 个观点,促使自己下定决心做好当前的事情。

1. 自信就是力量,相信自己,自己做主。
2. 失败所带来的失望,等同于为胜利而耗费的心血。
3. 重要的不是你被打倒多少次,而是你重新站起来多少次。
4. 把理智置于情感之上。篮球就像一场象棋比赛,干掉对方的"老将"才是最终目标。
5. 通过训练提高自己。如果一直重复当前的事情,就只能得到这些事情带来的东西。

第**3**章

表现评分体系

对个人和球队的表现进行客观的评估，对球员和教练来说都是一项挑战。我们每个人都有着自己喜欢的比赛风格。此外，球员更喜欢自己参与到比赛中的那部分，这使得他们很难公正地评估自己的比赛水平。因此，大多数教练需要设计并使用表现评分工具，以便更准确地评估球员和球队在赛场上的表现。

在我给出的例子中，这个工具被称为表现评分体系。表现评分体系可以对篮球比赛进行全面、真实的分析。它分别对以下 5 种表现进行统计。

1. 投篮。

2. 篮板球。

3. 处理球。

4. 防守。

5. 犯规或违例。

使用表现评分体系的原因

简单地说，表现评分体系是一个客观的评估系统，它消除了教练在评估和挑选球员时的主观猜测。我认识到球员每次积极刻苦地训练，都是为了能够有更多的上场时间，所以我创建了这个表现评分体系，无论是在训练中还是在比赛中，统计时都应该保持准确、公平，从而确定球员的付出。

表现评分体系详细记录了球员在比赛或训练中，完成或未能完成的事情。从本质上讲，每个统计数据都有一个数值，在每场比赛或训练结束后，应完成数据转换并填入球员综合评分表的特定位置。以下是我创建表现评分体系的三个主要原因。

1. 表现评分体系强调个人产出的重要性。

这一过程有助于球员理解个人产出的重要性和意义。例如，一个仅仅依靠得分的球员很快就会发现，作为一个单一技能（投篮）的球员，其在这个体系中难以拿到很高的分数。因此，所有的球员必须每天努力提高他们的总体比赛水平，从而获得更高的分数。

2. 表现评分体系可以促进球员学习。

让所有球员为每个统计数据贡献自己的努力，并为他们的价值偏好投票的过程，本身就是一个学习过程。为了向球队展示表现评分体系，教练必须检查每个统计数据，并得出准确的数值。举个例子，投篮得分和传球得分哪个重要？进攻篮板球和防守篮板球，哪一个更难拿到？一次抢断、一次盖帽或一次进攻的价值是什么？对回场失误、技术犯规或干扰投篮，应怎样扣分呢？

3. 表现评分体系强调客观性。

最重要的是，公平的评估体系对建立和保持球队的凝聚力大有帮助。如果球员意识到，教练的偏袒可以为其他球员赢得更多的出场时间，这对于球队的凝聚力而言，将会是一个毁灭性的打击。没有一个客观的评估体系，教练就没有机会衡量一个球员对球队的实际价值。如果教练随机找出观看同一场比赛的 5 个人，详细询问场上任何一名球员的表现时，可能会得到 5 种不同的回答。大多数人都能在比赛中找出得分最高的球员，但当你问："他的防守怎么样，他的传球路线怎么样，他的篮板技术、掩护的使用及他在双人包夹下的分享球做得怎么样？"结果是会听到各种各样的意见。每个人都有独特的个人视角，包括主观偏好和选择性注意。也许你的分析可能会让你更喜欢 A，而我可能更喜欢 B。

显然，有一个合理分析球员表现的方法，对每个人都有好处。无论是用来决定谁入选、谁首发，还是用来衡量谁对赢得比赛贡献最大，使用的评估体系都应该是客观、准确、可靠且基于数据的。

表现评分体系是一个客观的评估体系，当教练评估和选拔球员需要克服不公平时，这个体系可以帮助主教练以客观事实为依据做出正确的决定。这种客观的评估体系不仅有助于教练衡量球员对球队的贡献，而且能帮助教练把信息传达给球员。

当球员和教练把技术统计数据转换成价值换算表时，球员会意识到，统计数据可以有不同的含义。体育记者与球员及其教练、父母和朋友可能都知道技术统计数据，但了解表现评分体系，可以增加球员对其他重要统计方法的了解。价值分配没有单一的最佳方案，球员和教练可以从完全不同的角度来决定价值。

表现评分体系的实际应用

表现评分体系对教练和球员的好处是很多的。总的来说，教练和球员欣赏表现评分体系，是因为它为个人的成功创造了一个公平、竞争和激励的环境。对我来说，这在无数场合都是一个宝贵的评估工具。以下是几个例子。

竞争成功　在一次大学生运动会上，我和我的教练组进行了 8 天的训练，由 12 名球员组成一个球队参加比赛。美国代表队由美国篮球委员会推送的球员组成。每个位置选两名球员，另外还选了两名优秀的球员来填补投手、后卫、大个子球员或控球后卫的空缺。在这支队伍里，所有的球员都是一些实力较强的大学球队的先发球员。所有人都跃跃欲试，希望训练尽快开始。

我们在第一次训练时，就向球员们介绍了这个客观的表现评分体系。球员们喜欢这一概念，并很快掌握了每个统计类别的加权值。他们很欣赏五个首发位置都是开放的这一做法，这意味着没有人被直接赋予首发角色。每一名球员从更衣室出来，站在训练场上，都意味着其拥有公平竞争的机会，而所有球员一致对此过程感到满意。每个人都相信凭借自己的技术和努力，可以赢得首发位置。参与竞争的人，喜欢在公平的比赛环境中进行竞争。好的球员所要求的只是公平的机会，而不是优待或特权；如果得到公平，那么没有人会觉得自己在选拔过程中受到伤害。

消除评价中的主观性，能向球员表明教练对诚信的重视，这是重中之重。对教练和球员来说，使用这个系统的真正好处在于，它传达了一个明确的信息——不会有随意的达标、施舍、个人协议或福利。球员获得上场时间的唯一方式，就是努力。每天的表现评分能表明球员的稳定性，反映他们在球队中的排名。球员们在训练中不能掉队，要保持他们在阵容中的位置。

激励成功　经过证明，表现评分体系是一个对球员和教练有效的激励工具。我在南佛罗里达大学所取得的巨大进步中，看到了这套体系的真正效果。曾经，南佛罗里达大学队在 NCAA 的 252 支甲组球队中位列第 248 名，1980 年更换教练时，以 6 胜 21 负的战绩，连续 4 个赛季惨淡收场。在我接手球队之后，第一件事情就是把表现评分体系应用到球队中。

南佛罗里达大学队的球员们都很喜欢这一体系，有些球员会加练到表现评分发布出来之后，才离开训练场地。这支曾经混乱和充满困惑的球队，在这一年中没有发生过一次恶性的重大事件。在南佛罗里达大学队的第一个赛季，是我一长串美妙的教练回忆中，最令我感到欣慰的经历之一。我们以 18 胜 11 负的成绩结束了赛季，在 10 259 名球迷面前，与康涅狄格大学进行了首轮美国邀请赛（NIT）的较量，并在全国进步最快球队的投票中一举夺魁。我把这一转变归功于表现评分体系。

表现评分体系的组成部分

要生成准确的统计数据，第一步就是创建每天的表现评分（PR）。每天的表现评分就像每天的考试分数。根据教练和球员对特定类别的重视程度，给每个篮球统计数据设定一个加权值。例如，罚球命中一次 +1 分，罚球失误一次 –2 分。进攻篮板球 +2 分，

防守篮板球 +1 分。通过给投篮、篮板球、助攻、失误、犯规和盖帽等每个技术统计项目赋值，在每次训练和比赛后都可以生成一个表现评分。教练应该向球员解释转换公式，确保球员理解并接受这个表现评分可以作为一个客观的衡量表现的标准，并意识到每个位置上表现评分得得最高的球员会获得更多的上场时间。

这个客观的评分体系，通过记录每个球员在训练中的每一个动作，并将每个球员的产出结果转换成相应的分值，来记录每个球员每天的贡献。这样做的目的是明确指导方针，消除误解，避免混乱，确保每个球员都有公平的机会。

表现评分体系取决于 4 个因素，其中一些因素已在前面有所提示。

1. 以客观为目的。
2. 易于实施。
3. 加权表现标准。
4. 基于数字的评估。

以客观为目的

从基于主观的评估过程转变为基于客观的评估过程，可能并不容易。但为了确保做出正确的决定，并减少球员的抵触情绪，这是值得付出的努力。对球队士气来说，教练公平对待每一位球员是最重要的事情。当教练有偏袒行为，对待所有球员无法做到一视同仁时，球员都会意识到这个问题。这种行为造成的结果是球队凝聚力土崩瓦解。不管你把它叫作球队士气、和谐，还是球队化学反应，球员之间能够融洽相处都是有原因的，如有效的领导能够提高球队士气。当球员认为他们的信任被侵犯时，他们会抱怨、发牢骚并制造纠纷或麻烦。不久，他们就会对教练失去信心。

表现评分体系有以下好处。

- 提供有帮助的分析工具。
- 确定球员能力薄弱的地方。
- 反映出球员的强项。
- 基于客观数据进行操作。
- 显示每日进度。
- 消除球员对公平的担忧。
- 为教练和球员的讨论提供宝贵的数据。
- 为球员的自我提升提供激励性的帮助。
- 通过数据显示哪位球员是单一技能的球员。
- 为营造球队良好的氛围及选拔队长等提供一个很好的体系。

易于实施

实施表现评分体系之前，首先应从学生、实习生或实习经理中招募至少12名志愿者。在培训会议上，教练应解释表现评分体系，明确图表中统计的内容，并强调按时提交报告的必要性。表现评分体系适用于训练、训练赛及野球比赛的视频分析。球队提供最基本的设备，包括图表、铅笔及要记录的基本书面说明。需要对记录数据的志愿者进行培训，培训内容包括如何确定基本数据，如进攻篮板球或防守篮板球、助攻或失误、投篮命中或投篮失误等，并给出记录统计数据的示范。

志愿者直接与表现评分体系负责人一起工作，记录所有统计数据。以下是核心人员的角色及其工作的实施步骤。

表现评分体系负责人 指派一名表现评分体系负责人，其负责协调表现评分体系的实施工作。负责人要负责监督志愿者的工作，并对志愿者的日常工作进行分配，确保每日的统计数据准确，并将每天的表现评分报告张贴在指定地方。

志愿者 志愿者对训练中的5对5的比赛进行数据统计。表现评分体系负责人要确保正确地管理、记录和收集所有的表格。在表格的顶部，志愿者必须填写当天完成的工作类型。志愿者完成工作后，在工作表上签名，并将表格交给表现评分体系负责人，表现评分体系负责人把训练统计结果制成表格，并张贴展示。同样的过程也适用于比赛和视频分析。

第二步是训练工作人员把统计数据分成以下几类。

- 所有半场训练赛。
- 一定条件下的全场训练赛。
- 分组对抗赛。
- 练习赛和校内比赛。
- 常规赛。

一般情况下，优先招募熟悉篮球的志愿者；如果申请者在高中曾经是校队球员，会有比较大的优势，因为其了解比赛且熟悉术语。

加权表现标准

篮球技术统计的加权体系，直接反映了教练在比赛结构组成中，对特定类别统计项目的重视程度。加权评估体系是指把一个特定的值赋给一个特定的类别。

多年来，教练和球员都依赖NCAA的技术统计，用其辅助分析比赛。技术统计可以反映谁投篮最多、谁得分最高、谁抢篮板球最多、谁传球次数最多，但它没有给任何一个特定技术统计项目赋值。表现评分体系能体现不同类别的统计数据，且能为比赛中的每个球员的每项统计数据赋值（包括正值和负值）。表现评分体系提供了比赛和训练的信息，帮助球员和教练了解谁在做防守的基础工作、谁在卡位、谁在制造撞人犯规、谁在抢地板球。表现评分体系推崇的是积少成多的道理。

以下是创建进攻和防守加权表现标准的步骤。

1. 给比赛的每个组成部分赋值。
2. 创建一个表格，并把这些组成部分按类别分开：投篮、篮板球、助攻、失误、抢断、个人犯规、盖帽、违例。志愿者每天记录这 8 个类别的数据。
3. 每次训练前，表现评分体系负责人都会分发夹有下列表格的文件夹。每个表格都按字母顺序列出所有的球员。
   a. 投篮命中和未命中（两分球、三分球、罚球）。
   b. 篮板球（进攻篮板球、防守篮板球）。
   c. 助攻。
   d. 失误。
   e. 抢断。
   f. 个人犯规。
   g. 盖帽。
   h. 违例。
4. 确定每个类别的正（+）值和负（–）值。得分的多少取决于教练和球员更加看重什么。

那么，教练和球员如何决定什么数据是重要的呢？表现评分体系的数据统计加权体系的设计，对所有人都是公平的。加权体系不是用于把得分王当成球队中最重要的球员，而是用于奖励那些抢篮板球、盖帽、助攻、抢断及为赢球做"蓝领工作"的球员。虽然每场比赛结束后，我的球员可能都会看个人技术统计，但他们知道，表现评分的数字更准确地反映了他们的表现。

基于数字的评估

球员相信表现评分体系，因为他们认可整个加权体系，详见表 3.1 和表 3.2。在查看加权数据时，你会注意到，很少有修改的情况。一个球员抢到一次进攻篮板球 +2 分，抢到一次防守篮板球 +1 分，因为进攻篮板球要难得多。哪个球员会反对呢？没有人会反对。一个球员罚球命中一次 +1 分，罚球失误一次 –2 分，为什么？因为罚球是无人防守的投篮，完全不需要防守。正如拉里・伯德所说，命中罚球只需要两个要素：专注和训练。罚球的成败决定了几乎所有比分接近的比赛的结局。例如，在 2010 年和 2011 年的 NCAA 总决赛中，肯塔基大学队都是因为错失罚球（13 个罚球命中 8 个）

而输掉了一场势均力敌的比赛；而在 2012 年的 NCAA 总决赛中，他们整场比赛获得 21 个罚球，命中 15 个，以约 71% 的命中率击败堪萨斯大学队成为冠军。我是否遇到过有球员不同意 +1 分和 –2 分的概念？从来没有。

还可以参考表 3.1 和表 3.2 中列出的基本的比赛违规情况。这样的违规行为是轻率的，会导致球队输掉比赛。没有一个球员能给出一个充分的理由来解释，他为什么要在三秒区内停留超过 3 秒、为什么会得到一次技术犯规、为什么会出现干扰球，以及为什么会有任何其他的违规行为。这一评价体系在各方面的应用都十分公平。这就是球员想要的。教练可以根据自己的理念修改代表权重的数字。我的理念是，彻底清除因为一些错误或失误，使球员在心理上受到打击，从而可能影响比赛走势的问题。我相信表现评分体系能够起到这个作用。

根据表现评分体系对球员进行评分后，根据位置（1 号位到 5 号位），在球员综合评分表中将球员分组。球员综合评分样表见表 3.3，该表能反映球员每日的表现评分。

表 3.1 进攻数据统计样表

（+）值		（−）值	
投篮			
命中两分球	+2	未命中两分球	（−2）
命中三分球	+3	未命中三分球	（−3）
命中罚球	+1	未命中罚球	（−2）
成功掩护并创造投篮机会	+1	投篮被盖帽	（−1）
篮板球			
进攻篮板球	+2		
争球，获得球权	+2		
处理球			
助攻或传球使球队得分	+3	传球不佳或失误	（−2）
抢断或拦截	+2	走步	（−2）
制造进攻犯规	+3	带球撞人犯规	（−3）
基本的比赛违规			
		三秒违例	（−5）
		技术犯规	（−5）
		干扰球	（−3）
		干扰得分	（−3）
		球回后场	（−3）
		罚球违例	（−3）
		争球	（−3）
		出界	（−3）

表 3.2 防守数据统计样表

（＋）值		（－）值	
投篮			
盖帽	+2	对对手两分球投篮犯规	（－2）
保护篮筐，阻止上篮	+2	对对手三分球投篮犯规	（－3）
成功防守低位单打	+2	不必要的个人犯规	（－1）
		防守跳投犯规	（－3）
篮板球			
二次进攻	+2	防守进攻篮板球失败	（－2）
防守篮板球	+1	卡位失败	（－2）
		对手补篮得分	（－3）
处理球			
干扰球	+3	个人犯规	（－1）
抢断	+3	没有看到对方的传球	（－2）
破坏球权	+2	对方中场带球时未对其进行紧逼	（－2）
抢夺地板球	+2	回防未落位	（－2）
		队友失位时未及时协防	（－2）
		低位双人包夹动作缓慢	（－2）
		处于内线位置时未能以最快的速度向外移动补防	（－2）
		暂停后执行力差	（－3）
		换人失误	（－3）
基本比赛违规			
		三秒违例	（－5）
		技术犯规	（－5）
		干扰球	（－3）
		干扰得分	（－3）
		球回后场	（－3）
		罚球违例	（－3）
		争球	（－3）
		出界	（－3）

表 3.3 球员综合评分样表

控球后卫	得分后卫	小前锋	大前锋	中锋
1.	1.	1.	1.	1.
2.	2.	2.	2.	2.
3.	3.	3.	3.	3.

[源自：L. Rose, 2013, *Winning basketball fundamentals* (Champaign, IL: Human Kinetics).]

表现评分体系的使用

教练建立了转换公式之后，基于训练赛和比赛结果将其应用于每个球员。为了了解如何对比赛和球员评分，我们回顾一下 2010 年 NCAA 中，杜克大学队和巴特勒大学队之间的比赛。为了获得最准确的分析，从比赛视频中获取统计数据。技术统计并不能说明一切，尤其是涉及界外球的犯规。在比赛中，盖帽、犯规和传球失误并不总是那么容易被准确判定。但是这里为了转换统计数据，可以使用 NCAA 的技术统计数据（见表 3.4 和表 3.6）。

表 3.5 和表 3.7 是简短的数据统计类别表，包括了投篮、罚球、篮板球、助攻、抢断、盖帽、失误、个人犯规、得分等数据，并介绍了如何把球员的比赛数据转换成球员的表现评分。教练必须对一些特定的违规行为如何判定做出最终的决定，例如，当出现难以判断谁抢到了进攻篮板球、谁把球打出界外、谁犯规或不清楚传球失误是由传球手还是接球手导致的等情况时，教练必须做出最终决定。表现评分体系反映了每个球员当天贡献的总和。

表 3.4 杜克大学队的个人技术统计数据

球员	上场时间（分钟）	投篮命中次数	三分球命中次数	罚球命中次数	篮板球（进攻篮板球/防守篮板球）	助攻	抢断	盖帽	失误	个人犯规	得分
托马斯	35	3–5	0–0	0–0	（1/3）	0	2	0	3	4	6
辛格勒	40	7–13	3–6	2–2	（1/8）	2	1	2	2	1	19
史密斯	40	5–15	1–5	2–5	（1/2）	4	0	0	3	0	13
施耶尔	37	5–12	1–5	4–5	（1/5）	5	1	2	2	3	15
佐贝克	31	3–4	0–0	2–4	（6/4）	1	0	2	1	4	8
米·普拉姆利	9	0–2	0–0	0–0	（1/2）	0	1	1	1	2	0
道金斯	5	0–1	0–1	0–0	（0/0）	0	0	0	0	0	0
马·普拉姆利	3	0–0	0–0	0–0	（0/1）	0	0	0	0	0	0
总计		23–52	5–17	10–16	（11/25）	12	5	7	12	14	61

表3.5 杜克大学队的个人表现评分

球员	正（+）	负（-）	表现评分	加分项	减分项
托马斯	+16	-14	+2	篮板球、抢断	个人犯规
辛格勒	+41	-20	+21	篮板球、助攻、盖帽	无
史密斯	+28	-36	-8	助攻	投篮命中率、三分球命中率、失误、罚球命中率
施耶尔	+43	-27	+16	篮板球、助攻、盖帽	三分球命中率
佐贝克	+31	-12	+19	篮板球、投篮命中率、盖帽	个人犯规、罚球命中率
米·普拉姆利	+8	-8	0	无	无
道金斯	0	-3	-3	无	无
马·普拉姆利	+1	0	+1	无	无
总计	+168	-120	+48		

表3.6 巴特勒大学队的个人技术统计数据

球员	上场时间（分钟）	投篮命中次数	三分球命中次数	罚球命中次数	篮板球（进攻篮板球/防守篮板球）	助攻	抢断	盖帽	失误	个人犯规	得分
海沃德	40	2-11	0-3	8-8	（3/5）	1	1	0	1	1	12
韦斯莱	38	1-9	0-5	0-0	（3/0）	3	0	0	2	2	2
麦克	31	5-14	2-4	0-0	（1/4）	2	2	0	2	1	12
诺瑞德	27	3-8	1-2	0-0	（1/5）	1	1	0	2	3	7
霍华德	19	3-8	0-0	5-8	（2/2）	0	0	0	1	4	11
朱克斯	18	4-6	2-3	0-2	（2/2）	0	0	0	0	4	10
哈恩	11	1-1	1-1	0-0	（0/1）	0	0	0	0	1	3
范赞特	15	1-1	0-0	0-0	（0/1）	0	0	0	0	2	2
史密斯	1	0-0	0-0	0-0	（0/0）	0	0	0	0	0	0
总计		20-58	6-18	13-18	（12/20）	7	4	0	8	18	59

通过对比个人技术统计数据，表3.8和表3.9给出了这些重要的基本分类数据。从这些分类数据可以看出，杜克大学队和巴特勒大学队在这场61-59的冠军争夺战中的区别。投篮方面，杜克大学队（表现评分+71、-106，总计-35）比巴特勒大学队（表现评分+71、-122，总计-51）优势更大。在这场势均力敌的比赛中，杜克大学队拿到的篮板球更多：杜克大学队拿到了36个篮板球，巴特勒大学队拿到了32个篮板球。巴特勒大学队的失误更少（8对12），但杜克大学队擅长助攻（12对7），个人犯规更少（14对18），抢断更多（5对4）。真正突出并对结果产生很大的影响的，是杜

克大学队在盖帽上以 7-0 的绝对优势领先于巴特勒大学队。从比赛视频可以看出，巴特勒大学队有多少带球突破上篮和补篮被杜克大学队封盖。

表 3.7 巴特勒大学队的个人表现评分

球员	正（+）	负（−）	表现评分	加分项	减分项
海沃德	+28	−28	0	篮板球、罚球命中率	投篮命中率、三分球命中次数
韦斯莱	+17	−29	−12	进攻篮板球	投篮命中率、三分球命中次数
麦克	+28	−25	+3	篮板球、助攻、三分球命中次数	投篮命中率
诺瑞德	+19	−21	−2	篮板球	投篮命中率
霍华德	+17	−22	−5	篮板球	投篮命中率、罚球命中率、个人犯规
朱克斯	+16	−13	+3	篮板球、投篮命中率、三分球命中次数	个人犯规、罚球命中率
哈恩	+3	−2	+1	投篮命中率	无
范赞特	+4	−1	+3	三分球命中次数	无
史密斯	0	0	0	无	无
总计	132	−141	−9		

表 3.8 两队整体统计数据比较

	杜克大学队表现评分			巴特勒大学队表现评分		
	统计数据	正（+）	负（−）	统计数据	正（+）	负（−）
投篮命中次数	23–52	+46	−58	20–58	+40	−76
三分球命中次数	5–17	+15	−36	6–18	+18	−36
罚球命中次数	10–16	+10	−12	13–18	+13	−10
篮板球（进攻篮板球／防守篮板球）	36（11/25）	+47		32（12/20）	+44	
助攻	12	+36		7	+21	
个人犯规	14		−14	18		−18
失误	12		−24	8		−16
抢断	5	+10		4	+8	
盖帽	7	+7		0	0	
总计		+171	−144		+144	−156
最终得分		+27				−12

表3.9　两队个人统计数据比较

	杜克大学队			巴特勒大学队		
	统计数据	正（+）	负（−）	统计数据	正（+）	负（−）
投篮命中次数	23–52		−12	20–58		−36
三分球命中次数	5–17		−21	6–18		−18
罚球命中次数	10–16		−2	13–18	+3	
篮板球（进攻篮板球/防守篮板球）	36（11/25）	+47		32（12/20）	+44	
助攻	12	+36		7	+21	
个人犯规	14		−14	18		−18
失误	12		−24	8		−16
抢断	5	+10		4	+8	
盖帽	7	+7		0		
总计		+100	−73		+76	−88
最终得分		+27				−12

表3.10反映了将这些统计数据归纳为投篮、积极因素和消极因素等分类后，表现评分的改变情况。表3.11反映了杜克大学队和巴特勒大学队在这些分类中的表现评分，以及两队之间的差异。

表现评分体系还可以体现出球员在场上贡献的基本情况。表3.12中，对巴特勒大学队场上贡献最大的3名球员与杜克大学队场上贡献最大的3名球员进行了比较。辛格勒的表现评分为+41分、−20分，最终表现评分为+21分；佐贝克的表现评分为+31分、−12分，最终表现评分为+19分；施耶尔的表现评分为+43分、−27分，最终表现评分为+16分。与此相比，巴特勒大学队贡献最大的3名球员分别是：海沃德的表现评分为+28分、−28分，最终表现评分为0分；麦克的表现评分为+28分、−25分，最终表现评分为+3分；朱克斯的表现评分为+16分、−13分，最终表现评分为+3分。巴特勒大学队场上贡献最大的3名球员总表现评分为+72分、−66分，最终表现评分为+6分。与此同时，杜克大学队场上贡献最大的3名球员表现评分合计为+115分、−59分，最终表现评分+56分。

通过分析不同形式的所有表现评分数据，我们可以总结出杜克大学队获胜的原因有以下几点。

1. 佐贝克在比赛中的表现非常精彩。他的表现评分排名全场第2，表现评分为+19分，篮板球排名第1（表现评分为+10分）。

2. 杜克大学队盖帽7次，巴特勒大学队盖帽0次。

3. 杜克大学队中的 3 个最可靠的得分球员在比赛中拿到了 47 分，而巴特勒大学队得分位于前 3 名的球员在比赛中只拿到了 35 分。

4. 杜克大学队的前 3 名球员的表现评分（+56 分），遥遥领先于巴特勒大学队的前 3 名球员的表现评分（+6 分）。

5. 杜克大学队的综合表现评分（+27 分）也远远领先于巴特勒大学队的综合表现评分（-12 分），杜克大学队的全面发挥让他们占了上风。

6. 杜克大学队有 3 名球员的个人表现评分很高，分别是辛格勒（+21 分）、佐贝克（+19 分）、施耶尔（+16 分）；巴特勒大学队的个人表现评分最高的球员分别是麦克（+3 分）和朱克斯（+3 分）。

表 3.10 相关的统计数据分类

投篮	积极因素	消极因素
投篮命中率	助攻	个人犯规
三分球命中率	篮板球	失误
罚球命中率	抢断	
	盖帽	

表 3.11 相关的统计数据分类的表现评分

	杜克大学队	巴特勒大学队	差异
投篮	-35	-51	+16（杜克大学队占优）
积极因素	+61	+59	+2（杜克大学队占优）
消极因素	-82	-98	+16（杜克大学队占优）
总计	-56	-90	+34（杜克大学队占优）

表 3.12 两队个人表现评分最高的 3 名球员

杜克大学队的前 3 名				巴特勒大学队的前 3 名			
球员	上场时间（分钟）	投篮命中次数	三分球命中次数	表现评分	球员	上场时间（分钟）	投篮命中次数	三分球命中次数	表现评分
辛格勒	40	7-13	3-6	+21	麦克	31	5-14	2-4	+3
佐贝克	31	3-4	0-0	+19	朱克斯	18	4-6	2-3	+3
施耶尔	37	5-12	1-5	+16	海沃德	40	2-11	0-3	0
总计		15-29	4-11	+56	总计		11-31	4-10	+6

利用表现评分体系进行评估

迄今为止，表现评分体系的大部分重点都放在比赛上，其实从训练开始的第一天，就可以应用这个评分体系了。在正常的攻防基础训练和必要的教学环节之后，在每个训练中安排 30 分钟的时间，让球员们进行训练赛。训练赛期间的所有统计数据，都可以使用表现评分体系进行追踪。如果球队有 15 名球员，每个球员每天可以有 20 分钟的训练赛时间。约翰·伍登是每日训练赛的支持者。可以安排一个适合有 15 名球员的球队的赛程表，把 15 名球员分成 3 支队伍：A 队、B 队和 C 队，每天每支队伍打 20 分钟的训练赛。

1. 10 分钟，A 队对 B 队。
2. 10 分钟，A 队对 C 队。
3. 10 分钟，B 队对 C 队。

总的训练赛时间是 30 分钟。球员不可避免地会把自己和队友的进步进行对比评估，所以引入通用进攻战术（第 6 章），让所有球员都有平等的机会是很重要的。用于评估的进攻战术，很有可能不是球队使用的主要进攻战术，但是球员的位置、控球和篮板球的责任是自然而然就要承担起来的。因此，使用的进攻方式和训练管理方式，必须具有这些基本属性。评价过程中纳入以下 5 个要求，以尽可能避免模糊不清的情况发生。

1. 确保公平进攻，让所有球员能展示出自己的能力。
2. 每个人的上场时间都是一样的。可以通过制定计划来确保这一点得到满足。
3. 球员们每天轮换，避免有人议论某个球队总是保持阵容不变。
4. 雇佣外部裁判等工作人员，确保判罚公正。
5. 使用相同的表现评分体系给每个球员评分。

表现评分体系的作用

当球员把自己的弱项最小化的同时发挥自己的强项，球队水平就会自动提高。表现评分体系就是基于这样的假设，所以表现评分体系应该起到以下作用。

1. 鼓励球员争取积极的结果，因为这样做他们能得到更多的上场时间。当球员们减少个人失误，投篮的命中率会更高，比赛效率会更高，这样球队就更容易赢得比赛。当积极因素取代了消极因素，球队的执行力就会提升。
2. 可以避免球队里关于谁是最有价值球员的猜测。
3. 把训练结果制成表格，并张贴给所有的球员看。
4. 没有人能投机取巧，因为每个人都必须通过刻苦训练才能够获得表现评分。如果球员不训练，其就没有表现评分，而这意味着其在正式比赛中就不会有上场时间。与其在肌肉酸痛、烦躁不安和糟糕的状态下浪费一整天的训练时间，球员们会选择学习打球。
5. 球员很快会意识到全面提升数据的重要性，他们在比赛中的表现越全面，提升数据的机会就越大。随着个人执行能力的提升，球队的输出能力也就随之提升了。

6. 这一体系对打法积极的球员会给予鼓励，对打法消极的球员会给予惩罚。球员会懂得为球队做出贡献比上场时间更重要。他们很快就会意识到，要获得积极的分数，就需要付出努力，保持全神贯注。表 3.13 中的表现评分（仅投篮）数据展示了如何把一名球员的投篮数据制成表格我们可以从表中看出，比赛得分高的球员，其在投篮上的表现评分并一定高，因为命中率也是重要的考虑因素。

表 3.13 个人表现评分体系投篮分数

表现评分体系投篮分数			
命中两分球	+2	未命中两分球	−2
命中三分球	+3	未命中三分球	−3
命中罚球	+1	未命中罚球	−2
辛格勒的投篮数据样本（杜克大学队对巴特勒大学队）			
两分球命中次数	三分球命中次数		罚球命中次数
4–7	3–6		2–2
表现评分（将辛格勒的投篮数据转换为表现评分）			
	命中	加分小计	未命中	减分小计
两分球	4	+8	3	−6
三分球	3	+9	3	−9
罚球	2	+2	0	0
总计	9	+19	6	−15
表现评分（仅投篮）		+4		

在表 3.13 的例子中，杜克大学队的辛格勒的两分球命中率约为 57%，三分球命中率为 50%，罚球命中率为 100%。他在比赛中得到 +19 分，表现评分得到 +4 分。这个例子说明，仅仅靠在比赛中得分，难以让表现评分的排名靠前。此外，在表现评分方面，辛格勒因抢下 9 个篮板球获得 +10 分，因 2 次助攻获得 +6 分，因 2 次盖帽获得 +4 分，因 1 次抢断获得 +2 分，这使他的表现评分总分为 +41 分。他的消极因素表现评分是 −20 分，因此整场比赛总表现评分为 +21 分。

表现评分体系能帮助球员提高投篮技术，因为要在投篮上使表现评分为正数，他们的投篮命中率必须超过 50%；而要让罚球的表现评分为正数，他们的罚球命中率必须超过 70%。表现评分体系中负分表示存在问题。在大多数的情况下，球员在投篮时关心的是投篮的时机：被迫投篮、超远距离投篮或遭到破坏的突破上篮。当然，投篮只是其中之一，球员有很多机会，如通过篮板球、助攻、抢断和全面良好的发挥，来获得更多的表现评分。

表现评分体系会严格按照计划记录球员的行为。通过表现评分体系，球员在比赛中不会分心，不用担心教练是否注意到他们的篮板球或助攻，不用担心得分是不是唯一重要的统计数据，或者教练是否存在有意偏袒行为。摆脱这些问题后，对于球员来说，就有了健康的竞争环境。在这样的环境下，球员和教练可以在大家面前进行友好的交谈，其他球员不会怀疑教练有什么偏袒行为。任何曾经参加过球队比赛的球员、教练或家长都明白消除偏袒的价值，而表现评分体系做到了这一点。

荣 耀 板

表现评分体系能全面分析球员在比赛中做出的贡献。表现评分体系能够促进公平、团队协作，提高数据统计的准确性。教练也可以使用其他方法来激发和鼓舞球员以增加他们的贡献。我发现最好的方法之一，是通过荣耀板的数据来观察球员付出的努力。无论是什么级别的球队，大多将"扑救"作为特殊成就，以及态度被认可的标志。

在年初，教练和球员汇总一些重要的基本统计数据，虽然这些是容易识别的基础数据，但能反映球员做出的努力，以及大多数情况下愿意牺牲的精神。例如，主动争抢地板球、承受身体对抗，或者卡位抢篮板时全神贯注、保持身体接触，直到将球护送到队友手里。请注意，任何球员都可以做出这些动作，但并不是所有球员都适合做这些动作。因此，用"扑救"这个词来定义。让球员知道做出这些动作不容易，他们会对扑救的队友表示尊重。在训练中提到这些球员，并在他们的更衣室衣柜前面张贴象征性的星星或徽章，来表示对这些球员的特殊认可。这种方法类似于在橄榄球球员头盔上做一个标志，来表示特殊的成就。

下面是教练可以应用的一些荣耀板的例子。想要做好这些数据统计，必须了解篮球。在大多数情况下，可以把这项工作分配给助理教练或志愿者。

荣耀板 #1 荣耀板 #1（表 3.14）列出了荣耀板数据统计的 6 个类别，虽然看上去有点难，但是每个都是基本的技术动作，很容易记录。由于这种分类很直观，所以其受到一些教练的喜欢。

表 3.14 荣耀板 #1

类别	合格的标准
站位	造成对方 2 次进攻撞人犯规
拼抢	抢到 2 个进攻篮板球
干扰	阻止对方 2 次传球
争抢	2 次抢断
盖帽	封盖对方 1 次投篮
拨球	导致对手 1 次投篮或罚球不中

荣耀板 #2 荣耀板 #2（表 3.15）列出的内容，是一些不同类别的技术统计数据。每一个动作都很重要，球员需要付出更多的努力。所有这些动作都对球队有利，强调

荣耀板中的这些动作，会提高每个球员的整体表现。

荣耀板 #3　前两个荣耀板代表球员个人的成就，但是相比于个人数据，一些教练对球队成就更感兴趣。下面这个荣耀板的例子将球员的个人成功和球队的成功结合起来（表 3.16）。个人进攻荣耀板包括投篮命中率和罚球命中率、失误、助攻及进攻篮板球等的统计数据。个人防守荣耀板包括防守篮板（5 个）、抢断（2 个）、争抢地板球（1 次）、制造犯规（1 次）和盖帽（1 次）等的统计数据。

关于荣耀板这一概念，最重要的是其取决于球队的成就，并会激励所有的球员齐心协力达到标准。教练组影响投篮命中率，而所有其他类别，如篮板球、抢断、盖帽和扣篮，则在很大程度上取决于对手。

表 3.15　荣耀板 #2

描述	合格的目标
地板球	争夺 2 次地板球
迫使对方失误	2 次抢回球权
掩护	2 次让队友得到空位投篮的机会
绕前防守	1 次成功破坏对方将球传到内线
扑救	1 次快速回防成功破坏对方反击
主动犯规	1 次防止对方轻松上篮得分

表 3.16　荣耀板 #3

要在半场、比赛结束或第二天的训练时对表中内容进行记录和回顾。

个人荣耀板	
进攻	防守
罚球命中率必须达到 80%（至少 5 次）	至少有 5 个防守篮板球
至少有 4 次助攻（根据需要，可以减少到 3 次）	必须完成 2 次抢断
至少有 2 个进攻篮板球和 1 次抢回球权	必须有 1 次扣篮
投篮命中率必须达到 50%	必须抢夺地板球 1 次
不能有超过 2 次的失误	必须盖帽 1 次
球队荣耀板	
规则	目标
全队荣耀板取决于防守水平	必须保持球队事先设定的、现实的投篮命中率。设定一个让球队挑战的目标
当完成所有的 5 个目标时，每个球员得到奖励	必须抢到更多的篮板球
当替补球员登场时，他们的贡献和首发球员一样重要。这能鼓励所有的球员互相支持	必须比对手获得更多的抢断
建立良好的球队意识和支持	必须比对手封盖更多的投篮
	必须比对手有更多的扣篮

　　本章讨论了公正且一致的评估流程。荣耀板是通过奖励球员的个人努力和球队努力来激励球员，以对球员表示认可。荣耀板是一个非常有用的工具，但它不能代替表现评分体系，这一体系可以把数据转换成数字。通过给球员讲解规则，强调球队成功重于个人成就，说明分析和考察球员时需要考虑的一些事项。表现评分体系可能是让教练和球员之间建立牢固、积极的信任关系的最佳工具之一。

第 **4** 章

个人进攻技巧

　　球员们在球场上会展现出不同水平的篮球技巧。教练的目标是帮助球员把他们的技巧提高到尽可能高的水平。但是这种情况在篮球运动中很少见，因为球员在每次训练中通常会出现进步或退步。提高水平没有捷径，每个球员都必须通过努力来抓住机会。务实地说，对于球员来说，最重要的是要对比赛有信心，要积极对待建设性的批评意见。

　　大多数球员喜欢快节奏的进攻，聪明的球员很快就会意识到，得分是遵守良好的基本规则所带来的副产品。如果球队在进攻中，球员坚持不停地跑位，球不停地运转，那对手将难以防守，因为持续的移动会导致对手的防守体系被破坏，从而创造更好的得分机会。优秀的进攻球员会花很多时间训练控球、传球、掩护和投篮等技巧；此外，他们会在球场上保持平衡，并良好地利用空间，让自己和队友更难被防守。再加上良好的决策等重要因素，球员就会在正确的道路上持续进步。

　　即使一个球员并不具备非常全面的技巧，他也不应该放任自己。举个例子，如果身材高大但速度不快的球员有良好的直觉，知道如何进行掩护，有传球技巧，他也能在球队中找到位置；速度快的篮板手，即使投篮不好，也可以补充球队的防守；如果个子矮的后卫的篮板和低位防守能力有限，但他能做出好的控球后卫决策，这在利用紧逼战术的球队里，是非常有竞争力的。教练在考虑球员及其位置时要灵活，特别是涉及得分方面时。无论身材大小，每支球队都需要优秀的投手。常用的套路有时候并不是最合适的，在大多数低于职业水平的比赛中，教练需要充分利用球员的特点。

本章首先介绍常用的运动工具，这些工具可以让球员获得提升；然后介绍提升比赛技巧需要的进攻基础知识；最后，在建立进攻体系的过程中，我们会加入决策制定，这是最重要的品质。

运动工具

许多因素决定了运动员能否成功，诸如天赋、基因、心态和胜负欲等，甚至还可以包括在什么样的设施下训练。在很大程度上，基因决定了许多运动员是否能取得成功。马术运动员和女子体操运动员个子小，相扑运动员个子大。短跑运动员的快缩肌纤维和慢缩肌纤维比例很高，这是短跑爆发力所需要的。相比之下，马拉松运动员拥有高比例的慢缩肌纤维，因此他们可以维持长时间的能量生产。当然，篮球运动员通常个子都很高。根据 NBA 官网的数据，2010 年 NBA 球员的平均身高为 201 厘米。

基因因素是确定的，但不能断然地说，这导致我们什么也做不了。训练对体形塑造有很大影响。例如，随着时间的推移，马拉松运动员会变得更瘦，举重运动员会变得更壮、更有型，速滑运动员的腿会更粗壮。一些教练和球员认为速度、手感和跳跃能力是无法提升的，这是无稽之谈。事实上，球员可以通过适当的技术训练，来提升这三个方面。

速度

球员可以通过第 1 章的内容来提高速度。想要提高速度的球员，需要尽早开始举重训练。肌肉力量在很大程度上决定了球员的速度，如果球员没能发展出最大的力量，他就无法发展出最高的速度。球员可以通过两种主要方式来提高速度：提高步频或增加步长。这两种情况都发生在训练导致球员的身体超负荷时，也就是运用超负荷训练来提高速度。

超负荷训练依赖于实行集中的训练计划，包括热身训练、力量训练、爆发力训练、耐力训练、灵活性训练和速度技巧训练。如今的大学球队和职业球队，教练组中还会包括举重教练和体能教练。希望获得更好成绩的高中球队的教练，也应该探索和研究速度训练的最新趋势。

球员需要明白，速度快对任何球队来说都是巨大的财富。当教练有机会挑选时，他们一定会挑选速度快的球员。速度快的球队在进攻和防守上都拥有无限的可能性。一支速度快、状态良好的进攻队伍，可以通过控球来保持对对手防守的压力。在防守上，速度快能让球队压制对手、迫使对手失误，从而获得进攻机会。

灵活性是区分两个速度相同的球员的重要标志。良好的灵活性可以让进攻球员与防守球员拉开空间或攻破防守球员，它给了球员打破对手整体防守的机会。另外，当一个防守球员发现自己在灵活性上比对手差时，其士气也会低落。如果进攻球员具有灵活性的优势，那么其可以随心所欲地变向，不用担心五秒违例或运球遭到干扰。如果球队的组织者既有身高优势（视野更加开阔），也兼具灵活性好的特点（能摆脱防守者），其将会是球队不可多得的资源。

带球速度

重点

教会球员如何通过控球来拉开空间。

步骤

球员从左侧的标志线开始，按照以下步骤开始训练。

1. 教练是传球手。O1球员从左侧的标志线开始接球，被X1球员严密盯防。O1球员快速灵活地运球，向对方边线移动，到罚球线的一侧。在持续运球时，O1球员必须通过快速后退或滑步到一侧，在自己和X1球员之间拉开空间（图4.1）。

2. 在摆脱防守后，O1球员换位，在球场右侧的一个新的位置，重新开始进攻。

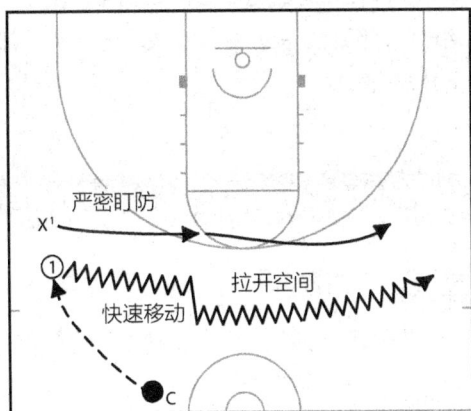

图4.1 带球速度

这个训练涉及控球、带球的速度，以及摆脱防守球员，把球带到球场上不同位置的能力。这一训练对评估持球球员很有用。图4.1只显示了半场的训练，但其也可用作全场训练。

手感

另一个有价值的特质，特别是对内线球员来说，是柔和的手感或接球的能力。高大强壮的球员肯定被球队寄予厚望，但是如果球员接球不稳，他的篮球发展前景就会受到限制，球队的内线进攻也会受到限制。尽力寻找大个子球员的大学球队寄希望于这些球员能够培养出柔和的手感。每个球员的手感可能会在不同程度上出现进步。有一种方法是每天做手部和手指球训练，即用手挤压一个橡胶球，让手指更加灵活。对于手感来说，动机、专注和训练是获得进步的三个必要条件。

在这种情况下，"柔和的手感"指的是球员在接住球的时候，球不会上下晃动、不乱转，也不会弹出来。这不是说拥有这种技能的球员，每一次传接球都完美无缺。在静止状态下（如直接的背身单打中），接球与在移动中或行进中接球是有区别的。在半场进攻中，交叉掩护、低位掩护、滑步、跨步和挡拆都需要移动。接球技术差的球员，很难把这些技术应用好。

在年轻球员职业生涯的早期发展阶段，教练可以决定球员是否需要在给中锋传高吊球时保持静止不动。如果一个球员必须用双手接球，传球者需要更仔细和准确。传球者应以接球者的胸部为传球目标，接球者在接球时双臂向上，肘部伸直，双手张开接球。试图建立良好的内线进攻的球队，都知道拥有柔和的手感并且能背身单打的球员是多么重要。

柔和的手感

重点

提升接球能力，培养柔和的手感。

步骤

球员从半场开始。这个训练需要 3 名球员和 2 个球。

按照以下步骤训练。

1. O1 球员持球，站在篮网下；O2 球员不持球，站在罚球线左侧；O3 球员持球，站在罚球线右侧。

2. 球员用双手在胸前快速前后传球，并保持 15 秒内不丢球。出现失误时，重新开始。O1 球员移动至三秒区里，保持两个球不停传递。当 O1 球员将球传递给 O2 球员时，O3 球员将球传递给 O1 球员。O1 球员将球传回给 O3 球员并接过 O2 球员的传球，然后立即将球传回 O2 球员（图 4.2）。

3. 这个传球训练，可以一直持续到训练结束。完成胸前传球后，球员开始训练双手反弹传球、双手过顶传球、右手和左手传球。

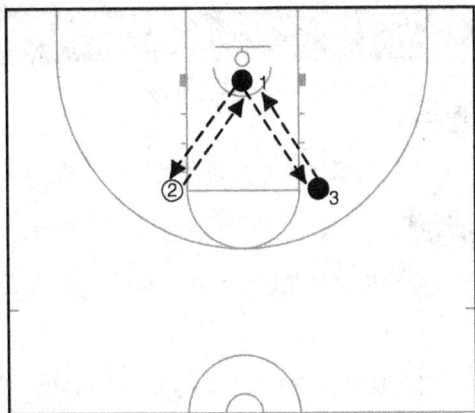

这种训练对提升手眼协调能力非常有效。随着球员变得熟练，教练应该进行一些一对一的训练。

图 4.2 柔和的手感

跳跃能力

跳跃能力是球员各项技能中最重要的组成部分之一。我们在第 1 章中已经看到，球员可以通过改进技术、提高要求以及进行高强度的快速伸缩复合训练，来提升垂直跳跃能力。但是能够跳跃的意义是另一回事。篮球是一项关于跳跃的运动。

如果球员拥有出色的跳跃能力，可以对比赛的许多方面产生动态影响。飞身盖帽能够摧毁对手十拿九稳的上篮，起到震慑对手的作用；由于进攻篮板手更加强调力量，因此他们会在比赛中抢到进攻篮板球后，完成势大力沉的扣篮；三分球投手们灵活地急停、起跳投篮，在距离篮筐 7.5 米远的位置，起跳越过对方严密盯防的球员的封盖，把球投进篮筐，会让比赛更加具有观赏性。成功的教练知道提升球员的跳跃能力可以提高他们的速度，能让他们更容易抢到篮板球、更严密地防守对方的投手，甚至可以在不被盖帽的情况下变向投篮，从而对比赛产生更大的影响。

跳跃训练的目的不仅是可以跳得更高，把握起跳的时机也很重要。能够及时预测、加速和起跳的球员，在竞争中总是会领先一步。优秀的教练了解如何用跳跃训练帮助球员最大限度地提升篮球技能。具有惊人跳跃能力的球员，会觉得打篮球是一种自然选择。在 NBA，一个突出的例子就是埃迪·罗宾逊，他曾效力于夏洛特黄蜂队和芝加哥公牛队。身高 201 厘米的小前锋罗宾逊在体能测试中的得分，比其他任何夏洛特黄蜂队球员的得分都要高。他伸手摸高的高度为 376 厘米，原地垂直跳跃高度为 79 厘米，一步垂直跳跃高度为 91 厘米，跑步垂直跳跃高度达到惊人的 109 厘米。埃迪·罗宾逊身上体现了世界级的速度和极强的跳跃能力的结合。他在快攻时，经常跑到边路等待队友传来高球，随时准备空中接力完成扣篮，这也是比赛的亮点。

寻找更好的起跳时机

重点

增强力量、爆发力和掌握起跳时机。

步骤

球员以这种跳跃训练结束训练。球员在篮板下排队，每次一个人，按照以下步骤完成训练。

1. 球员向前俯身（图 4.3a），跳跃，双手举过头顶，拍打篮板（图 4.3b）。
2. 球员双脚着地后立即再次起跳，起跳的同时，保持手臂和手的伸展。以连续的动作完成上述的训练内容，在这期间不允许球员停止后重新起跳。
3. 在教练和记录员的陪伴下，球员在 30 秒内不断重复这一过程。只有双手触摸到篮板的起跳才算合格。

图 4.3 寻找更好的起跳时机：a. 向前俯身；b. 拍打篮板

通过这种训练，球员也能提升耐力。对于无法用双手触摸到篮板的高中生来说，在墙上贴一块胶带，记录好跳跃的高度，也能起到同样的作用。

总之，球员可以提升 3 个非常重要的属性：速度、柔和的手感和跳跃能力。进步的程度取决于球员的动机、专注程度和教练的创新。教练和球员都需要找到更合适的训练方案，帮助球员提升速度、跳跃能力和接球能力。

进攻的基础知识

除了上述的运动工具外，一些具体的篮球基础知识也可以帮助球员提升个人进攻技巧。本节主要介绍投篮、传球、运球、中轴脚技术、掩护、篮板球的各种教学技巧。本节确定了关键的领域，并且提供了成为全面的球员所需了解的内容，以帮助球员打好基础。

投篮

卡里姆·阿卜杜尔－贾巴尔曾经说过，在他身上发生过的最好的事情，就是他上大学时被禁止扣篮。为什么？因为这迫使他学习如何投篮。而贾巴尔后来成了 NBA 历史上的头号得分手。投篮应该是每一次进攻训练中不可或缺的一部分。无论是在训练、半场训练赛，还是分组对抗赛中，球员必须在每次投篮中使用正确的投篮技术。我们先从跳投的 3 个要素开始介绍：稳健的底盘、开阔的视野和强大的自信。

稳健的底盘、开阔的视野和强大的自信

投篮时，球员首先要有一个稳健的底盘，让身体得以保持良好的平衡。双脚大约与肩同宽，肩膀要与篮筐成直角。球在投篮手的手中时，投篮手的手指应处于缝线位置，以便进行适当旋转（有时在激烈的动作中，手指不可能在缝线上）。投篮手的肘部靠近身体，准备举起球完成投篮（图 4.4a）。球员只有通过长时间的训练，才能掌握这项技术。球员用护球手或非投篮手支撑球，并把球带到头部上前方的出球位置（图 4.4b）。球员自己要稳，避免晃动头部，否则会失去目标。在投篮时，球员跳起且护球手放松，让投篮手完成投篮动作（图 4.4c），保持随球动作（图 4.4d）。

手臂、手腕、手掌和手指协同工作，以平稳、流畅的动作将球投出去。投手们应该明白，篮圈的直径是球的两倍，目标应该是球轨迹呈弧线，而不是平直的轨迹，也不是直线球，这样才能让球落进篮筐。一个好的投手的手臂、手腕和手指，都在后续动作中持续保持伸展。适当的伸展包括手腕放松，向前伸展，就好像是投篮手从头顶上的篮子里摘水果一样；食指直接指向篮筐，就像扣动扳机的手指指向目标一样。

除了建立良好的基础，投手们还必须有开阔的视野。无论是在移动中接球就投，是在掩护下完成投篮，还是面对防守球员时直接投篮，球员在准备将球投出时，必须把全部注意力集中在目标上。我曾在夏洛特黄蜂队当了 5 年的助理教练，我的职责之

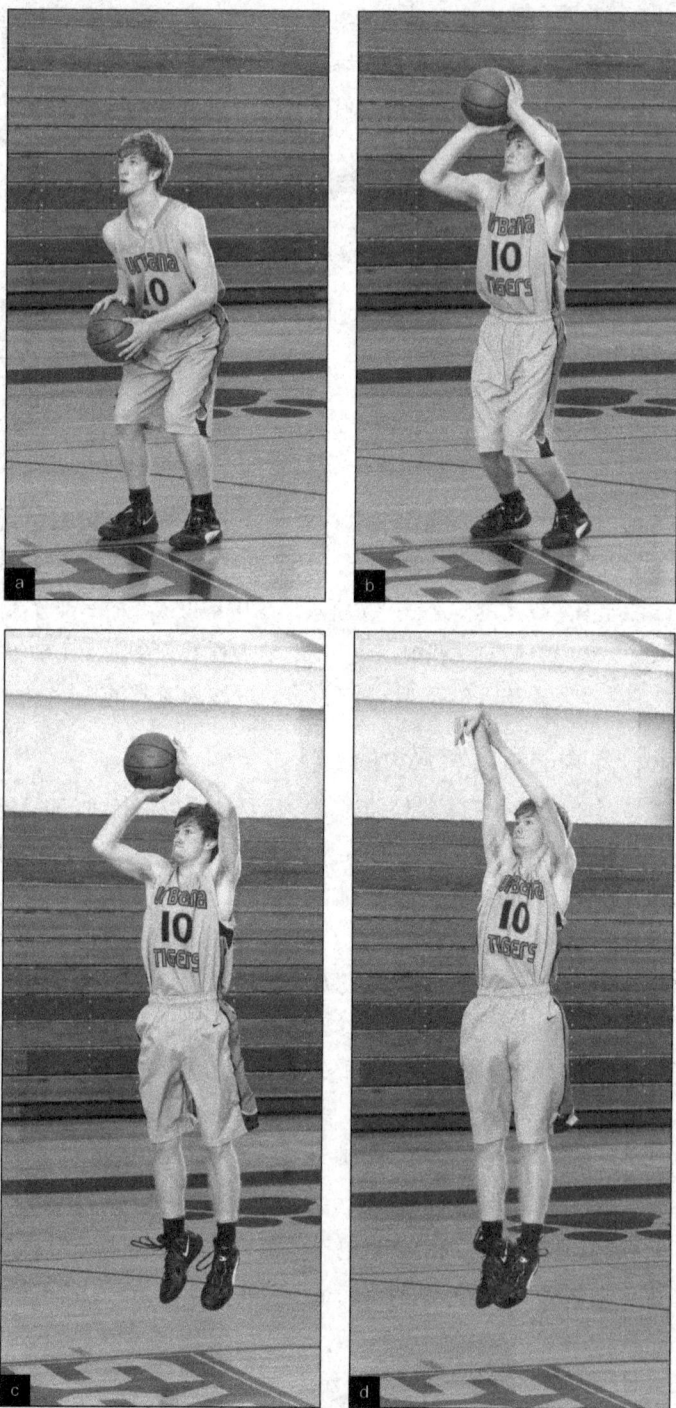

图 4.4 投篮：a. 稳健的底盘；b. 将球移动到出球位置；c. 进行投篮；d. 保持随球动作

一就是在赛前投篮训练中与球员们一起训练。戴尔·库里，NBA历史上最好的三分球投手之一，当我在夏洛特黄蜂队的时候，他也是队中的球员。戴尔和我就投篮技术进行了多次交谈，把球对准哪里是我们讨论的话题之一。他说，他总是瞄准正对着他的中间凸缘（固定网的钩子）上方和篮筐边缘上方的孔。优秀的投手能够看穿篮筐，并把注意力集中在篮筐前后的洞上。在赛前热身时，优秀的投手会在接近篮下的位置开始训练，然后逐渐移向三分线。这种方法能帮助他们创造简单的、流畅的投篮动作，帮助他们在视觉上把注意力集中在篮筐上。

投篮的第三个要素是保持强大的自信。投篮的成功取决于对自己能力的信任。自信是运动表现的核心，它建立在运动员如何理解自己的经历的基础上。当大脑获得积极输入时，可能就会有积极的反应。一个球员投中的球越多，他就越有信心。很多球队的领导者明白，反复的鼓励、肯定和支持会带来积极的结果。同样的情况也会发生在球员投篮的时候：他们投进的球越多，他们希望投进的球也越多。好的教练会根据球员的优势来制定投篮训练，并努力为球员建立一个自信的基础。

信心是靠努力赢得的，而不是早就注定的。教练不需要每天叮嘱球员打比赛要信心十足，因为信心不能像饮用水那样递给球员让其喝掉。不断地赢球、专注比赛、充满竞争的环境和积极刻苦的训练，更容易让球员信心十足。在模拟最后关键时刻的训练赛中，以绝杀为目的的投篮，可以极大地增强球员的自信心。自我激励的投篮训练也非常有效，如要求球员从一个位置连续投中5球或3球，然后才能前进到下一个位置。这样的训练需要保持专注、需要不断重复并最终取得成功。以球员或小组为单位竞争，最后宣布获胜者，可以让训练变得更有竞争性，从而让获胜的球员更加自信。

克莱姆森大学队和夏洛特黄蜂队前球员埃尔登·坎贝尔身高211厘米，在他的NBA职业生涯中投篮命中率为47%。他会进行有效的热身投篮训练，帮助自己树立信心。在几分钟的近距离投篮后，埃尔登会移到离原位置4.5～5.5米的地方，从5个位置投篮：底线、罚球线左侧、距三分线弧顶一步的位置、罚球线右侧和右边线。他必须连续投进5球才能换到下一个位置。连续投进5球后，他会继续投篮，看看能连续投进多少球，然后再换下一个位置投篮。有时，他会连续投中15球，而连续投进5球的训练对他来说已经很容易了。有时，他把自己留在训练场上挥汗如雨只为连续投进5球这一个目标，他可以集中精力完成训练任务。

持球跳投

区分优秀球员的技能之一，就是在移动中进行急停跳投的能力。能够把这一点做好的球员，都是能用中距离投篮主导比赛的球员，而在当今的NBA篮球趋势下，有的球员已经把投射的范围延伸到三分线以外了。大多数球员的定点跳投、远距离跳投或突破上篮都有比较不错的命中率，但在中距离（距离篮筐 3 ~ 4.5 米）跳投的命中率上不尽如人意。球员不擅长中距离跳投可能有这样几个原因：控球技巧不够、急停跳投时掌握不好平衡、开始运球移动后控制不好身体。球员通常抗拒改变，不想走出自己的舒适区。结果，他们在比赛中的表现不理想，在持球跳投等方面缺乏信心。

中距离投篮命中率不高的另一个原因是教练们没有对此进行强调。解决这些问题的最好方法是设计投篮训练计划，要求所有球员都完成持球并急停跳投的训练，特别是中距离跳投。下面的训练提供了一个很好的方式，来提升球员的持球跳投的能力。

持球跳投，用右手运球

重点

移动中投篮的技术，用右手运球。

步骤

把球队分成 2 组，每组 6 名球员。2 组分别在球场两端同时进行这个训练。通过教练（在图中标记为 C）或椅子指示球员投篮的位置。按照以下步骤完成训练。

1. 在球场一端，6 名球员分成 2 组，每组 3 名球员，分别在左、右标志线后面排成一列。

2. 右边的球员使用右脚为中轴脚完成转身，通过体前换手运球，从左手运球转换到右手运球，然后在罚球线外的边路运球。球员在向中路移动时保持低位，在急停跳投前运球 2 次。

3. 左边的球员同样以右脚为中轴脚完成转身，从左手运球转换到右手运球，到达中路后急停跳投（图 4.5）。

4. 每个球员拿回自己的篮板球，然后轮换到对方的后场。

完成两次体前换手运球后急停跳投，给训练增加难度。

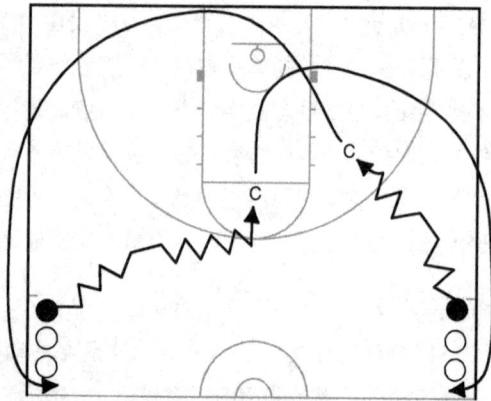

图 4.5 持球跳投，用右手运球

急停跳投，用左手运球

重点

移动中投篮的技术，用左手运球。

步骤

把球队分成 2 组，每组 6 人。2 组分别在球场的两端同时进行这个训练。通过教练（在图中标记为 C）或椅子指示球员投篮的位置。这一训练和前面的训练基本相似，但这一训练中，左手是运球动作的重点。

按照以下步骤完成训练。

1. 在球场的一端，球员们分成 2 组，每组 3 人，分别在左、右标志线后面站成一列。
2. 左边的球员以左脚为中轴脚完成转身，通过体前换手运球从右手运球转换到左手运球，并在罚球线外的边路运球。球员应该在向中路移动时保持低位，在急停跳投前运球 2 次（图 4.6）。
3. 右边的球员同样以左脚为中轴脚完成转身，从右手运球转换到左手运球，到达中路后急停跳投。
4. 每个球员拿回自己的篮板球，然后轮换到对方的后场。

同样，完成两次体前换手运球，增加这一训练的难度。

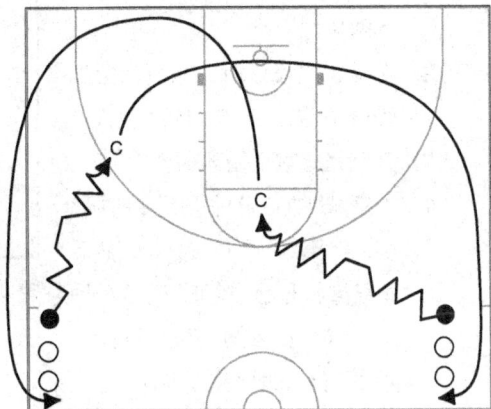

图 4.6 急停跳投，用左手运球

全场投篮

重点

全场运球、右手运球和左手运球的投篮技术。

步骤

这种连续的全场跑动和投篮训练，可以提升球员的灵活性、控球能力以及运球投篮能力。训练持续 6 分钟。在球场的两端各有 6 名球员，每人拿一个球。然后按照以下步骤完成训练。

1. 把3把椅子（在图上标记为C）放在球员对面的远端。每把椅子都代表一个投篮点。球员按顺序投篮：首先在球场中路，然后在边路，最后在右边靠近底线的位置。

2. 每端的第一个球员同时开始，用右手运球推进。后面的球员跟上第一个球员的动作，球员之间保持两到三步的距离。从第一把椅子后面投篮后，球员拿到自己投篮的篮球，并移动到与开始位置相反的另一角（图4.7）。

3. 在第二次投篮时，球员从第二张椅子后面投篮，依次进行，直至完成整个循环训练。

4. 如果球员在3分钟结束前完成比赛，就从第一个位置开始，然后继续重新开始一个循环。3分钟后，球员从最初的位置开始，用左手运球继续完成训练。

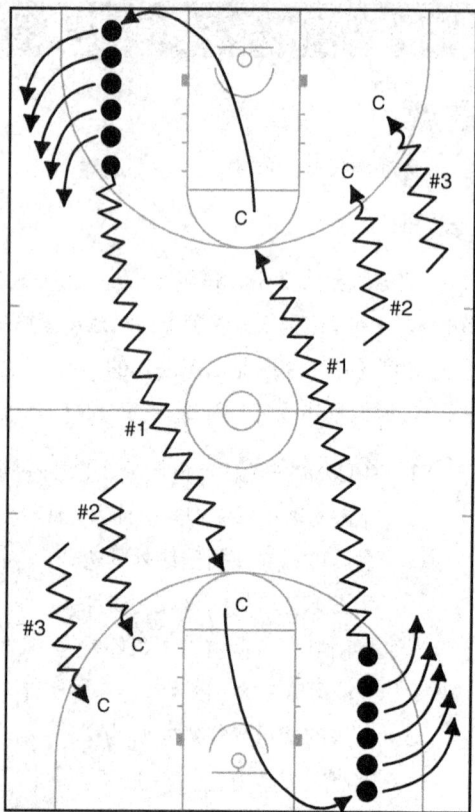

图4.7 全场投篮

后撤步移动

　　每个教练都想拥有在一对一单打时能够打败对手的球员。想要在一对一中占得先机，需要基于一对一动作的一些技巧。优秀的球员拥有以下的一些技巧，但不一定是全部：第一步很快、无人能挡的交叉步、跳投时快速出手，以及为自己和防守球员之间创造空间而进行的后撤步移动。尽管迈克尔·乔丹可能在比赛的每个环节的技术动作都非常标准，但他为自己创造空间的能力是他的招牌，也是他最突出的技巧。

　　在中路三分线弧顶附近接球，既可以运球走底线或中路突破，还可以摆脱防守球员，创造空间，得到空位投篮的机会。在奥拉朱旺的全盛时期，他也有同样的能力。防守球员可能会围着他转，但奥拉朱旺背对着防守自己的球员，他可以快速移动一步，摆脱防守，然后空位投篮。曾效力于 NBA 迈阿密热火队和夏洛特黄蜂队的贾马尔·马什本是将这一技术运用得最好的球员之一，德克·诺维茨基和科比·布莱恩特也是比赛中将这种技术运用得很好的球员。

后撤步移动需要良好的转身、步法、身体平衡性，以及头部、肩部的假动作。进攻球员必须对防守球员的位置有良好的感觉，并且在摆脱防守球员时，能够快速完成起跳动作。腿部力量也很重要。后撤步移动可以在球场上的任何地方使用，然而，就教学目的而言，最理想的使用位置是中低位区域。下面的训练对这项技术的教学会有帮助。

后撤步移动投篮

重点

摆脱防守是为了创造空间。

步骤

把球队分成 2 组，每组 6 人。2 组分别在球场两端同时进行训练。球员轮流进攻、防守，并以防守结束。按照以下步骤完成训练。

1. 这是一对一的训练，在三分线弧顶右侧开始。为了强调进攻移动，防守球员在进攻球员身后开始防守，由教练传球（图4.8）。

2. 接球时，进攻球员会感知到防守球员。利用佯装投篮的头部假动作，进攻球员确定路线。快速后撤步运球有助于控制节奏。

3. 朝中路转身时，进攻球员的右腿回撤到防守球员的位置，以缩减空间，然后通过左腿的爆发力向一侧移动一步，同时完成转身、起跳和投篮。

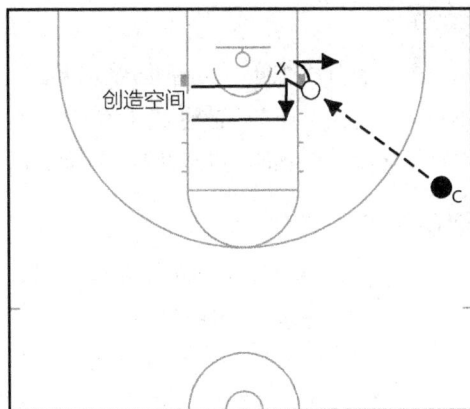

图 4.8 后撤步移动投篮

4. 朝底线转身时，进攻球员用左腿靠近防守球员，以缩减空间，然后用右腿的爆发力向一侧移动一步，同时完成转身、起跳和投篮。

突破分球战术

一支球队在州际比赛、NCAA 或 NBA 季后赛中想要走得远，其球员运球突破的能力非常重要。到常规赛结束的时候，通过经验丰富的高级球探的报告，球队能够了解到对手的进攻体系，这样就可以重点盯防那些在整个赛季都成为对方球队进攻的第一选择和第二选择的球员。因此，在对方半场上，球员必须能够把球很好地运转起来，才能够找到更好的投篮或传球的角度，或者创造机会带球杀入三秒区上篮得分。换句话说，如果球队遭到了有针对性的防守，球员必须打得更有创造性。

突破分球战术可以是一套固定的进攻战术体系，如带球突破进攻或当球队攻坚战无法打开局面，需要临场应变时可以采取的最后的进攻手段。在这一过程中，持球球员最好在中路拿球。当持球球员突破防守，且协防球员补位时，持球球员可以突破分球给队友，而队友最好能够接球就投篮。三人突破分球训练可以让球员更好地掌握这套进攻战术，也是提升球员临场决策能力的一个很好的训练方式。

突破分球投篮

重点

创造带球突破投篮的机会。

步骤

把球员分成 3 组，分别在场地的两端进行训练。如果球队拥有 12 名以上的球员，球员从进攻转为防守，最终以防守结束。这是一种连续性训练，进攻方站在边路，一名球员带球站在中间。按照以下步骤完成训练。

选项 1

1. 开始训练时，持球的中路球员（O1 球员）传球给右侧的球员（O2 球员），然后切到中路或者通过掩护离开。O1 球员突破到中路，然后移动到右下角（图 4.9）。

2. 如果 O2 球员能持球单打防守球员，就要去单打。如果 X3 球员封堵了 O2 球员的线路，O2 球员就把球传给 O3 球员，O3 球员接球投篮。如果 O3 球

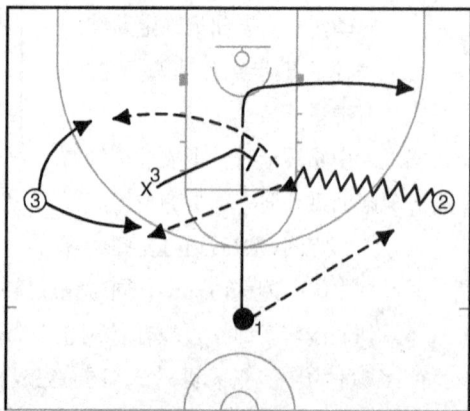

图 4.9 突破分球投篮，选项 1

员没有投篮的机会，就带球突破到中路，继续这一循环训练。

选项 2

1. 作为该训练的第二个选项，O1 球员把球传给 O2 球员，并给 O3 球员做掩护，O3 球员绕到三分线弧顶区域（图 4.10）。

2. 与此同时，O2 球员开始单打，并被 X1 球员盯防。

3. 吸引了 X1 球员的防守后，O2 球员突破分球给 O3 球员，O3 球员接球投篮或带球突破。如果没有好机会，O3 球员可以把球回传给 O1 球员，然后 O1 球员带球到中路或继续给 O2 球员做掩护。

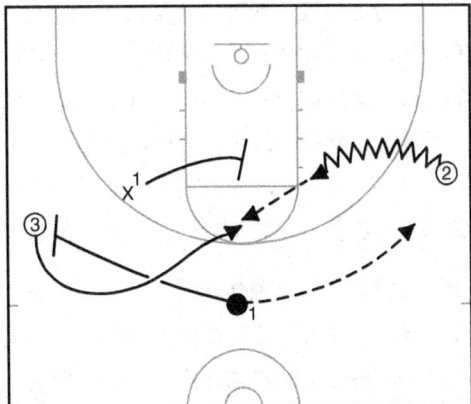

图 4.10　突破分球投篮，选项 2

持续完成该循环训练，直到防守球员抢得球权或进攻球员投篮得分。后卫在三秒区外完成训练，而内线球员在三秒区内完成训练，这样大个子球员也可以提升运球能力以及临场决策能力。

传球

好的传球能带来助攻，而糟糕的传球会导致失误。当我还是辛辛那提大学的助理教练时，肯塔基大学的教练阿道夫·鲁普是我们年度比尔卡培训班的头号人物。鲁普教练在肯塔基大学期间，率队赢得了四次 NCAA 的冠军，他的一句话在我整个职业生涯中一直影响着我。他说传球是一门失传的艺术，教练应该努力帮助年轻球员掌握这项技能。对于一个当了 40 多年教练的人来说，这句话很有分量。

一支习惯于胜利的球队，传球总是做得非常出色，传球可能是三种主要进攻技术（投篮、运球和传球）中，最容易被忽视的一种。许多教练在评估一支球队的执行力时，失误的类型是首先考虑的一个因素。例如，根据 *2012 Official NBA Gaide* 中的数据，在 2010—2011 赛季，明尼苏达森林狼队有 20.1 次助攻和 17.0 次失误，常规赛战绩为 17 胜 65 负；克利夫兰骑士队有 20.9 次助攻，14.2 次失误，战绩为 19 胜 63 负。这两个队在各自的分区中都处于垫底的位置。

传球的选择

在半场，双手胸前传球、双手过顶传球和反弹传球是最安全、最基本的几种传球方式。不鼓励单手传球，尤其是运球时传球，因为这种传球不容易接稳。如果防守球员挡住传球路线，或者进攻球员正在向前跑动，传球者可以双手发力传球。传球速度和准确性是影响传球的重要因素，而糟糕的传球大多是传球者的失误，而不是接球者的失误。教练应该在基本的传球训练中，通过良好的传球理念来强调良好的传球习惯的重要性，并鼓励球员合理传球。

在篮球运动中，最常见的三种传球方式是胸前传球、反弹传球和过顶传球。每种传球方式都有不同的技巧，在比赛中有不同的应用。

胸前传球 胸前传球时，肘部靠近身体，双手放在球的两侧，把球放在胸前的位置。当球员朝着想要传球的方向时，用力向外推球，拇指向下压，把球传出去。胸前传球是一种安全的传球方式，一旦发现传球不妥，还可以迅速收手，把球拉回来，不像单手传球那样传出去就没办法收回了。胸前传球在比赛中非常常见，特别是在带球突破投篮的时候，以及在牛角位附近转移球的时候。球队发起快攻，把球传给投手时，也经常使用胸前传球。

反弹传球 和胸前传球一样，反弹传球时，肘部要紧贴身体，双手要放在球的两边，把球放在胸前的位置。球员朝着想要传球的方向时，用力把球往下推，用拇指下压球，瞄准地板上距离接球球员三分之二的地方，把球传出去。反弹传球主要是进攻时向对方半场的传球。进攻篮筐时，也可以通过反弹传球把球传到低位球员手里；在篮下进攻时，也可以通过反弹传球和队友完成切后门的配合。当执行挡拆掩护时，反弹传球也是一种有效的传球方式，因为传球球员可以把球从防守球员的脚下直接送到接球球员的手里。由于接球球员必须低头看球，接住球，重新调整位置以找到篮筐，然后投篮，所以快攻时应该少用反弹传球。

过顶传球 过顶传球时，保持球高过头顶，并能清楚看到传球的方向。手应该放在球的两侧，手指分开。当球员朝着想要传球的方向时，不要把球拿到头后面，那样防守球员就可以从后面切球了。在头的前面传出球，用力把球推离身体，然后把拇指朝向接球球员的方向。过顶传球可以是柔和地传球，也可以是快速地传球。这种传球比单手传球安全。过顶传球非常适合向低位传球、反身切内线传球、高弧度传球或长传球。

应把传球训练融入日常训练，如双手胸前传球、假投真传或假突真传等。教练要让球员学会一些在比赛中需要的独特的传球方式。球队进行快攻、放慢速度或进行半场进攻时，球员会使用不同类型的传球方式。擅长快攻的球队通常使用长传球，把球给场上快速移动的人，从而发起进攻。擅长半场阵地进攻的球队则强调向高位传球、腰部位置传球以及给低位球员喂球。

传球的类型也取决于球的位置，如球员传球时，是在后场、边线还是篮下。传球方式的选择也取决于在比赛中当时场上的形势：如球员是面对紧逼防守，还是在对方布置的防守区域下，或者对方的防守战术是切断传球线路；如果是对抗对方的紧逼盯人防守，那么对方是在半场紧逼，还是在进攻方三分线外就开始紧逼，还是全场紧逼。

经过深入的研究和多年的观察，我得出结论——传球取决于技能、直觉和篮球智商。优秀的传球手富有外围意识，并为在正确的时间把球传给正确的球员而感到自豪。如果球员的传球技术比较差，教练在安排战术的时候，也要尽量减少这样的球员的传球任务。

下面的双人训练内容包括运球、传球、上篮、把握时机和决策。这些都很重要，但关键在于每次都要进行合理的传球。

内线传球

重点

双人传球、运球和投篮。

步骤

球员从半场开始，按照以下步骤完成训练。

1. 一名后卫（G）持球，从距离三分线弧顶约 2 米的地方开始，向右肘区方向带球。前锋（F）站在距右边线 1 米与罚球线对齐的位置。

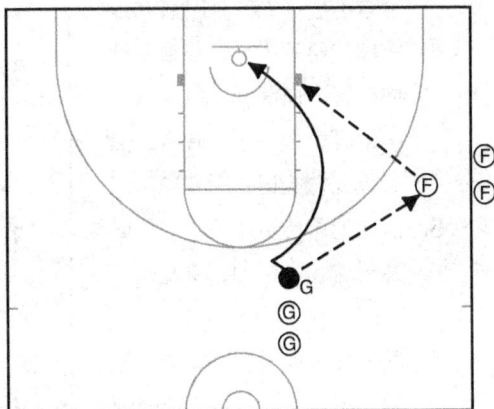

图 4.11 内线传球

2. 后卫双手胸前传球给前锋。前锋准备接球时，先向底线方向迈出一大步，然后面向传球球员，双手举起，准备接球。

3. 通过向内的试探步，后卫快速切入篮下。前锋接到传球，立即将球传回给后卫球员。

4. 后卫接到传球，根据场上的情况，可以选择带球上篮，也可以直接跳投（图4.11）。

5. 前锋拿到篮板球，传回给后卫。然后球员轮换到球场的左侧，重复这一训练。

6. 后卫在球场两侧完成投篮后，球员们交换位置。前锋成为投手，后卫成为传球手。

外线传球

重点

两名球员传球、运球和投篮。

步骤

球员们从半场开始，按照以下步骤完成训练。

1. 一名后卫（G）持球，从在距离三分线弧顶约 2 米的地方开始，向右肘区方向带球。

2. 前锋（F）站在距右边线 1 米与罚球线对齐的位置。

3. 后卫反弹传球，把球传给前锋的外侧。后卫跟随球跑动，并从前锋那里接到回传球。然后，后卫攻击篮筐，运球不超过 2 次，上篮得分。

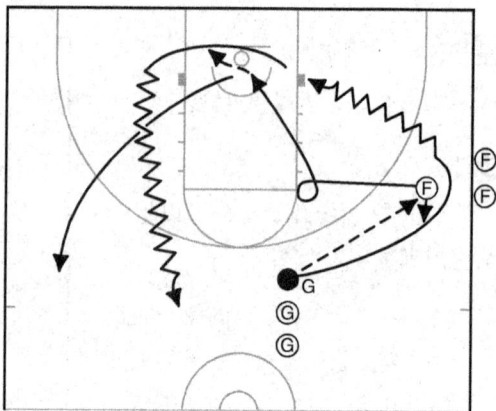

4. 将球传给后卫后，前锋继续向肘区方向移动，以右脚为中轴脚，做一个后转身，然后抢到篮板球（图 4.12）。

5. 前锋把球传给后卫，球员轮换到球场的左侧，重复这一训练。

6. 后卫在球场两侧都完成投篮后，球员交换位置。前锋成为投手，后卫成为传球手。

图 4.12 外线传球

视野和角度

对于篮球运动中的传球手而言，一个真正的优势是良好的视野。每个球员都听教练说过，优秀的传球手是什么样子的："他能很好地观察场上的情况。"这意味着球员能够很好地判断场上的形势，有良好的传球直觉。除了良好的传球直觉，像约翰·斯托克顿、拉简·朗多、德里克·罗斯、史蒂夫·纳什和克里斯·保罗这样的优秀传球手，都有出色的外围意识。约翰·斯托克顿于 2003 年从 NBA 退役，根据 NBA 官方网站的数据，他的助攻数为 15 806 次，至今仍然是 NBA 历史上助攻次数最多的球员。杰夫·迈耶是我在普渡大学和南佛罗里达大学的前助理教练之一，现在是密歇根大学的助理教练。他这样说过："球场上的视野不仅是指目光的范围，还指洞察场上形势的能力。"良好的外围视野，有助于球员看到视线外的队友。当一支球队进攻时，准备接球的球员通常需要跑出空位，但当传球球员传球时，防守球员会进行拦截。拦截成功的原因是，传球球员只把注意力集中在接球球员身上，而没有注意附近的防守球员。这样的传球球员视野狭窄，而好的传球手会看到接球球员和附近的每个球员。好的传球球员理解三个重要的因素：角度、空间和时机。在考虑角度时，在篮球场的某些区域传球难度比较大，应该尽量避免这样难度大的传球。

例如，想要把球从三分线弧顶传到低位，难度是非常大的，因为从这一角度传过来的球，必须要越过许多防守球员。当尝试直接传球到低位时，如果传球角度合适，可以避免非受迫性失误。球员不应该从三分线弧顶传球到低位，而是要把球带到罚球线延长线的侧翼之后直接面对队友（这样协防的球员也不会切断传球线路），然后从侧翼传球。不同的进攻战术，会有假动作或迷惑性的传球，但从边路直接传球更安全、更好。

另一种非常危险的传球，是想要将球大范围地转移到另一侧，或突破到纵深区域后向三分线弧顶回传。如果传球球员在边路突破，到达的位置太低，就会处于非常不利的位置，因为这给了弱侧的防守球员补防的机会。这种打法要求接球球员意识到问题所在，并移动到后位，以确保传球安全。教练需要不断提醒球员每次传球都要注意避免失误。

进攻的战术设计，应该尽可能地清除对方防守所带来的障碍。

向低位传球的角度

重点

传授如何向低位传球的技术，注意角度和球与地板之间的平衡。

步骤

观察到并理解合适的传球角度。

1. 图 4.13 展示的是在比赛中经常出现的情况。通常情况下，球员会尝试从三分线弧顶位置把球直接传到低位。这样的传球，可能会面对中间的多名防守球员。

2. 传球球员应该通过把球运到侧翼，来调整传球角度。

3. 在传球之前，传球球员必须摆脱边路的防守球员。

图 4.13 向低位传球的角度

三分线弧顶位置的传球角度

重点

传授球员从三分线弧顶位置进行传球的方法。

步骤

观察到并理解合适的传球角度。

1. 图 4.14 展示的是在比赛中经常出现的情况。当在对方半场的阵地进攻中，需要回传球时，如采用挡拆进攻战术、牛角位战术、拉链战术、分享球战术、UCLA 战术或弱侧低位掩护战术时，传球球员需要把球传回三分线弧顶位置。

2. 如果传球角度不好，接球球员就给了防守球员从中路完成抢断的机会。接球球员应该继续后撤到三分线弧顶位置，根据场上情况，甚至可以后撤到更远的地方，以确保接到传球。

3. 传球球员尽量保持控球，避免球变成"死球"，直到找到合适的传球时机。

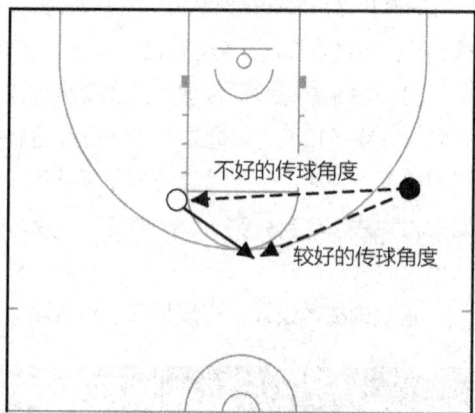

图 4.14 三分线弧顶位置的传球角度

运球

运球是一项特殊的技术，越来越多的教练开始把运球的工作交给球队的控球后卫。即便如此，其他球员有时也不得不运球。因此，所有的球员必须每天努力提高运球技巧。各级教练需要从一开始就解释并强调持球和运球的重要性。首先，向球员解释，运球时要有一个目的，即把自己和球带到球场上对球队更有利的另一个地方。其次，如果一个球员在运球时没有目的，他应该寻找机会传球。

以下是允许持球球员运球的 6 种情况。

1. 快攻时带球推进。
2. 在后场对抗对方的扩大紧逼防守时，带球推进。
3. 完成抢断之后，有直接可以攻击篮筐的线路。

4. 在半场带球突破攻击篮筐。

5. 带球移动，创造更好的传球角度。

6. 摆脱防守球员。

持球球员经常会犯这样的错误：在没有传球目标的时候，他们就会一直运球。而盲目地运球，会导致球员即使把球传出去，自己也没办法随着球的转移而移动。长时间地运球，可以让防守方布置好防守阵型、切断传球路线。一些非常聪明的教练会区分出擅长持球的球员及喜欢运球但容易失误的球员。对一个教练来说，最沮丧的事情莫过于看到自己球队的一个球员毫无目的地把球砸向三分线弧顶位置的地板上。这样做会破坏球队的进攻战术，也会影响其他球员的跑动积极性，会让防守方不需要太多的防守技巧就可以识破并采取有效的措施。教练必须向球员灌输这样的观念：运球时必须要把防守球员带到某个位置上。

特定位置的要求

对于篮球场上每个位置的球员，在控球上都有不同的要求。后卫需要能够把球从A区域运到B区域，如在对方的紧逼防守下，从后场带球到前场，开始组织半场进攻；球队通过抢断、抢到防守篮板球由守转攻时，快攻第一传从中路突破防守，并在快攻结束时做出合理的决定，调整传球的角度，以及摆脱对方的紧逼防守。

前锋防守时要有护筐的能力，抢下防守篮板球后，可以快速运球把球带到半场。出色的运球球员可以一路杀到对方三秒区攻击篮筐。在半场进攻时，前锋应该能够找到更好的传球角度，从侧翼位置攻击篮筐。优秀的运球球员是破解紧逼防守的必要条件。

中锋至少应该能够抢下防守篮板球和传球。在半场，他们应该能够通过一两次运球，做出自己的进攻动作。尽管很少要求低位球员运球，但那些能运球的大个子球员会给球队带来不同凡响的收获。他们可以抢下篮板球、发起快攻、在进攻中牵制对手，甚至突破分球给侧翼投手。中锋也可以在高位策应，在防守方紧逼盯防下，起到支点的作用，当大个子球员移动到篮下时，对方也很难防守。身材高大并不意味着球员就不需要学习如何成为一个能运球和持球的球员。经常练习就可以提升这些技巧。

控球后卫是大多数球队中的主要运球球员。一些教练满足于培养出一个运球球员，但也有些教练致力于培养多个运球球员，因为他们知道高效运球的球队会有优势。

技巧

球员应该怎样运球？最好的运球姿势是膝盖弯曲，双脚与肩同宽，头稍微抬起，目视前方，运球手放在球的上方，这样可以避免翻腕运球。球员的非运球手的动作是保护性运球，运球的高度不超过膝盖。保护性运球意味着手应该放在腰部的高度，肘部弯曲，以防止任何防御性身体接触。年轻的球员需要在技巧上努力，提升弱势手的运球能力、处理球的能力以及掌握改变运球节奏的动作。教练应该向球员传授这些原则，但是擅长处理球的球员会寻求适合自己的运球方式。

一些优秀的球员有不同的运球方式。奥斯卡·罗伯逊是十分优秀的球员，他说当他运球的时候，他喜欢把身体重心降低到与防守球员处于同一水平。而"魔术师"约翰逊是一个例外，他没有遵循降低重心运球的习惯。约翰逊身高206厘米，他运球时喜欢把球弹得很高，这样他的视线就不会受到防守球员的阻挡。

球队的第一天训练，就应该加入运球训练。下面的训练是为了提高球员的运球技巧，并减少他们在运球上的薄弱环节。每天重复这些基本的运球训练，可以打好坚实的基础，并且会在球员进行更难的运球训练时，如进行原地运球或行进中投篮的训练时，起到不可估量的作用。打下扎实的篮球基础，就像在漂亮的房子里建楼梯，每一个基本步骤都让球员更接近最终目标。这个过程的第一步是学习正确运球，第二步加入原地运球以及带球突破上篮。

直线运球

重点

用右手、左手运球和交替手运球。

步骤

按照以下步骤完成训练。

1. 将球员分成3组，每组5名球员，后卫为A组，前锋为B组，中锋或大个子球员为C组。

2. 从底线开始，所有球员采取适当的运球姿势：膝盖弯曲，头稍微抬起，目视前方，手放在球的上方。

3. 喊出"开始"的指令后，A组球员用右手在全场运球；在A组球员到达中场时，B组球员开始运球；B组球员到达中场时，C组球员开始运球。

4. 当C组球员到达终点时，A组球员开始返回，以同样的方式继续训练。第一次折返运球训练中，只可以使用右手完成运球。

5. 第二次折返时，球员用左手运球；第三次往返时，球员交替左右手运球。

运球转身

重点

运球时进行正确的转身动作，交替使用左右手进行运球。

步骤

按照以下步骤完成训练。

1. 将球员分成 3 组，每组 5 名球员，后卫为 A 组，前锋为 B 组，中锋或大个子球员为 C 组。

2. 从底线开始，所有球员采取适当的运球姿势：膝盖弯曲，头稍微抬起，目视前方，手放在球的上方。

3. 喊出"开始"的指令后，A 组球员用右手运球，向右边线运球，把球运到罚球线延长线位置。完成 3 次运球后，球员不再推进，原地将中轴脚换成左脚，同时从右手运球换到左手运球，然后再运球 3 次，把球运到三分线弧顶位置。

4. 在第三次将球运到中路后，球员不再推进，原地将中轴脚换成右脚，同时从左手运球换到右手运球，然后向中场边线运球。完成 3 次运球后，球员再将中轴脚换成左脚，就这样不停重复，直到将球运到底线的位置。

5. 在 A 组球员到达中场时，B 组球员开始运球；在 B 组球员到达中场时，C 组球员开始运球。

6. 当 C 组球员到达底线时，A 组球员开始返回，然后以相同的方式继续训练。

急停运球

重点

急停运球时，要保持运球和身体平衡。

步骤

在这一训练中教练需要准备哨子。按照以下步骤完成训练。

1. 将球员分成 3 组，每组 5 名球员，后卫球员为 A 组，前锋为 B 组，中锋或大个子球员为 C 组。

2. 从底线开始，所有球员采取适当的运球姿势：膝盖弯曲，头稍微抬起，目视前方，手放在球的上方。

3. A 组球员在第一声哨响时，开始快速运球，在第二声哨响时停止推进，保持原地运球。球员在哨声中交替前进和停止，直到到达底线。

4. 在 A 组球员到达中场时，B 组球员开始运球；在 B 组球员到达中场时，C 组球员开始运球。

5. 当 C 组球员到达底线时，A 组球员开始返回，然后以相同的方式继续训练。

也可以让训练内容丰富多样一些，如每次急停时要换手运球；或者先运球后退两步，然后向前推进；或者先运球后退两步，换手运球后再向前推进。球员们也可以在原地运球时，尝试背后运球和胯下运球，听到哨声后，继续向前冲刺推进。

变换节奏运球

重点

在改变节奏时保持运球的技巧。

步骤

按照以下步骤完成训练。

1. 将球员分成 3 组，每组 5 名球员，后卫为 A 组，前锋为 B 组，中锋或大个子球员为 C 组。

2. 从底线开始，所有球员采取适当的运球姿势：膝盖弯曲，头稍微抬起，目视前方，手放在球的上方。

3. A 组球员在开始变换节奏运球时，先向前冲刺 5 步，然后减速或滑步运球 5 步，然后加速，变换节奏运球推进到底线。

4. 在 A 组球员到达中场时，B 组球员开始运球；在 B 组球员到达中场时，C 组球员开始运球。

5. 当 C 组球员到达底线时，A 组球员开始返回，然后以相同的方式继续训练。

当球员掌握这一训练后，让球员交替双手运球来丰富训练内容。

中轴脚技术

让球员能够更好地学会中轴脚技术，有一个很好的训练的方法：让球员站在罚球线两侧的区域，每名球员都持球，面朝底线（可以放慢节奏演示给球员观摩）；然后让球员有控制地运球到底线；为了保持身体平衡，在球弹起的时候，球员腰部弯曲的同时，把右脚作为中轴脚，完成一个半转身的动作，保持右脚趾或脚不离开地面；当球员面对教练时，左脚向前一步，然后把球传给教练；球员完成传球后，重复上面的训练，此时变成以左脚为中轴脚。当球员可以有效地运用中轴脚技术时，便可以进行接下来的一次换中轴脚、两次换中轴脚、对角线中轴脚技术和底线中轴脚技术等运球训练。

中轴脚技术是篮球运动的基础，因为其在很多实战技术中都有很大的应用。例如，在抢篮板球、进行掩护、准备传球（特别是给低位传球），以及在带球突破上篮躲避防守球员时，都可能会用到。中轴脚技术也是抢篮板时卡住位置、阻挡对手的一个重要手段。对比赛结果影响最大的莫过于罚球失误时，中轴脚技术应用不当，抢位挡人出现失误。

一次换中轴脚

重点

在运球突破时，正确运用中轴脚技术。

步骤

从右侧的标志线开始，按照以下步骤完成训练。

1. 从交叉步运球开始，换为右手运球。

2. 右手运球，到罚球线延长线侧翼位置。

3. 换中轴脚，把左脚变为移动脚，用左手运球 2 次，之后换到右手运球（图 4.15）。

4. 带球攻击篮筐，用右手持球完成擦板上篮。

5. 拿到篮板球后，回到左侧的标志线位置。

6. 重复同样的步骤，这次改用左手上篮。

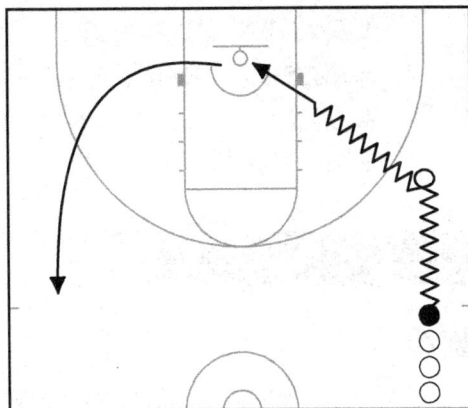

图 4.15 一次换中轴脚

在整个训练过程中，要提醒球员集中注意力，上篮时视线不要离开篮球。

两次换中轴脚

重点

正确运用中轴脚技术，完成带球上篮和更换中轴脚。

步骤

从右侧边线的标志线开始，按照以下步骤完成训练。

1. 从交叉步运球开始，换为右手
   运球。
2. 右手运球，到罚球线延长线侧
   翼位置。
3. 用左手运球，更换中轴脚，将
   左脚变为移动脚。
4. 用左手运球到肘区。
5. 用右手运球，更换中轴脚，将
   右脚变为移动脚（图4.16）。
6. 带球攻击篮筐，完成右手上篮。
7. 拿到篮板球后，回到左侧的标
   志线位置。
8. 重复同样的步骤，这次改用左手上篮。

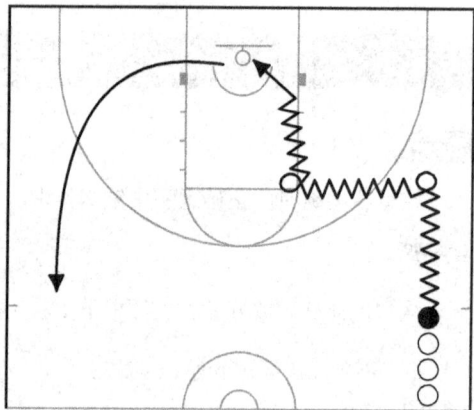

图4.16 两次换中轴脚

对角线中轴脚技术

重点

完成运球、换中轴脚、假动作以及投篮。

步骤

从右侧边线的标志线开始，按照以下步骤完成训练。

1. 从体前换手运球开始，换为左手运球，持球到达篮筐前面。
2. 此时完全停下动作，两脚分开，与肩同宽，在胸前位置双手持球。
3. 以左脚为中轴脚，保持身体平衡。
4. 用右手把球举起来，利用头部假动作，佯装起球上篮。

5. 完成假动作后，保持身体平衡，然后更换中轴脚，将左脚变成移动脚，完成上篮或右手勾手投篮（图4.17）。

6. 拿到篮板球后，回到左侧的标志线位置。

7. 重复同样的步骤，这次改用右手运球和左手投篮。

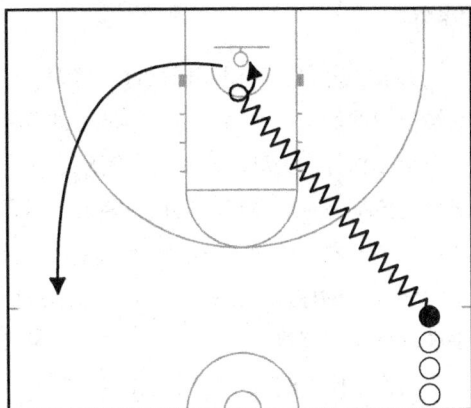

图4.17 对角线中轴脚技术

底线中轴脚技术

重点

完成底线突破上篮，训练运球、换中轴脚和带球上篮。

步骤

从右侧边线的标志线开始，并进行以下步骤。

1. 从体前换手运球开始，换为右手运球，带球到底角位置。

2. 更换中轴脚，将左脚变为移动脚，左手运球（图4.18）。

3. 攻击篮筐，从右侧用左手上篮。

4. 拿到篮板球后，来到队列的末尾。

5. 第二次完成这个训练动作时，用左手上反篮。

6. 拿到篮板球后，来到左侧的标志线。

7. 重复以上步骤，从右手换到左手运球，从左手上篮换为右手上篮。

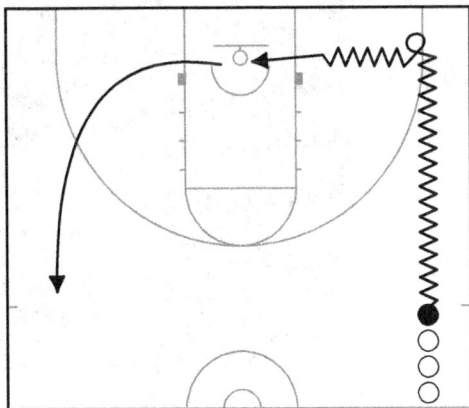

图4.18 底线中轴脚技术

球员要经常尝试攻击篮筐，可以通过擦板投篮等方式攻击篮筐。在上篮时保持注意力集中，视线不离开篮球。

掩护

掩护虽然是一种只要球员付出努力、保持专注就可以学会的技能，但它却是最容易被忽视的篮球基本功之一。球员通过学习，可以成为出色的掩护者，特别是当他们具有无私精神，为球队奉献时。篮球运动中涉及许多类型的掩护。掩护通常指的是一名球员掩护另一名球员，但在一些进攻回合中，可能会有 2 ~ 3 名球员负责掩护。半场进攻中，最常见的掩护包括交叉掩护、下掩护、对角掩护等。

做掩护的球员应该把双脚分开，与肩同宽，双臂放在身体前面，一只手比另一只手高，呈保护姿势（图 4.19）。球员不能倾斜身体，肘部或膝盖不能伸展，也不能做防守动作。掩护的技巧是很重要的，在大多数情况下，做掩护的球员的掩护动作要合理。这意味着在做掩护时，球员要保持静止不动，并确保给被掩护的球员留有一定的空间和适当的视野。例如，如果被阻拦的对手此时并没有移动，在他身前或旁边进行掩护时，需要尽可能地靠近想要掩护的队友，因为被阻拦的对手可以看到被掩护的球员在做什么。但是如果在对手身后做掩护，负责掩护的球员和对手之间要有一步的距离，避免发生身体接触。换句话说，掩护者必须给对手留出转身的空间，不能碰触对手，掩护者必须让处于转身中的对手看见他。这个时候必须给对手留有一定的空间和视野，否则将被判掩护犯规。

图 4.19 使用适当的技术做掩护

使用掩护的球员要注意掩护的时机，如果动作太快，就会被判进攻犯规。太快移动是一个很基本的错误，这样做会导致被掩护的球员无法确定掩护球员的位置，从而在掩护球员完成掩护之前就开始移动。因此，选择掩护的时机是被掩护和负责掩护的球员共同的责任，两个球员动作要协调。

教会球员如何做掩护和使用掩护，对设计有效的进攻战术非常关键。要教会球员使用正确的掩护技术，可以利用分解演练给球员展示如何做掩护和被掩护。下面的训练会对这一点有所帮助。

下 掩 护

重点

下掩护的运用。

步骤

把球员分成 3 组，利用球场的两端。从半场开始训练，进行 3 对 3 的攻防演练，以防守方拿到球权为结束。图中没有展示防守球员，按照以下步骤完成训练。

1. O1 球员带球到罚球线延长线的侧翼位置，准备传球给 O2 球员。
2. 当位于肘区的 O5 球员为 O2 球员在同一侧的低位做掩护时，就会形成拉链下掩护（图 4.20）（为低位球员进行下掩护，出现"拉链"形状的掩护）。
3. 使用掩护时，进攻球员应该朝不同方向做试探步，让防守球员处于掩护球员和自己中间的位置。
4. 如果防守球员不跟着试探步移动，进攻球员就移动到三分线弧顶位置，靠近传球的球员。
5. 如果防守球员相信了试探步的假动作，那么进攻球员就插到中路。
6. 继续进行 3 对 3 的比赛，直到有球员把球投进篮筐，或防守球员拿到球权时训练结束。

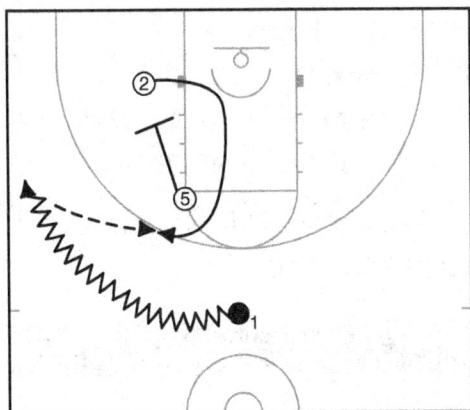

图 4.20 下掩护

弱侧低位掩护

重点

弱侧低位掩护的运用以及把握掩护时机。

步骤

把球员分成 3 组，利用场地的两端。从半场开始训练，进行 3 对 3 的攻防演练，以防守方拿到球权为结束。图中没有展示防守球员，按照以下步骤完成训练。

1. O1 球员从右侧持球开始，在距离三分线弧顶位置 2 米的地方，与肘区形成一条直线站位。教练在中路作为传球人。
2. 开始后，O1 球员运球到罚球线延长线侧翼的位置，并把球传给三分线弧顶位置的教练。
3. 在回传球之后，O5 球员做一个弱侧低位掩护（图 4.21；注意，弱侧低位掩护可以是单掩护或双掩护）。做掩护的 O5 球员在掩护时，不能擅自移动。
4. O2 球员是被掩护去接球的球员，需要目标明确地进行相应的跑位。O2 球员需要读懂对方的防守意图，离开对方重兵布防的区域。如果防守方阻挡了进攻线路，进攻方必须找到另一条线路。
5. 继续进行 3 对 3 的比赛，直到有球员把球投进篮筐，或防守球员拿到球权时训练结束。

如果球员学会在跑动时明确目标，进攻就会变得流畅。

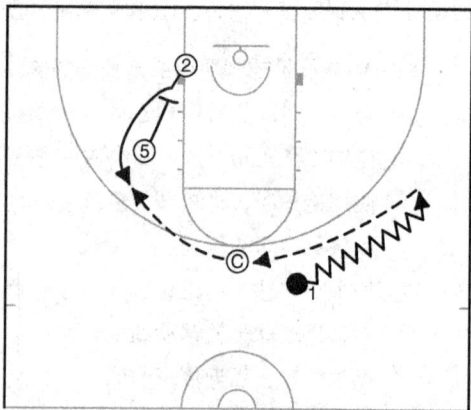

图 4.21　弱侧低位掩护

交叉掩护

重点

完成交叉掩护，掌握交叉掩护的技巧。

步骤

把球员分成 3 组，利用场地的两端。从半场开始训练，进行 3 对 3 的攻防演练，以防守方拿到球权为结束。图中没有展示防守球员，按照以下步骤完成训练。

1. O1 球员从左侧持球开始，在距离三分线弧顶位置 2 米的地方，与肘区形成一条直线站位。O1 球员运球到罚球线延长线侧翼距离边线约 1 米的位置。

2. O2 球员为 O4 球员做交叉掩护（图 4.22）。靠近篮筐的交叉掩护，最有可能引起身体接触。因此，掩护球员（O2 球员）必须做好身体接触的准备，大个子球员（O4 球员）不能过

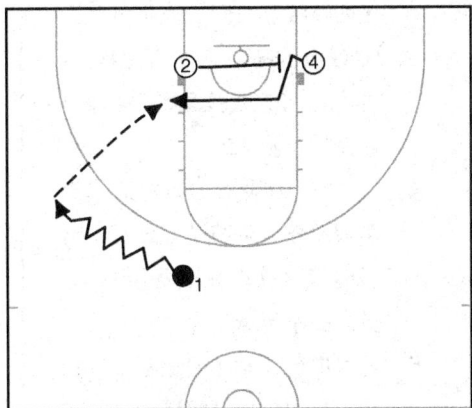

图 4.22　交叉掩护

早移动，否则，他将无法闯出对方布置的天罗地网。O4 球员应该先冷静观察，远离被对方重兵布防的位置，跑动后迅速找到位置。

3. 在掩护之后，O1 球员把球传到内线的 O4 球员手里。O2 球员必须迅速离开三秒区，避免三秒违例。

4. 继续进行 3 对 3 的比赛，直到有球员把球投进篮筐，或防守球员拿到球权时训练结束。

需要注意的是，小个子球员为大个子球员做交叉掩护是把球传到低位的一个好方法。由于身高严重不匹配，所以很少有球队会在这种情况下采取换防。当球队里有优秀的背身单打球员时，也会经常使用交叉掩护。成功的球队中，通常至少有 3 名球员能够胜任背身单打。

多重掩护

重点

交叉掩护与上掩护交替运用，把握掩护时机。

步骤

把球员分成 4 组，利用场地的两端。从半场开始训练，进行 4 对 4 的攻防演练，以防守方拿到球权为结束。图中没有展示防守球员，按照以下步骤完成训练。

1. 在这个训练中，需要使用 2 种掩护。先是交叉掩护，然后给位于三分线弧顶的球员做上掩护，并且用高吊球传球。O1 球员在无人盯防的情况下，运球到罚球线延长线的侧翼，准备传球。

2. O2 球员首先为 O5 球员做交叉掩护。在交叉掩护时，进攻的大个子球员（O5 球员）站在对手的底线位置，因为掩护球员（O2 球员）不能三秒违例，所以

无法持续长时间的掩护。

3. O2 球员迅速转身，离开三秒区，再为在三分线弧顶的 O4 球员做掩护（图 4.23）。

4. O4 球员必须做出向左的试探步假动作，蒙蔽防守球员，然后向篮下移动并准备接 O1 球员的高吊传球。

5. 继续进行 4 对 4 的比赛，直到有球员把球投进篮筐，或防守球员拿到球权时训练结束。

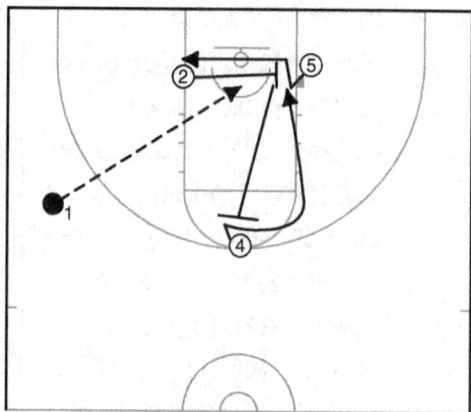

图 4.23 多重掩护

第一个掩护通常是一个诱饵，能让真正被掩护的球员去完成投篮、向三秒区内吊高球，或者把球从强侧转移到弱侧。

对角掩护

重点

完成对角掩护，熟练掌握对角掩护的技巧。

步骤

对角掩护的目的是把大个子球员移动到低位，就像犹他爵士队的约翰·斯托克顿掩护卡尔·马龙时所做的那样。对角掩护不同于其他掩护，因为它取决于做掩护球员的力量和球员合理利用身体条件的能力。把球员分成 3 组，利用场地的两端。从半场开始训练，进行 3 对 3 的攻防演练，以防守方拿到球权为结束。图中没有展示防守球员，按照以下步骤完成训练。

1. O1 球员从左侧持球开始，在距离三分线弧顶位置 2 米的地方，与肘区形成一条直线站位。O1 球员运球到罚球线延长线侧翼的位置。

2. O2 球员在左侧的低位站位，为 O4 球员做对角掩护，O4 球员站在罚球线右侧（图 4.24）。如果掩护球员（O2 球员）没有适当的身体条件优势，大个

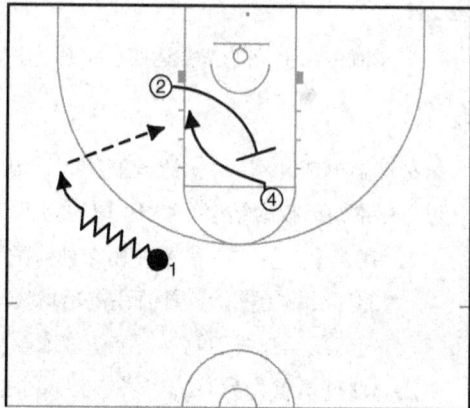

图 4.24 对角掩护

子防守球员会将其撞开。

3. O4 球员应该从掩护的位置上，向篮筐方向做试探步假动作，给掩护球员做出更好的角度，然后内切到篮下，等待 O1 球员的传球。

4. 继续进行 3 对 3 的比赛，直到有球员把球投进篮筐，或防守球员拿到球权时训练结束。

有两个因素使得这种掩护难以执行：被掩护球员发现掩护球员离自己很近，掩护球员比盯防被掩护球员的球员矮小。

有球掩护

重点

有球掩护涉及场上球员之间的沟通、掩护技巧及规则。

步骤

把球员分成 2 组，利用场地的两端。从半场开始训练，进行 2 对 2 的攻防演练，以防守方拿到球权为结束。图中没有展示防守球员，按照以下步骤完成训练。

1. 外线的 O1 球员在侧翼控球。

2. 内线的大个子球员（O5 球员）做有球掩护（图 4.25）。有球掩护涉及不同的沟通技巧及掩护调整。做掩护的 O5 球员必须是静止不动的，而拿球的 O1 球员需要移动。

3. 持球球员（O1 球员）看到掩护球员就位，在要移动之前，等着掩护球员（O5 球员）完全静止下来，然后喊："开始！"。（这一顺序对边线、底角、攻守转换和肘区的挡拆进攻战术尤为重要。）

4. 继续进行 2 对 2 的比赛，直到有球员把球投进篮筐，或防守球员拿到球权时训练结束。

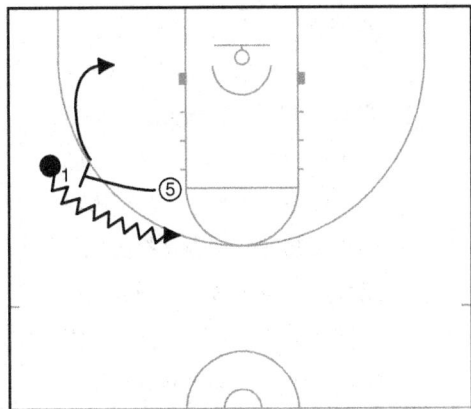

图 4.25　有球掩护

请注意，在中路做挡拆掩护时，掩护球员通常完成掩护后，控球球员根据静止的掩护而移动。在边线和底角做掩护时，掩护球员用身体挡住防守球员的外侧肩膀，用腿挡住防守球员的外侧腿，然后持球球员通过更换中轴脚转身上篮或跳投。要注意时间分配和位置交换，以便让每个球员学习如何做掩护。

单掩护和双掩护

重点

单掩护和双掩护的运用。

步骤

单掩护 – 双掩护的进攻战术可以让被掩护的球员自主选择使用双掩护还是单掩护。这套进攻战术，需要 5 个位置的球员全部参与。把球员分成 2 组，利用场地的两端。从半场开始训练，进行正规的半场攻防演练，以防守方拿到球权为结束。图中没有展示防守球员，按照以下步骤完成训练。

1. 使用紧凑的阵型，安排 2 名球员做掩护，掩护球员分别是 O4 球员和 O5 球员，站在篮筐的同一侧。而负责单掩护的 O3 球员站在篮筐的另一侧。O2 球员在篮圈下站位。O1 球员站在距离三分线弧顶位置 2 米的中路，训练开始时，O1 球员准备往侧翼传球。

2. O2 球员首先从防守中突围，给防守方使用单掩护的错觉。当 O2 球员带动防守球员移动后，利用中轴脚技术或转身，离开由 O4 球员和 O5 球员做双掩护的一侧，尽可能靠近第一个掩护球员的左髋关节，并在绕过第二个掩护球员时加快速度（图 4.26）。

3. 当双掩护为 O2 球员挡住防守球员后，根据场上的防守情况，他可以有 3 个选择：蛇形跑动、后退（防守球员尝试挤过掩护继续防守时可选），或者跑出

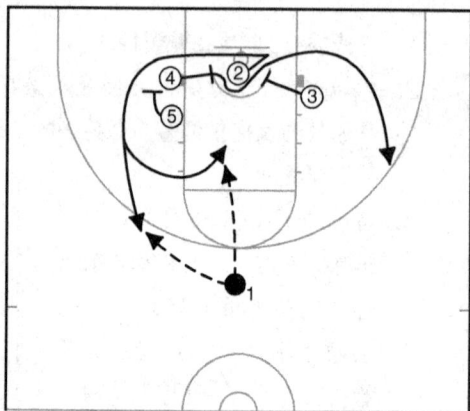

图 4.26 单掩护和双掩护

空间接球跳投。与此同时，O3 球员给 O4 球员做掩护，O4 球员绕过 O3 球员，移动到另一侧的侧翼位置。

4. 如果投手（O2 球员）使用单掩护，那么 O3 球员在完成掩护后，就要离开双掩护一侧。大个子球员（O5 球员）留在原地，O4 球员来到对面的低位。

5. 继续进行 5 对 5 的比赛，直到有球员把球投进篮筐，或防守球员拿到球权时训练结束。

被掩护球员移动，掩护球员要保持不动。

底线掩护

重点

完成底线掩护训练，掌握底线掩护的技巧。

步骤

这套进攻战术，需要 5 个位置的球员全部参与。把球员分成 2 组，利用场地的两端。从半场开始训练，进行正规的半场攻防演练，以防守方拿到球权为结束。图中没有展示防守球员，按照以下步骤完成训练。

1. 在该阵型中，O2 和 O3 两名球员在低位面对面站位。内线的大个子球员（O4 球员和 O5 球员）分别站在肘区的两端，随时做好下掩护的姿势。O1 球员持球，站在三分线弧顶位置。

2. 左侧的矮个子球员（O2 球员）跑出来，并为对面的矮个子球员（O3 球员）做掩护，O3 球员向中路做试探步的假动作，然后利用掩护跑位。

3. O3 球员跑动几步后转身，利用 O5 球员进行的第二个掩护，寻找机会接 O1 球员的传球并直接投篮。同时 O2 球员在做第一个掩护后，立即利用 O4 球员在另一侧的掩护，寻找机会接 O1 球员的传球并且跳投（图 4.27）。

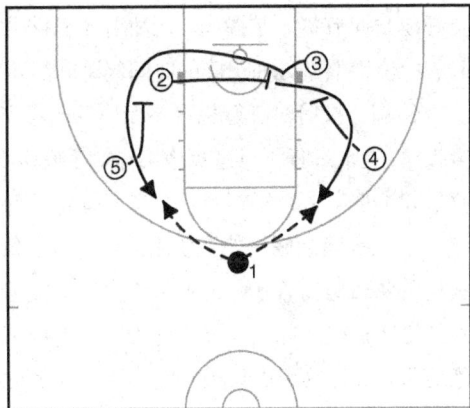

4. 继续进行 5 对 5 的比赛，直到有球员把球投进篮筐，或防守球员拿到球权时训练结束。

图 4.27　底线掩护

这里的重点是在不移动的情况下，保证第二个掩护的角度正确。

篮板球

无论是进攻篮板球还是防守篮板球，抢篮板球需要意识。一些有天赋的球员，天生就对篮板球有着敏锐的嗅觉，但是通常情况下，好的篮板手都是通过自己的努力和专注来获得成功。对于想要成为优秀的篮板手的球员来说，以下几点可能会有所帮助。

预判 球员需要认识到，即便是拥有世界上最好的球员的 NBA 球队，投篮命中率也大多在 44% ~ 46%。这意味着超过 50% 的投篮，都会出现篮板球。大学和高中球队的投篮命中率更是低于这个范围，因此球员的篮板球能力会派上很大的用场。

攻击性 篮板手的竞争能力取决于其身体素质，抢夺篮板球过程中的推搡、对抗是对意志的考验。篮板球不适合温顺的人，篮板下是身体发生碰撞、擅长跳跃的球员展现爆发力的地方，也是球员展现体力的地方，这是喜欢身体接触的球员擅长的领域。

时机 高效抢篮板球的必要条件之一是找准时机。跳绳（第 1 章）、拍打篮板（第 4 章）和篮板跳（第 1 章）的训练都能够提升跳跃能力，让球员能够找准起跳时机，更好地掌握节奏。掌握起跳时机并不意味着球员跳得越高越好，他们只需要站在一个有利的位置上，并在正确的时间起跳。

位置 投篮时，篮板手要么边后退边完成中轴脚的交换，要么穿插跑动准备冲抢篮板球，这个过程不可避免地会与对手发生身体接触。抢篮板球时，身体应呈蹲伏姿势，双手和手掌向上，双臂展开并举至肩高，双腿与肩同宽，从而保持身体平衡。

卡位抢篮板球 如果使用得当，卡位抢篮板球将会成为球场上一个撒手锏。好的篮板手要么是拥有超强的弹跳能力，且能够出色地把握起跳时机，要么是拥有强大的卡位抢篮板球的能力。如果你去问一个球员，关于卡位抢篮板球的技巧，他会滔滔不绝地回答，让你目瞪口呆，觉得跟这样的球员打比赛简直就是梦魇。一个总是把自己的屁股倚靠在对手的腹部或膝盖上进行卡位抢篮板球的球员，足以让人畏惧。卡位抢篮板球不需要魔法，球员只要保持专注、努力和坚持，就可以掌握这项技巧（第7 章）。

篮圈 聪明的球员会在比赛前检查篮圈。有些篮圈能给球提供更大的弹力，而有些篮圈则能缓冲球的反弹，使球在篮圈上停留更长的时间。各个球场的灯光和地板表面材质是不一样的，球员应该考虑到这些因素对抢夺篮板球的影响。

许多因素，包括球员的身材大小、力量强弱、手的大小、时机、身体控制、平衡、进攻性、体力和弹跳能力，都对抢篮板球的效果起到重要的作用。球员是否愿意集中精力和学习卡位抢篮板球技术，这对每个球队都很重要。在比赛中，抢篮板球是体力活。任何一个执着的球员，只要愿意在篮板球上努力，都可以得到提升，并能在球队中赢得一席之地。

优秀的进攻篮板手移动起来非常灵活，这使得防守者很难防守。丹尼斯·罗德曼是 NBA 历史上最高效的进攻篮板手之一，他非常擅长移动和抢进攻篮板球，他的球队也不需要为他单独设计进攻战术。当球队投篮不中时，他对球队更有价值。教练在设计球队的进攻体系时，三角进攻战术会涉及三名球员，有人专注投篮，有人专注抢进攻篮板球。如果球队在进攻篮板球和二次进攻得分上做得好，赢得比赛会很容易。

进攻篮板球的理念建立在球队运用进攻战术的基础上。当球队运用进攻战术时，五名球员都有各自的职责。一名球员是传球手，一名球员要时刻留意对方的反击，一名球员是投手，另外两名球员要负责抢篮板球。从理论上讲，两名篮板手应该各自在篮筐的一侧，还有一名球员要在罚球线位置，准备冲抢篮板球。当然，这一切也取决于投篮的位置和时间。为了培养球员抢夺篮板球的自信，我们设计了以下训练内容。

进攻篮板球补篮

重点

对球的反应、专注力、快速跳跃、得分、耐力和毅力的训练。

步骤

通常在参加训练的前几周内，球队基本组队完成时，就可以进行该训练。把球员分成 4 组，每组中的球员身材不要差距太大，场上位置也基本相同。按照以下步骤完成训练。

1. 训练开始时，场上有三名球员，一名球员在场外。教练把球扔向篮板，场上的球员首先围在篮下。
2. 当球从篮板上弹回时，三名球员都争抢进攻篮板球，并进行补篮。
3. 投进后，球传回给教练，教练再次将球抛向篮板，训练继续进行。第一个投中三个球的球员获胜。获胜者离场，在场下候补的第四名球员上场。

在进入下一个训练之前，球员应该进行三到四轮这样的训练。

做出决策

若球员有良好的比赛意识，在加入球队时会有积极的态度。他们渴望融入球队中，愿意无私地与队友共事。他们遵守球队规章制度，乐意接受挑战从而获得进步，并乐于在体育精神下竞争。至于比赛本身，没有谁是完美的，球员必须尽最大的努力比赛，并虚心听取有价值的批评意见。教练要分析球员的价值所在，并充分发挥球员的优势。球员犯的错误越少，其获得的机会就越多。球员对比赛的理解层次千差万别，如果球员天赋异禀，教练必须起到主导作用。

在确定球员的篮球智商时，应观察球员是否能做出正确的决策，这是一个关键的考虑因素。一个好的决策是由什么构成的呢？对于篮球队来说，这意味着要在正确的时间做正确的事情。教练要求球员要严格遵守纪律、能保持专注，这有助于球队减少犯错误的可能性。这一概念并不复杂，但要做到这一点，球员必须对比赛有透彻的了解：知道什么时候该运球、传球、投篮或把球抓在手里；还需要意识到，当球权在对手那里时，防守策略必须从根本上是有效的。

需要做出决策的时候，教练和球员同心协力，才能共同做出改变。糟糕的决策会损害整个球队各方面的利益。如果决策失误，可能会出现下面这些问题：掷界外球时五秒违例、在三秒区三秒违例、罚球时提前进入三秒区违例、技术犯规、争球时提前起跳或球在后场停留时间过长违例。还会出现一些不理智的行为，在比赛中给球队带来不良影响：带球撞人、传球失误、过于黏球、把球带入对手设下的防守陷阱、匆忙投篮、抢篮板球卡位犯规、防守跳投犯规、被对手打出一条龙反击、在本方后场犯规、在错误的时间做出赌博式抢断等。

内心渴望成功的球员并不只是擅长某一方面，他们在很多方面都很有心得。这些球员每场比赛都会拼尽全力，争抢篮板球、封盖对手的关键投篮、飞身救球，以及在防守中打得强硬。他们总是能在正确的时间做出正确的选择。

接下来就需要考验教练的水平，篮球教练应能够教会球员做出正确的决策。例如，教练可以通过训练提供一些场景来帮助球员做出决策。因此，如果球员能够保持专注，尽量消化掉教练的授课内容，那么教练就可以帮助球员提高他们的篮球智商。但如果球员没有这方面的本能、缺乏外围意识、无法理解无私的理念，那么想要让他们一直保持做出正确的篮球决策，机会是渺茫的。

本章讨论了个人进攻技巧，包括提高速度、让接球手感更加柔和，以及提升跳跃能力的运动工具；介绍了投篮、传球、运球、中轴脚技术、掩护和篮板球的基础知识；介绍了良好的决策能力的重要性。这些对于球员的全面发展至关重要。球员要做四件事：运球、传球、投篮或持球。本章介绍的进攻技能，为球员提供了执行这些技术动作所需的知识和能力。

第5章

进攻的优先顺序

球员能否在比赛中表现出高水平，取决于他们的身体素质、训练水平、训练量、训练类型、比赛经验、专注力和自身努力。建立一个能充分发挥出球员天赋的进攻体系，并非一个固定的学科，而是一个不断试错、不断改进的过程。当然，球员必须努力训练、提升球技，而教练的责任是把每个球员的天赋，在一个有效的进攻体系中发挥出来。

找出强项，改进弱项

有天赋的球员拥有独特的技能，而这些技能为他们的进攻能力奠定了基础。球员需要了解自己的强项，这样才能突出自己的强项，但也必须认识到自己的弱项，这样才能避免尝试自己不擅长的事情。换句话说，球员在比赛中，必须要符合自己的特点。球员需要了解自己在哪些方面取得了进步，只有不断磨砺自己的进攻技能，才能够有明显的提升。

从小学到大学的年轻球员，需要掌握篮球的基础知识和提升进攻技能的方法。球员需要知道哪些训练对他们最有帮助，然后勤奋地训练。如果球员一心想着打比赛，但不知道打比赛最需要哪些技能，如传球、抢篮板球、中轴脚技术和决策等，那很难取得成功。

"魔术师"埃尔文·约翰逊非常注重篮球比赛的基础知识。在他效力的密歇根州立大学斯巴达人队赢得了全国总冠军之后，他离开了密歇根州立大学，通过参加选秀进入了 NBA，他意识到自己必须在比赛中有所提升。例如，约翰逊在运球时，最初是面对防守球员，后来选择背对防守球员，他成了这方面的专家。约翰逊可以利用自己 203 厘米的身高优势和力量优势，边后退边将防守球员顶到场上的其他位置，而在占据了有利位置之后，他既可以在内线得分，又可以把球传给空位的队友。

所有球员都需要知道的 5 个基本技巧

以下是所有球员都需要知道的 5 个基本技巧。

1. 要一刻不停地提升基本功。休赛季是个人取得进步的好时机，有奉献精神的球员会充分利用这个时间。要知道，那些与你竞争上场时间的球员，此时很可能正在努力训练，你的心态应该是要比他们更努力地训练。寻找机会比赛，然后全身心投入其中，打出聪明的比赛。如果年轻球员能够以正确的方式训练，他们在一个夏天的时间里取得的进步可能会让所有人都感到吃惊。

2. 确保在球队选拔赛开始前身体处于最佳状态。不要指望别人帮你保持最佳状态，只有自己才能让自己为上场比赛做充足准备。

3. 想要赢得篮球比赛，最重要的是合理地选择投篮时机。要了解什么是好的投篮，做出正确的判断。关于好的投篮，我认为特别准确的定义如下。

   a. 必进球。

   b. 投篮时能够让对方犯规。

   c. 在投篮范围、投篮技巧和投篮时间这几个方面，都有开放的空间。

4. 无论是什么级别的比赛，篮下进攻永远是进攻战术的重中之重。篮下进攻包括带球突破上篮和进攻补篮等。要确保注意力集中，更重要的是目视篮球进筐，不要让其他的事情分散自己的注意力。

5. 请牢记，罚球就是无人防守下的距离篮筐 4.5 米的投篮。球员要为自己的罚球命中率设定一个更高的目标。实现这一目标需要集中注意力、采取恰当的投篮姿势，然后反反复复训练。如果球员不想在比赛的最后时刻成为替补席上的看客，就要有能力完成在重大压力下的罚球。NBA球队中那些非常优秀的后卫深受教练的喜爱，看到这些出色的职业后卫，你就会明白为什么教练喜欢他们：J.J. 雷迪克，89.5% 的罚球命中率；贾马尔·克劳福德，94.4% 的罚球命中率；安东尼·莫罗，94.2% 的罚球命中率；雷·阿伦，90.5% 的罚球命中率；凯文·马丁，90.1% 的罚球命中率；史蒂夫·纳什，87.2% 的罚球命中率；2011 年 NBA 常规赛最有价值球员德克·诺维茨基以 90.0% 的罚球命中率，成为大个子球员中的佼佼者。

"魔术师"约翰逊经过努力，提升了运球和传球技能后，也对比赛中其他的技能方面做了提升，如在休赛期刻苦训练外线投篮。作为篮球运动中最优秀的球员之一，约翰逊说，他每年夏天都会选择一项基本功，然后集中精力，提升自己在这项基本功方面的水平。他说所有的球员都应该这样做。

　　无论是什么级别球队的教练，在帮助球员认识并接受自己的优势和劣势方面，都应该起到主导作用。之后，球员和教练可以一起制定训练计划，帮助球员提高比赛水平，让其成为对球队更有价值的球员，并最终成就球员。制定好计划后，可以参考第 4 章的相关内容，针对球员的劣势进行训练。

融入进攻体系

　　除了确定自己的优势和劣势外，球员还需要知道如何让自己融入球队的进攻体系。每个球员在进攻中都有不同的表现，有些是得分手，有些擅长助攻，有些是出色的篮板手和盖帽手。球员需要明白，对他们的评估不仅包括体能，还涉及心理意识，心理意识包括他们对赢得篮球比赛的理解和态度。球员需要认识到，自己必须具备这两个要素。

　　球员对在什么时间、以什么方式、从什么地方融入进攻是如何理解的，以及接受程度如何，对他们能否获得成功起着重要的作用。例如，克里斯·保罗拥有卓越的天赋、高水平的比赛技能和极高的思维敏锐度，能够以最有利于他自己和球队的方式来将这些天赋展现出来。在他效力的 NBA 球队中，他是一名出色的控球后卫，当夏洛特黄蜂队想要与他解约时，很多球队被保罗的球技和天赋折服，纷纷抛出橄榄枝。最终，保罗被签到洛杉矶快船队，而这支球队此前的战绩经常在"乐透区"徘徊。2011 年，洛杉矶快船队以 32 胜 50 负的战绩排在西部联盟第 13 位，但是在 2012 年，随着具有出色控球后卫技能的保罗的到来，洛杉矶快船队的表现非常强劲，常规赛以 40 胜 26 负的成绩收官。2011—2012 赛季的常规赛中，保罗场均拿到 19.8 分，47.8% 的投篮命中率，86.1% 的罚球命中率，场均 9.1 次助攻。洛杉矶快船队自 2006 年以来首次闯入 NBA 季后赛，在第一轮以 4-3 击败了孟菲斯灰熊队。这是由于保罗作为球队中的控球后卫，他了解自己在球队中的角色，他利用自己的传球、投篮能力以及领导能力，扭转了洛杉矶快船队的战绩。

　　就像克里斯·保罗一样，所有的球员都需要了解自己的优势，以及为了获胜可以做出哪些贡献。毕竟，教练希望找到的是能够带领球队赢球的球员。虽然不是每个人都可以成为出色的得分手、篮板手或传球手，但大多数球员在比赛中某个阶段的表现都可以很出色。每一个球员其实都可以有很多种选择，找出一两件自己在球队中比其他人做得更好的事情，并让这成为对球队获胜做出的贡献。球员充分发挥自己的优势，教练一定会注意到的，这毋庸置疑。

设计进攻体系

　　要想建立一支成功的球队，需要以最佳方式整合现有的球员。教练要区分拥有不同技能的球员，然后把这些技能融合在一起，形成最佳的进攻体系。

雷蒙德·费尔顿

对所有成功的球队而言，领导力很重要。橄榄球需要四分卫，棒球需要投手，而篮球则要有具有控球后卫技能的球员。

2005—2010 年，雷蒙德·费尔顿是夏洛特山猫队的控球后卫，当球队没能与他续约后，他改换门庭，与纽约尼克斯队签约。雷蒙德·费尔顿为新球队带去了非常宝贵的财富。夏洛特山猫队没能与雷蒙德·费尔顿续约，这意味着他们失去了有实力的球员、球队的队长。雷蒙德·费尔顿有着很强大的心理素质，训练十分刻苦，能够了解和执行教练的比赛部署，在场上起到的作用不亚于一个教练。他知道谁是投手，并能在正确的时间、正确的地点把球传给他们。雷蒙德·费尔顿在代表纽约尼克斯队出战的一场比赛中，一共砍下了 17 次助攻，并带队获得胜利。他是夏洛特山猫队的无私领袖，也是纽约尼克斯的无私领袖，他一直都是一个优秀的球员。后来他被签到丹佛掘金队，现在为波特兰开拓者队效力。

正如雷蒙德·费尔顿那样，成为场上的领袖和教练，是球员融入球队进攻体系的另一种方式。

这里有 3 种不同的进攻体系，教练可以看看自己的球员最适合哪种体系。在每种进攻体系中，教练都会强调不同位置的球员需要有特定的技能。教练和球员都需要了解的是，球员应该如何在比赛中融入球队的进攻体系，并为球队做出贡献。不管是基于现有人才资源的以后卫、前锋为核心的进攻体系，还是以低位为核心的进攻体系，都应了解如何将球队的每个组成部分融合成一个整体，以及在这个过程中每个人应该扮演的角色是什么，从而使球队、教练和球员都能够受益。

以下 3 种特定的进攻体系，将对教练的执教理念产生直接影响。我们将从组织方式、过程和优点的角度，来研究每一种进攻体系。

以后卫为核心的进攻体系

当一个球队中最好的控球者、投手和决策者都是后卫时，那么以后卫为核心的进攻体系就是最好的选择。2012 年的金州勇士队就是一个典型的例子。

2012 年，金州勇士队中有两名前途无量的年轻后卫：蒙塔·埃利斯和斯蒂芬·库里。埃利斯被解约之前，两人一直都把金州勇士队扛在肩膀上。埃利斯效力于金州勇士队期间，场均得分 21.9 分，两分球命中率为 43%，三分球命中率为 36%，罚球命中率为 81%。库里场均得到 14.7 分，但投篮比埃利斯更准。他的两分球命中率为 49%，三分球命中率为 43%，罚球命中率高达 90%。他们都是优秀的投手、控球者、有创造力的传球手。虽然仅仅依靠后卫的球队很少能成为总冠军，但后卫的出色发挥可以让一个球队在漫长的赛季里保持稳定，偶尔还能击败一个整体天赋更好的球队。

以后卫为进攻核心

组织方式

这种进攻体系，开始时要求阵型保持平衡。两名后卫（O1 球员和 O2 球员）站在三分线外大约 6 米的地方。两名前锋（O3 球员和 O4 球员）位于罚球线延长线的侧翼，距离边线大约 1 米的地方。中锋（O5 球员）位于距离罚球线上方 1 米左右的高位。这一进攻体系的目标，是让其中一名后卫得到一个好的投篮机会、带球突破、通过挡拆拉出空间、突破分球或者传球给前锋背身单打。

步骤

1. 持球的后卫（O1 球员）传球给强侧的前锋（O3 球员）后，向中路移动。如果遇到防守球员，通过将左脚变为移动脚，用"V"字形跑位切入篮下。（如果 O1 球员位于左路，切入篮下时就通过中轴脚技术把右脚变为移动脚，用"V"字形跑位切入篮下。）

2. 如果 O1 球员处于空位，O3 球员向内线回传，O1 球员可以上篮或制造犯规（图 5.1）。如果 O1 球员没有处于空位，O3 球员则停留在强侧的低位。

3. 在第一次传球时，另一名后卫（O2 球员）直接移动至弱侧的低位。

4. 接下来，持球的前锋（O3 球员）观察后卫（O1 球员）的情况（看着 O1 球员切入篮下），O5 球员假装切入篮下，利用中轴脚技术完成转身，再冲刺回到三分线弧顶区域。

5. O5 球员位于中路三分线弧顶区域，接到来自 O3 球员的传球。

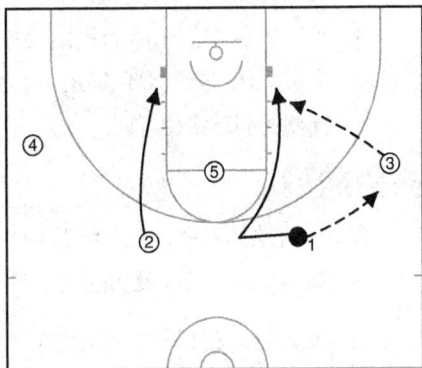

图 5.1 以后卫为进攻核心：创造进攻机会

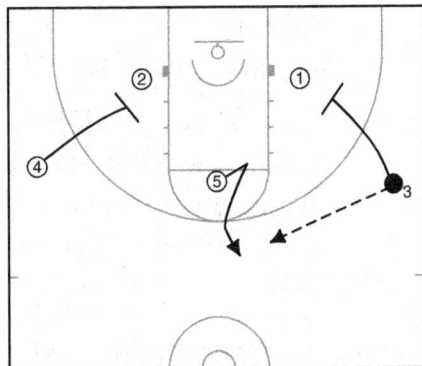

图 5.2 以后卫为进攻核心：进行掩护

6. O3 球员传球后，下掩护球员（O3 球员和 O4 球员）立即为要离开低位的后卫（O1 球员和 O2 球员）在两侧做下掩护（图 5.2）。后卫必须让下掩护球员完全静止，下掩护球员完成合理的掩护后才能开始移动。这样可以让后卫找准移动的角度。

7. 如果战术目的是中距离跳投，可以在更加纵深的位置进行掩护，但如果为了实行三分球战术，需要尽量在高位进行掩护。选择什么样的投篮，需要充分考虑球员的技术水平、教练的意图和球队的执行力。

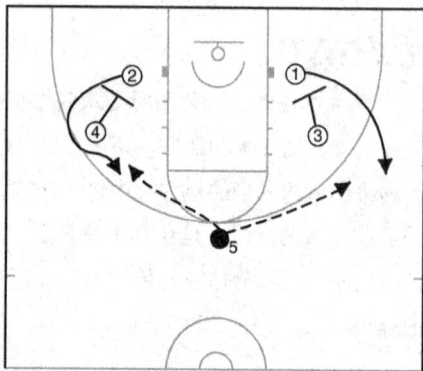

图 5.3 以后卫为进攻核心：观察场上情况

8. O5 球员可以选择手递手传球，或者把球分给后卫（O1 球员或 O2 球员）（图 5.3），然后掩护或者挡拆。

9. 可以给队友的中路和底线突破做挡拆。如果在边线进行掩护，为了从中路突破，O5 球员需要移动到底角。如果在底线进行掩护，O5 球员可以移动到同侧的罚球线位置。

多重掩护

在这一进攻体系中，两名后卫（O1 球员和 O2 球员）分别站在两侧低位，通过喊话或其他暗号，让前锋（侧翼球员）准备好做下掩护。

1. 如果组织交叉掩护，强侧的后卫（O1 球员）迈出两步，进入三秒区做掩护。另一侧的后卫（O2 球员）首先利用交叉掩护移动，然后进入 O3 球员的下掩护范围内。由控球后卫 O1 球员启动战术，做掩护，然后离开 O4 球员的下掩护范围（图 5.4）。

2. 两名前锋（O3 球员和 O4 球员）做完下掩护后，进行背身单打，或利用交叉掩护背身单打。O2 球员接到中锋（O5 球员）的传球后，继续寻找机会投篮、突破或做低位策应。

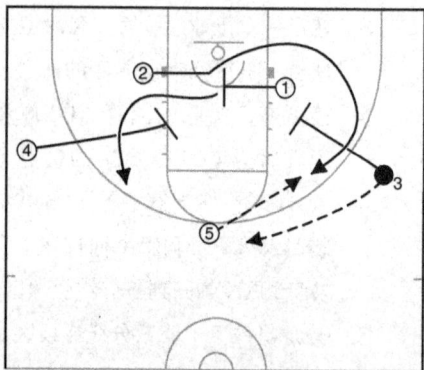

图 5.4 以后卫为进攻核心：多重掩护

在这一特定的进攻战术中，还有其他的选择，如运球突破制造犯规和底线掩护等，从而找到中距离投篮或三分球投篮的机会。

以后卫为进攻核心的优点

对于有创造力的后卫来说，这种进攻体系更容易发挥他们的特点，而不用依赖任何一种技能。三分球投篮、接球投篮的短距离跳投、运球突破进攻、挡拆，以及与背身单打的前锋（侧翼球员）的两人配合，都对灵活性有要求。教练们知道控球、投篮和决策最终都将掌握在后卫的手中，所以会采用这种进攻体系。

以前锋为核心的进攻体系

确定 NBA 球队的控球后卫和中锋很容易。虽然前锋，或者说侧翼球员可以统治比赛，但是像科比·布莱恩特、德克·诺维茨基、勒布朗·詹姆斯和德怀恩·韦德这样的球员，通常可以胜任多个位置，并会利用比赛中的错位制造机会。因此，有时候很难判断以前锋为进攻核心，对球队的进攻是否有效。

如果教练确定前锋是球队中技术最全面的球员，进攻体系的设计就需要围绕着前锋来展开。如果前锋是队中的头号得分手，球队中的其他球员必须努力让前锋处于空位，让其找到良好的投篮机会。想要达到这个目的，前锋需要在队友的掩护下进行移动。这样的进攻体系，可以让优秀的前锋在中距离投篮、运球突破、上篮、背身单打以及三分球定点跳投时，拥有开阔的视野。

以前锋为进攻核心

组织方式

在这种进攻体系下，首先要保持球队的阵型平衡。两名后卫（O1 球员和 O2 球员）分别在三分线上方，相距约 6 米；两名前锋（O3 球员和 O4 球员）都在侧翼罚球线延长线上；中锋（O5 球员）在三分线弧顶的高位。可以根据后卫的控球能力，选择从任意一侧发起进攻。

步骤

1. 处于强侧的前锋（O3 球员），回到中路，在中锋（O5 球员）上方摆脱防守，并在靠近中场时进行第一次传球。传球后，后卫（O1 球员）向篮下冲刺两步后，立即移动到 O3 球员身后，接 O3 球员的手递手传球。

2. O5 球员移动到强侧的肘区，准备为 O3 球员做掩护。

3. O3 球员向中场回撤，把防守球员带出三秒区，让对手位于 O5 球员身后，这样 O3 球员就可以利用中锋（O5 球员）的掩护，摆脱防守获得投篮机会。

4. O3 球员可以从 O5 球员的两侧绕过，进入三秒区，快速转身后，朝 O1 球员方向后退，或者直接突破切入低位（图 5.5）。如果 O3 球员在切入篮下时，有防守球员挡住其头部和肩膀，O1 球员快速传球给 O3 球员，O3 球员可以带球上篮或制造犯规。

5. 如果在最开始 O3 球员切入内线时，球并没有传向他，可以继续按照既定的进攻战术完成进攻。

6. 如果在三秒区没有接到来自 O1 球员的传球，O3 球员可以站在低位要球，准备背身单打。

7. 如果 O3 球员处于空位，O1 球员把球传给 O3 球员，并与后卫（O2 球员）向外切出，O2 球员移动到罚球区以外的区域（图 5.6）。

8. 为强侧的前锋（O3 球员）进行静止掩护后，O3 球员来到低位准备背身单打；而如果没有球传过来，O5 球员转身与 O2 球员给对面的前锋（O4 球员）做交叉双掩护，O4 球员移动到三分线弧顶位置（图 5.7）。

9. 持球的后卫（O1 球员）位于强侧，先观察篮下的情况，如果 O3 球员没有在空位，他会传球给弱侧侧翼的 O4 球员，让 O4 球员有空间进行下一步的处理。

10. 在三分线弧顶位置把球传给 O4 球员后，O1 球员来到底角，可以让 O4 球员有更充足的空间移动。

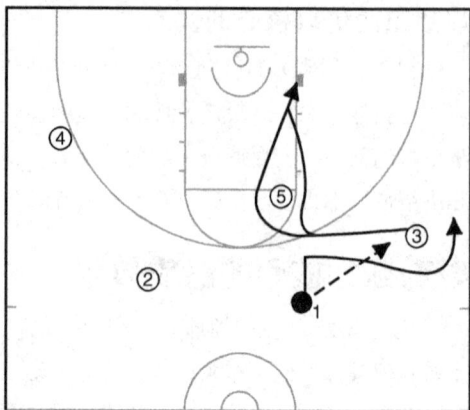

图 5.5 以前锋为进攻核心：利用中锋的掩护

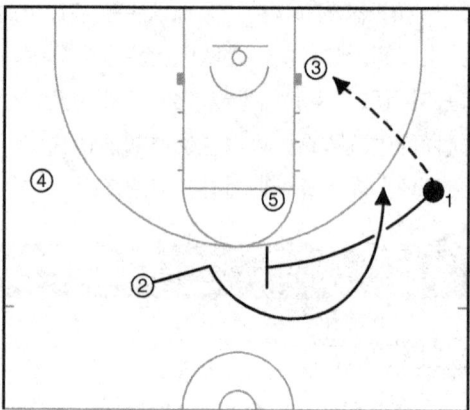

图 5.6 以前锋为进攻核心：切出

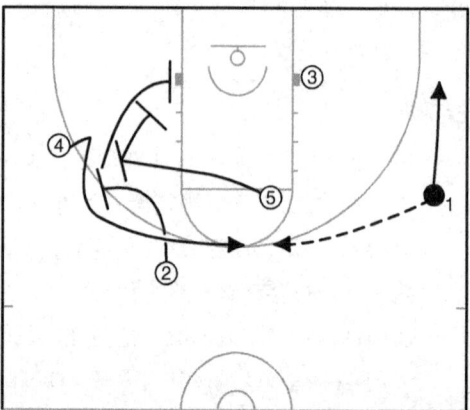

图 5.7 以前锋为进攻核心：进行交叉双掩护

11. O3球员还有一个选择是溜底线，并利用O2球员和O5球员的交叉双掩护，从弱侧找到空位。

12. O2球员在罚球区外完成第一次掩护，转身后移动到远端的底角。O5球员为O3球员进行第二个掩护，位于O2球员的掩护后方大约2米的位置。这能让O3球员有机会通过曲线跑动接到O4球员传的球，并完成短距离跳投或后撤投三分球（图5.8）。

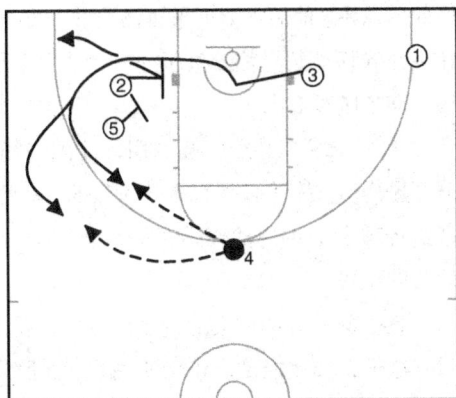

图 5.8　以前锋为进攻核心：开始移动

以前锋为进攻核心的优点

如果球队中最好的球员都是前锋，可以设计这种进攻体系，这是为前锋量身定做的进攻方式。这种进攻方式依赖于突入篮下的球员的快速判断场上形势的能力、把握时机的能力，以及选择合适的角度、进行合理的掩护的能力。如果球员能够做出正确的决策，知道什么时候传球、什么时候背身单打投篮、什么时候跳投、什么时候在三分线弧顶位置运球突破、什么时候在交叉双掩护下投三分球，那么对于一个拥有强大前锋的球队来说，这样的进攻方式就是成功的。

以低位为核心的进攻体系

在这三种进攻策略中，低位进攻是最好的选择。洛杉矶湖人队在2008—2009赛季重新捧得NBA总冠军奖杯，就是这一概念的最好例证。在此之前，洛杉矶湖人队上一次获得NBA总冠军是在2001—2002赛季，这期间，连续6个赛季没有获得总冠军。而2007—2008赛季，一切发生了变化，他们从孟菲斯灰熊队得到了大个子球员保罗·加索尔。加索尔技能娴熟、聪明机智，是一个优秀的投手、传球手和决策者。他的到来使洛杉矶湖人队拿到了获得NBA总冠军所需的最后一块拼图。他们在2008—2009赛季和2009—2010赛季连续两年捧得NBA总冠军奖杯。加索尔在2008—2009赛季场均18.9分、9.6个篮板、3.5次助攻；在2009—2010赛季场均18.3分、11.3个篮板、3.4次助攻。他的出色发挥和全能的表现，帮助洛杉矶湖人队重新站上了NBA之巅。

当球队里有强大的中锋时，可以采用内-外战术。当中锋在低位站住时，球队需要能够想出办法，把球传到低位的中锋手中。为了让低位进攻更有效，球队中必须有好的传球手。他们需要能够读懂防守，知道什么时候切入、什么时候持球（原地不动）、什么时候移动到空位。过于拥挤会让大个子球员难以移动，因此队友们也需要保持警惕，准备应对双人包夹。

大个子球员必须学会利用阵型的平衡性及场地的宽度来站住位置，站位时双脚分开比肩宽，膝盖必须在必要时弯曲，呈蹲伏的姿势。大个子球员应举起手臂和肘部，来给传球者提供好的传球目标，在等待传球的过程中需要不断调整姿势，以争取更舒服的位置。

接到球后开始移动之前，低位球员要迅速确定能够帮助削弱防守的队友的位置。只有这样，其才能做出正确的决策。其既可以给队友喂球，也可以切入篮下，还可以传球给由于防守球员上前包夹自己而有空位的定点投手，或者传球给在防守球员视线范围外的弱侧切入者。此时，中锋可以寻找机会进行短距离跳投、勾手投篮，或用假动作晃开对手（持球球员假装投篮，骗防守球员起跳后，冲到篮下）、快速进攻篮筐。

大打小进攻

组织方式

拥有一个好的中锋和知道如何把球传进内线，是完全不同的两件事情。根据球员的传球技巧，有很多好办法都可以用来把球传到三秒区内。如果直接把球传到低位或内线，防守方会立即包夹中锋，所以内外线的球员在第一时间都要移动，中锋应该处于能让内线传球不那么危险且低位进攻最有效的位置。

为了更好地讲解低位进攻，我们先介绍高位双人单打战术，也就是通常所说的1星4射进攻战术。教练需要每天都让球员训练1星4射进攻战术。前锋（O4球员）和中锋（O5球员）站在罚球线两侧。后卫（O2球员）和前锋（O3球员）在低位，后卫（O1球员）位于三分线弧顶上方的中路，准备开始比赛。后卫确定向一侧移动后，进攻开始。

一个球队可以运用的进攻战术越多，证明准备得越充分。1-4阵型进攻战术可以有多种变化。完成准备进攻阶段后，替做挡拆的人挡拆，这可以有效地让对手的防守失去平衡。进攻方式可以有很多种，但主要的目的不会改变，即让传球者、投手和低位球员能够在最高效、最有利的位置完成进攻。

步骤

1. 控球后卫（O1球员）把球运到中锋所在一侧的罚球线延长线侧翼，保持运球。
2. O5球员为低位的后卫（O2球员）做下掩护，O2球员移动到三分线弧顶位置（图5.9）。当O2球员越过O5球员后，O5球员立即用中轴脚技术做半转身，准备背身单打，双脚分开保持平衡，并做好接球的准备动作。

3. 此时，O1 球员必须做出决定，
   是向内线传球给 O5 球员，还
   是传球给位于三分线弧顶位置
   的 O2 球员。

4. 如果传球给 O5 球员，O1 球
   员给 O2 球员做交叉切入掩护
   （一名球员传球后立即掩护另
   一名队友）（图 5.10）；如果
   O5 球员遭到双人包夹，那么
   可以把球传给 O2 球员。

5. 当传球给 O5 球员时，处于低
   位的 O5 球员应决定是否进攻。
   如果 O5 球员没有好的投篮机
   会，应把球回传给 O2 球员，
   继续执行战术。

6. 现在需要围绕牛角位快速传球。
   当 O5 球员把球传给 O2 球员
   后，O2 球员迅速将球传给 O1
   球员，而此时 O1 球员已经利
   用交叉切入掩护来到三分线弧
   顶位置；然后 O1 球员把球传
   给位于罚球线延长线侧翼的
   O4 球员。

7. 当 O4 球员把球传给 O3 球员时，
   处于左侧低位的前锋（O3 球员）
   向底角移动（图 5.11），然后
   O4 球员给 O1 球员做掩护，保
   证球能够回到 O1 球员手中。

8. 当 O5 球员看到 O2 球员把球
   传给 O1 球员时，O5 球员跟
   着球穿过三秒区，站住一个能
   强行单打的低位位置。

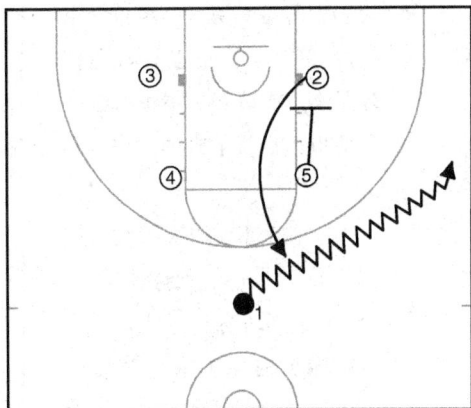

图 5.9 大打小进攻：进行下掩护

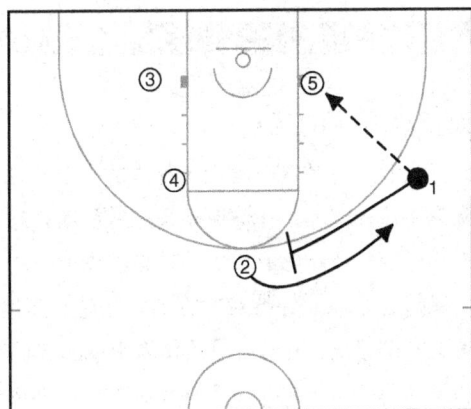

图 5.10 大打小进攻：进行交叉切入掩护

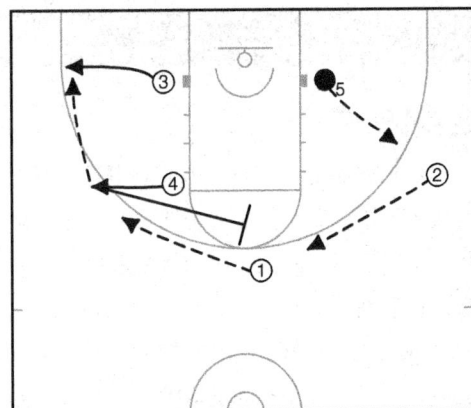

图 5.11 大打小进攻：快速传球

9. 当场上阵型平衡且已经拉开空间时，O3 球员可以找机会把球传给 O5 球员，这样 O5 球员便可以做接下来的动作（图5.12）。

10. 为了保持进攻的连续性，如果 O3 球员不能把球传给 O5 球员，其还有一个选择是在 O4 球员的掩护下把球传给 O1 球员，然后 O1 球员寻找运球突破或投篮的机会。

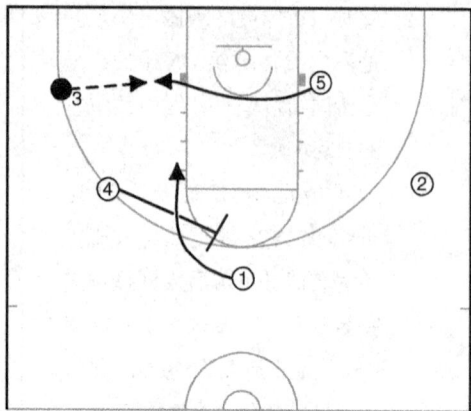

图 5.12 大打小进攻：随球动作

大打小进攻的优点

大打小进攻充分利用了优秀的大个子球员的优势。要想有效地运用这套战术，球队需要拉开空间，让球保持很好地移动；球员要有意愿分享球，也要有耐心。教练若想让低位球员能够有一对一单打的局面，同时也想让球队有更多的进攻选择，应让球员保持分享球，保持对对方的防守施加压力。卡里姆·阿布杜尔 – 贾巴尔是 NBA 历史上的得分王，在这种进攻体系中他的表现非常完美。

大打小进攻的另一个优势是球员在初中、高中和大学阶段都可以使用，因为这套体系既不复杂，实践起来也不困难。

交叉进攻

组织方式

把球传给低位球员可能需要更长的时间的原因主要有两个。首先，球员往往不会直接传球给中锋，而更有可能采取间接传球，也就是进行三到四次传球，最后球迂回传到中锋手里。其次，吊内线的进攻更容易被防守方识破，所以掩护、传球和假动作必须精准到位。

在场上安排好大打小进攻后，交叉进攻就能被实施。交叉进攻从罚球区开始，并且需要利用交叉掩护和下掩护。这套战术会让球员在场上的位置发生变化。左侧的前锋（O4 球员）和右侧的前锋（O3 球员）在低位，面对面站位。中锋（O5 球员）站在罚球线上方，后卫（O2球员）站在左侧罚球线延长线的侧翼位置，而后卫（O1球员）持球，站在球场中央的三分线弧顶位置的上方。

步骤

1. 当后卫（O1球员）将球运到右侧罚球线延长线的侧翼位置时，后卫（O2球员）仍然处于左侧罚球线延长线的侧翼位置。同时，一名前锋（O3球员）为另一名前锋（O4球员）做交叉掩护，O4球员利用掩护，移动到右侧的低位。

2. 当O4球员利用O3球员的掩护移动时，中锋（O5球员）要给掩护球员进行掩护。O3球员冲到三分线弧顶位置，尽可能靠近罚球线（图5.13）。O5球员立即在左侧低位准备接球背身单打。

3. 进行双掩护时，后卫的（O1球员）要观察场上情况。此时O1球员有两个选择：传球给右侧低位的O4球员或传球给三分线弧顶位置的O3球员。

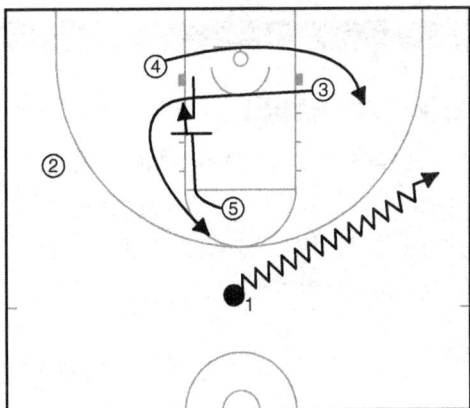

图5.13　交叉进攻：给掩护球员进行掩护

4. 当O1球员把球传给O3球员时，球需要迅速转移到位于弱侧左侧翼的O2球员手里。O2球员可以把球传到低位，O5球员此时应该在低位占据着很好的位置（图5.14）。

5. 给O5球员传球后，进攻球员可以通过跑位或掩护分散防守方的注意力。

6. O2球员把球给O5球员后，O2球员为O3球员做交叉切入掩护。当这种情况发生时，O4球员移动到O2球员的身后，做一个后掩护，挡住针对O2球员的防守（图5.15）。这是第二次双掩护，此时O5球员要注意观察O2球员的情况，O2球员此时可能有非常好的上篮机会。

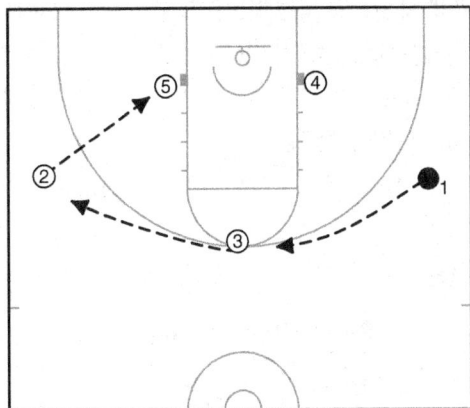

图5.14　交叉进攻：间接传球吊内线后背身单打

7. 此时，O5 球员是进攻体系的主导者，他有以下几个选择：第一，传球给正在突破的线路上的 O2 球员；第二，在低位一对一强吃对方；第三，传球给前锋（O3 球员），前锋已经到罚球线延长线，准备接球投篮。

8. 当 O5 球员决定采取下一个动作的时候，外围球员需要让防守球员远离 O5 球员。

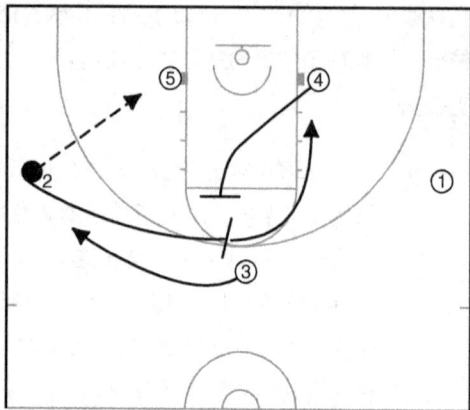

图 5.15　交叉进攻：让防守球员疲于奔命

交叉进攻的优点

想要成功地执行战术，低位球员必须具备一定的能力。此外，有一个能够教会球员把内线球传到低位的教练是很重要的。为了让大打小进攻成为有效的进攻方式，球员们必须了解什么是阵型的平衡、如何拉开足够的空间、如何找准传球角度，以及面对双人包夹时如何找准投篮位置。

制造犯规

有些人可能认为罚球是一项很容易传授的基础知识。但是，传授正确的罚球技术绝非易事，必须把它当作日常的挑战来对待。罚球的关键是要对无人防守的投篮有正确的、一致的认识与态度。在无人防守的情况下罚球，需要把所有的精力都放在投篮上。虽然投手无须四处寻找机会，因为篮筐暴露在面前，但投手必须处理好与身体、情绪和信心相关的因素。

罚球是教练可以传授给球员的最重要的战术重点之一。设计并向球员传授合适的方法，对每个教练来说都是一种考验，每个教练都有自己喜欢的方法。但我发现，球员要提升罚球的技术，必须做到以下 3 件事。

1. 球员必须运用适当的投篮技术，包括平衡、抓握、瞄准、出手和随球动作等技术。

2. 球员必须集中精力。

3. 球员必须学会克服压力。

与克服压力相比，做到运用适当的投篮技术和集中注意力相对更容易一些。据我观察，有些教练会让球员自己训练，也有些教练会记录每天球员罚球命中次数和罚球未命中次数的比率，还有些教练在训练中会模拟存在压力的场景。

人们常说，如果你想上场打比赛，无论是在初中、高中、大学球队，还是在职业球队，首先要做的事情是练好罚球。每个教练都知道，在势均力敌的比赛中，拥有好的罚球手是多么重要的一件事。教练必须了解球员，并知道哪些球员的罚球是可靠的。有些球员可以在上半场命中罚球或在比赛还剩 1 分钟的时候再得 20 分，但问题是他们是否能顶住压力命中绝杀的罚球。球员可以从很多方面给球队带来价值，但当比赛还剩 3 分钟，比分打平时，高罚球命中率的价值可以说排在第一位。

篮球的发明者詹姆斯·奈史密斯博士也认为罚球很重要，因为他最初给每次罚球设定的分值是 3 分。此外，篮球运动中最初使用的是距离篮筐 6 米的罚球线，而不是今天的 4.5 米。2010 年和 2011 年的 NCAA 季后赛的统计数据，充分证明了罚球的价值。表 5.1 的数据显示，很多优秀的球队因为无法命中罚球，最终只能遗憾失利。

如果在罚球线上表现糟糕，球队无法不受其影响。而这种情况一旦发生，其影响似乎会持续存在。以 2010 年 NCAA 中肯塔基大学队对西弗吉尼亚大学队的比赛为例，肯塔基大学队以 66-73 的比分，因 7 分的劣势输掉了他们当年最重要的一场比赛。这场比赛中，他们的罚球命中率只有 55%。肯塔基大学队整场比赛错失了 13 次罚球，29 罚仅 16 中；他们的首发后卫组合 14 罚仅 5 中，一共罚丢了 9 个罚球。2011 年，他们在另一场比赛中的罚球表现依然不佳，12 投 4 中，最后以 1 分之差输掉了比赛。

即使比赛打得不太顺利，如果能在罚球上有更多的机会，球队也会有更多的得分机会。作为一名年轻的教练，我去过篮球训练营，聆听过约翰·伍登、阿道夫·鲁普和迪恩·史密斯等优秀教练的理论。当我与史密斯教练谈及进攻哲学时，他说想完成以下 3 件事。

1. 投篮得分。
2. 制造犯规得分。
3. 有不错的投篮命中率。

他说如果让他在这三者之间选择，他会选择制造犯规得分。

投篮得分和制造犯规得分通常来自跳投、突破篮筐、背身单打或进攻补篮。制造犯规的理念，是许多教练支持内－外战术的原因（内－外战术的意思是指在外线跳投之前，外线球员把球传给内线球员；如果内线没有好的得分机会，内线球员会再把球传到外线球员手中）。表 5.2 反映了 2009—2010 赛季一些球队通过罚球获得了巨大的好处。看看他们的罚球出手次数、罚球命中次数、罚球命中率以及比赛成绩，这些球队无疑在使用内－外战术上表现得非常出色。

表 5.1 2010 年和 2011 年 NCAA 季后赛的统计数据

2011 年 NCAA 季后赛的统计数据			
球队	输球分差	罚球未命中次数	罚球命中次数和罚球出手次数
路易斯维尔大学	1	9	7–16
肯塔基大学	1	8	4–12
匹兹堡大学	1	6	12–18
得克萨斯大学	1	4	18–22
欧道明大学	2	6	21–27
范德堡大学	3	9	14–23
加利福尼亚大学洛杉矶分校	8	9	16–25
2010 年 NCAA 季后赛的统计数据			
球队	输球分差	罚球未命中次数	罚球命中次数和罚球出手次数
得克萨斯大学	1	13	20–33
范德堡大学	1	12	17–29
南佛罗里达大学(全国邀请赛,主场比赛)	1	10	21–31
新墨西哥州立大学	3	9	13–22
得克萨斯 A&M 大学	2	7	10–17
匹兹堡大学	3	7	11–18
沃福德学院	4	7	6–13
莫瑞州立大学	2	7	5–12
堪萨斯大学	2	5	13–18
肯塔基大学	7	13	16–29

表 5.2 2009—2010 赛季球队罚球情况与获胜情况

球队	比赛成绩	罚球命中次数	罚球出手次数	罚球命中率（%）
堪萨斯州立大学	29–8	668	1005	66.4
摩根州立大学	27–10	667	963	69.2
佛蒙特大学	25–10	634	920	68.9
北得克萨斯州大学	22–9	639	890	71.7
西雅图大学	17–14	563	872	64.5
塔尔萨大学	22–12	606	858	70.6
华盛顿大学	26–10	622	855	72.7
底特律大学	19–14	556	849	65.4
奥克兰大学（密歇根州）	24–9	606	844	71.8
得克萨斯大学	24–10	536	845	63.4
堪萨斯大学	33–3	591	843	70.1
肯塔基大学	33–3	572	841	68.0
范德堡大学	23–9	572	826	69.2
沃福德学院	25–9	547	817	66.9
巴特勒大学	32–4	573	766	74.8
杜克大学	33–5	568	748	75.9

6 个篮筐的罚球训练

重点

为投中关键罚球做出激励。

步骤

球场周围布置 6 个篮筐，高中和大学球队可以使用这个训练。

1. 把球队分成两人或三人一组，每个球员必须连续投中 5 个或 10 个罚球，才能前往下一个篮筐。

2. 每个球员都要罚球，直到罚丢为止。如果投篮球员投中规定个数，可前往下一个篮筐；如果出现一次罚丢，自动在队伍最后排队。

让助理教练负责在篮下收回篮板球，并对整个过程进行监督。对完成训练任务的球员给予奖励，如让他们提早结束训练；对没能完成训练任务球员进行惩罚，如延长训练时间或继续进行 6 个篮筐的罚球训练。可能会有一两个糟糕的球员连续罚中 5 个球都做不到，因此教练们在设置罚球数时一定要谨慎。

2 个篮筐的罚球训练

重点

制造压力，帮助球员把注意力集中到罚球上。

步骤

通常在比赛日的训练或进行投篮训练时，球场上只有 2 个篮筐，这时可以进行一些不同的罚球比赛。

1. 2 个篮筐的罚球训练是除 6 个篮筐的罚球训练之外的另一种选择。训练时，把球队分成两组——优秀的投手和不太优秀的投手，让每一组球员分别站在球场的两端。每个球员都要罚球，直到罚丢为止，然后轮换到终点线。这种方法可以让教练知道在比赛的关键时刻应由哪位球员完成罚球。每个球员必须连续投中 5 个或 10 个罚球。

2. 这个训练重点关注球员的个人能力。让所有球员在罚球线站成一排，先让他们投进 1 个罚球，然后让他们连续投进 2 个罚球，以此类推。

3. 把球员分成 2 组。一组向一个篮筐罚球，另一组向另一个篮筐罚球。然后，球员必须连续投进 1 个罚球、2 个罚球、3 个罚球，以此类推。在这种训练方式下，通过奖励和惩罚，让获胜的球员在罚球上增强信心。

使用三分球投篮

在 NCAA 的 2009—2010 赛季和 2010—2011 赛季，对篮球比赛和执教产生重大影响的非常有趣的进攻潮流是：很多球队都大规模使用了三分球战术。1987 年，篮球比赛引入三分球投篮，那一年平均每场比赛双方的三分球投篮次数加起来只有 9.2 次。在接下来的 7 年里，参赛队伍使用三分球投篮的次数每年都有增加，1994 年达到场均 16.5 次。

当这种投篮方式第一次被引入大学篮球比赛时，两位非常成功的大学教练特里·霍兰德和丹尼·克鲁还坚信，他们的球队永远不会使用三分球战术。随着三分球投篮在球场上的使用越来越多，他们改变了自己的观点。

到 2001 年，平均每场比赛中三分球投篮的次数达到 17 次，这不再是什么稀奇事。三分球命中率基本保持在 34%，平均每场比赛达到 18 次三分球投篮成为常态，这种情况一直持续。唯一的例外是 2008 年，当时球队平均每场投出 19 次三分球，创造了三分球出手次数的新纪录。平均比赛场次变化不大，但是有更多球队加入了一级联赛。1987 年，当三分球投篮出现在大学篮球赛场上时，共有 290 支球队参赛；而在 2009 年，达到了 330 支球队。

表 5.3 展示了 1987—2011 年 NCAA 男子一级联赛三分球投篮的变化趋势，包括进入一级联赛的球队数量、平均比赛场次、三分球出手次数、三分球命中次数和三分球命中率。

2010 年 NCAA 8 强球队和 16 强球队的统计数据显示出三分球投篮的使用次数在增加（见表 5.4）。不断有新纪录出现，如在 2010 年，仅康奈尔大学一支球队就创造了 3 个纪录（见表 5.5）：三分球命中率为 42.9%、三分球命中次数为 9.5 次、三分球出手次数为 22 次。同一年，巴特勒大学队和西弗吉尼亚大学队场均三分球投篮 20 次，而东肯塔基大学队场均三分球投篮 24 次，命中 10 次。弗吉尼亚军事学院队就像保罗·韦斯特海德所在的洛约拉马利蒙特大学队一样，掀起了一股快打旋风。该队以平均每场 35 次三分球出手和 11 次命中的成绩领跑全国。在单场比赛三分球出手次数上，弗吉尼亚军事学院队也以 63 次、49 次和 44 次的成绩领先于其他所有球队。

NCAA 2009—2010 赛季和过去 22 年的数据相比，反映出球队在对三分球的重视上发生了重大转变。尽管在 2008—2009 赛季三分球的投篮距离已经增加到了 6.3 米，但球员们的三分球出手次数似乎并没有减少。球队在设计进攻体系、鼓励进攻更快转变的同时，场均三分球出手次数一直保持在 18.0 次到 19.0 次之间，平均三分球命中率为 34%。许多球队选择把球移动到边线，寻找机会完成快速的三分球出手。现在，即使是中锋和大前锋这种大个子球员也并不会直接冲到三秒区，而是在场上寻找空位出手三分球的机会。

表5.3　1987—2011 年 NCAA 男子一级联赛三分球投篮的变化趋势

年份	球队数量	平均比赛场次	三分球命中次数	三分球出手次数	三分球命中率（%）
1987	290	29.6	3.5	9.2	38.0
1988	290	29.6	4.0	10.4	38.4
1989	293	29.6	4.4	11.8	37.2
1990	292	29.6	4.7	12.8	36.7
1991	295	29.6	5.0	13.8	36.2
1992	298	29.5	5.0	14.0	35.7
1993	298	28.6	5.3	14.9	35.5
1994	301	28.7	5.7	16.5	34.5
1995	302	28.7	5.9	17.2	34.3
1996	305	28.7	5.8	17.1	34.1
1997	305	28.9	5.9	17.3	34.1
1998	306	30.2	5.9	17.3	34.1
1999	310	29.0	5.9	17.7	33.3
2000	318	29.9	6.1	17.7	34.4
2001	318	29.8	6.1	17.7	34.4
2002	321	30.1	6.3	18.2	34.6
2003	325	29.6	6.2	18.0	34.4
2004	326	29.6	6.3	18.2	34.6
2005	326	29.9	6.3	18.3	34.4
2006	326	30.0	6.4	18.4	34.7
2007	325	31.6	6.6	18.8	35.1
2008	328	31.0	6.7	19.0	35.2
2009	330	32.1	6.3	18.3	34.4
2010	334	32.2	6.2	18.2	34.3
2011	335	32.3	6.2	18.1	34.5

此外，篮球中有一种理念是，远距离投篮会带来长篮板球的机会，并且对于球队而言，在快攻时得到进攻篮板球，比执行半场组织战术时得到进攻篮板球的机会更大。在不久的将来，让我们拭目以待有多少球队会适应、调整并采用这种得分方法，这将是一件有趣的事。

表5.4 2010年NCAA 8强球队、16强球队的三分球统计数据

基于投篮命中率的三分球投篮数据。

球队	比赛场次	三分球投篮		
		三分球出手次数	三分球命中次数	三分球命中率（%）
8强球队				
杜克大学	40	19	7.4	38.4
贝勒大学	36	18	7.0	38.5
堪萨斯大学	37	19	6.8	35.9
密歇根州立大学	37	14	5.0	34.4
巴特勒大学	38	20	6.8	34.1
西维吉尼亚大学	38	20	6.7	33.7
肯塔基大学	36	18	6.0	33.1
田纳西大学	37	18	5.9	32.0
16强球队				
康奈尔大学	34	22	9.5	42.9
俄亥俄州立大学	36	18	7.4	41.3
圣玛丽大学	34	20	8.3	40.6
雪城大学	35	17	6.9	39.1
圣弗朗西斯泽维尔大学	35	18	7.1	37.6
华盛顿大学	36	15	5.3	33.6
普渡大学	35	16	5.3	31.8
北爱荷华大学	30	19	5.8	29.9

表5.5 2010年NCAA三分球新纪录

纪录名称	原纪录	新纪录	球队
三分球命中次数	6.7	9.5	康奈尔大学
三分球出手次数	19	22	康奈尔大学
三分球命中率（%）	38.4	42.9	康奈尔大学

三分球投篮

重点

通过训练提高三分球命中率。

步骤

练习三分球投篮的5个投篮点是2个底角、2个侧翼和三分线弧顶区域。根据球队的人数，把球员分成3组，每组4人或5人。按照以下步骤完成训练。

1. 两队在一个半场开始训练，同时第三队在另一个半场热身。

2. 这种训练很有竞争性。每队从5个投篮点中选择一个,目标是命中5次(或10次)三分球。

3. 每队使用1个球。这样做的目的是给球员带来压力,这意味着要快速拿到篮板球,然后把球传给下一个球员。各队需要喊出自己的得分。

4. 第一个达到要求的投篮次数的队伍留下。输掉的队伍出局,然后第三支队伍进场。

三分球投篮的移动训练

重点

提高三分球命中率。

步骤

将球员分成3个相同的队伍,在半场进行训练。

进行以下步骤。

1. 开始训练时,每队从5个三分球投篮点中选择一个,这5个投篮点是:2个底角、2个侧翼和三分线弧顶区域。

2. 这一练习需要团队共同努力,练习的目标是球队轮换到下一个投篮点之前,每个球员都要投中1个三分球。

3. 每队使用1个球。投篮、取回篮板球(投篮之后)、把球传给下一个投篮队员,这其中的每一个环节都至关重要。不允许球员触摸对方的篮球。

4. 当一个队的所有球员都投进了球后,立即来到下一个空位投篮点,继续进行投篮训练。第一个在5个投篮点上完成投篮任务的小组获胜。

每当篮球教练被问道,篮球中最难的是什么,他们很可能会回答:“是制定出一套进攻体系。”这是为什么呢?因为进攻讲究技巧,虽然有些球员似乎天生就有这种能力,但是大多数球员必须通过努力训练,以及经年累月地学习进攻的基础知识。知道如何传球是一回事,知道什么时候传球是另一回事。同样的道理也适用于理解球队的阵型平衡以及在什么时间、如何做掩护。

如果你正在为一个球队效力,你应该主动和教练见面,与其讨论自己的优缺点。你要了解自己需要为融入球队的进攻体系而做些什么,或者说怎么做才能融入球队的进攻体系。列出一个休赛期的提高计划,设定目标并记录提高过程。如果你看到一个球员表现出色,你会从他身上发现,他愿意付出时间、付出努力、为球队做出奉献,这是优秀球员必备的职业道德。

第**6**章

团队进攻

进攻战术的选择会受到多种因素的影响，但最重要的目的，永远是能够使球员的进攻发挥最大效果。对于比赛方式的偏好，会在球员们的早期篮球生涯中建立起来，随后可能会被一些意料之外的因素影响。这种偏好可能是来自球员们在初中或高中的球队中打球的回忆，也可能是球员们看到过的自己喜欢的大学球队或职业球队所使用的制胜方式。类似这样的画面，并不会建立起实施进攻的战术，但是它们能建立起一个原始的框架。这是一个不错的开始。

当我还在上学时，我的一个教练曾决定使用 2-2-1 全场紧逼战术。他将后卫布置在两个肘区，将两名前锋布置在中路，并将中锋布置在罚球线来护篮。他的想法是：当对方的进攻球员接到来自外线的传球时，在那一侧展开防守的防守球员需要将持球球员逼向边线，当持球球员到达中路后，防守球员需要与前锋一起进行包夹。教练解释道："对持球球员让步，再在中路将其困住。"

但是，这一战术存在着问题，因为这样的策略是无法真正实施的。如果对方的持球进攻的后卫从容地拿到了球，防守方就无法在中路将其困住。在这种情况下，在我们进行紧逼防守并迫使对手前往中路包夹区域时，需要让一名球员跑向队友，而不是向对方让步。这时，我们不仅仅是学会了执行教练的战术指示。

如同这个 2-2-1 全场紧逼战术一样，教练们会在试验和错误中不断学习，并让球员们适应自己的战术。他们从观察、常识和实践应用中得到了诸多收获。而通用进攻战术就是从三名杰出的教练的工作所带来的启发及数不胜数的试验所带来的经验教训中进化而来的。

在执教生涯中，虽然我有过许多机会去学习新的战术和理论，但我认为最有效的方式还是对比赛录像进行全面的研究和探讨。在 NCAA 的半决赛期间，全国各地的教练们会聚在一起讨论运动和篮球，这对教练来说仿佛是天堂。有着光鲜履历的杰出教练们会分享他们的理论和观念。其中三名教练对我的篮球理论产生了巨大的影响：加利福尼亚大学洛杉矶分校的约翰·伍登，北卡罗来纳大学的迪恩·史密斯和肯塔基大学的阿道夫·鲁普。

当然，鲁普、伍登和史密斯教练都对篮球的战术和比赛方式产生了很大的影响，但更重要的是，这些教练对比赛的尊重和对球员的真诚态度所带来的影响。与现在的一些教练不同，他们从不会在公开场合羞辱球员，并且会在比赛过程中保持冷静、克制的状态。这三名教练体现了身为一名教练，尤其是那些在教育机构中担任教练的人所应该表现出的行为。

通用进攻战术

通用进攻战术是篮球运动中的一些最佳战术的组合。这一进攻战术需要善于控球的后卫向篮筐进攻，将球传给指定投手，并做出正确的决策。前锋必须进行良好的掩护，完成外线跳投，将球传递给移动目标，并且通过拉开适当的空间来保持半场平衡。中锋既需要位于背对篮筐的低位，也需要位于面对篮筐的高位，以获得传球和投球机会。

在构建这一进攻战术时，我的初步想法来自鲁普教练执教于肯塔基大学队时所使用的优秀的后卫进攻法，包括布阵平衡、传球能力和快准狠的篮底切配合技术。接着，我想要向另一名教练，也就是加利福尼亚大学洛杉矶分校的约翰·伍登学习一种基础概念。他因将球传至低位的战术而闻名。他的球队是我记忆中第一个让中锋在前进过程中将球传至弱侧低位的队伍。他认为，每次传球都代表着不同的战术策略，这也是通用进攻战术的主要组成成分。最后，我想要向另一名教练学习另一种战术风格。这时，我被迪恩·史密斯教练的战术风格和四角进攻战术吸引了。越是观看他的球队的比赛，我就越是欣赏他的比赛管理和队伍构建方式。

通用进攻战术是一种将三组战术组合为一体的连续的战术。每一次传球都意味着一种完全不同的进攻方式，不论是后卫给前锋的传球、后卫给中锋的传球，还是后卫给后卫的传球。这样的进攻战术组合是使用非固定的形式对压迫式防守进行进攻。在进入前场时，后卫可以通过三种传球中的任何一种来摆脱压迫式防守。通用进攻战术还是一种攻破区域联防战术的绝佳方式。与其他进行特定的区域进攻的战术不同，执行通用进攻战术的后卫给前锋的传球，会让球与人充分地移动，进而可以分辨出是区域进攻还是盯人进攻。在与使用多变的防守方式的队伍进行比赛时，这一点非常重要。

通用进攻战术中的后卫传球给前锋的战术有一个独特之处：在战术的发展过程中，5名球员都有机会接触篮球，也都有可能完成得分。而进攻的目的正是找到一个好的投篮时机，完成投篮。一些教练一度喜欢让球员把球控制在手中长达30秒，无论是通过控球、传球，还是传切配合，球员甚至连篮筐都不看一眼 *。在大部分情况下，这也是球员们得以运用自己的灵活性、运动性和多种多样的控制模式的时刻。与这样的方式相反的是常见的一击决胜心理。相较于陷入这样的作战方式中，无论是控球还是不控球，教练更倾向于选择一种轻松的强调完成绝佳的判断且允许和鼓励球队在遇到好的投篮时机时果断地完成投篮的方式。因为通用进攻战术具有多种战术方式，所以每个球员在执行半场战术的过程中都拥有得分的机会。

作为教练的真正乐趣，是制定一种可以成功对抗那些同样具有聪明才智的对手们的策略。如同之前提到的，从三名杰出教练身上学习到的知识，促使我创造了通用进攻战术。下文将介绍通用进攻战术是如何被创建起来的。

阿道夫·鲁普教练的影响

阿道夫·鲁普教练常常强调杰出的后卫的重要性。这一消息并不难得知，因为我的一名同事 C.M. 牛顿教练曾经在鲁普教练带领的 1951 年 NCAA 冠军球队中工作过。自然而然地，我们使用了鲁普的训练方式和进攻战术组合。同时，作为牛顿的球队中的控球后卫，在后卫的位置上打球已经成了我们的第二天性。

鲁普教练常常被誉为快攻战术方面的杰出教练。他球队的后卫是全国最优秀的后卫之一。肯塔基大学球队在球与球员的移动方面的卓越表现、精准的掩护和恰当的投篮选择，都来源于精湛的后卫技术。后卫们喜欢鲁普的进攻方式，因为他以双后卫战术开始，进行横向的篮底传切配合，以发动进攻。这一方式强调了球员们不停歇地跑动，并且会通过队伍的每日训练进行强化记忆。鲁普教练的两人和三人训练（通用训练）在提高持球、传球、转身、掩护和球场决策等方面十分有用。这些部分混合在一起，就创造出了我们的半场进攻战术，这些战术被包括在通用进攻战术中。

约翰·伍登教练的影响

约翰·伍登教练的比赛风格截然不同。他总是会利用球员们的长处，他的球队既会使用一人前场作战，也会使用两人前场作战。加利福尼亚大学洛杉矶分校队的控球后卫前场作战战术对于通用进攻战术的创建来说最为适用。这种战术是由伍登设计的一种 1-3-1 半场进攻战术组合。伍登教练的 1-3-1 半场进攻战术组合具有极佳的动作，这些动作成了通用进攻战术的重要组成部分。

伍登教练的进攻战术具有良好的布阵平衡和传球角度，因此每次传球都会带来多个得分机会。我们从伍登教练的战术中学习到了重要的一课：每一次传球都会创造不同的作战方式。我们将其运用到了所有的进攻战术组合中。因此，球员并不是仅仅为

---

*　2015 年之前，NCAA 的进攻时间为 35 秒。——译者注

了一种作战方式而行动，而是需要完成连续的战术组合，每次传球都会创造多种不同方式的传切配合动作。

关于伍登教练的 UCLA 进攻战术的更多信息，请阅读本章中稍后讨论的训练部分。

迪恩·史密斯教练的影响

在构建我的理论时，史密斯教练带领的北卡罗来纳队，从来都是 NCAA 的劲旅。我总是乐于关注他针对每个球队的特长所做出的调整和改变。史密斯教练的球队最看重的三个因素是：布阵平衡、精准的传切配合，以及找到良好的投篮时机并果断出手。他的战略并不限于进攻和防守战术，尤其是他的四角进攻战术。这些战术构成了我的进攻理论的重要组成部分。

迪恩·史密斯强调了进攻中的三件事情。

1. 找到好的投篮时机并果断出手。这一点在通用进攻战术中尤其重要。我们希望球员们可以基于战术组合完成训练有素的投篮。我们的球队不是一支急于求胜的球队。在完成一个训练有素的投篮时，所有的球员都应该在各自的既定位置，我们可以在篮板下安排三名球员来完成进攻篮板球。这可以通过训练有素的进攻战术来实现，而通用进攻战术正是一种这样的战术。除此之外，这样的战术组合可以使球队通过撤回一名球员来保护篮筐而保持我方的防守战术。当撤退为防守状态时，也会有一名球员来应对对方的控球球员。

2. 尽量在篮下终结。球员们常常在获得进攻篮板球机会的情况下，无法得分甚至发生犯规。这看起来似乎并不是一件大事，但是史密斯教练对于完整战术的强调，对于通用进攻战术来说十分合理。

3. 把球带到内线。这个目标也是通用进攻战术的重要方向。一旦球员将球带入低位，他将获得三种有利的选择：自己得分、自己得分的同时造成对手犯规，以及造成对手的一次犯规。这三种进攻方式在通用进攻战术中都十分重要。

通用进攻战术是由来自优秀的篮球思维的进攻理念和战术技术共同构成的。伍登教练、史密斯教练和鲁普教练都具有卓越的教练思维，他们十分善于在规避球员弱点的同时，将球员的长处淋漓尽致地发挥出来。

通用进攻战术的学习

大部分获胜球队的教练都会认同的一种理论是，球和球员的移动对于优秀的进攻战术来说十分重要。能确保场上 5 名球员都处于运动状态中，并获得开放式投篮机会的进攻战术组合，将会为球队营造良好的作战氛围。而那些仅允许 2 名球员完成投篮的进攻战术，会导致另外 3 名球员只能在一边充当观众，这样的战术是不合理的。保持运动的球员可能会造成对手发生无球犯规、得到长传篮板球或获得补篮机会。通用进攻战术可以使球员们保持运动，并且思考关于空隙、掩护、布阵平衡、进攻篮板球和与对手积极对抗的问题。通用进攻战术还可用于教授球员传球、控球、掩护，并帮助他们成为能力更强的球员。对通用进攻战术进行训练并在比赛中加以应用，可以帮助球员和教练学习战术组合所需的相关技术，而这对于完成一次出色的进攻来说，是十分重要的事情。

加利福尼亚大学洛杉矶分校队的布阵平衡和空间

在教授球员们关于布阵平衡和空间的知识时，可以将比赛场地拆分为几个更小的区域。伍登带领的加利福尼亚大学洛杉矶分校队，展示了让 3 名球员位于一侧，2 名球员位于另一侧的重要性。在进行传切配合来完成上篮或背对篮筐进行单打时，布阵平衡和空间就变得尤为重要。球员需要观察对方的防守，读懂比赛，并使用正确的进攻战术予以回击。在加利福尼亚大学洛杉矶分校队的战术中，如果中锋移动补位来协助后卫进行防守，三秒区将会出现空位。如果防守的中锋严守三秒区，后卫将会选择背对篮筐进行单打。从侧翼把球传到高位并挡住对方的防守球员后，如果球员并没有通过跳投完成投篮，还有很多机会可以在训练中演练。加利福尼亚大学洛杉矶分校队的强侧战术，是用于教授球员布阵平衡、空间和时机问题的有效训练，这些训练也都被包括在通用进攻战术中。

学习了布阵平衡和空间知识的球员，能够避免持球进入拥挤区域，或将球传至空间和视野受限的区域。当我和德尔·哈里斯同时在密尔沃基雄鹿队工作时，我们曾经有过合作。如果控球球员在队友处于同侧的篮下低位时试图进攻篮筐，他会将这种情况称为死基线，因为处于低位的球员无处可去。这种常见的错误不应该出现，但想要改正也比较容易。

三分球投篮可以改善布阵平衡，因为三分线可以为教练提供球员可以辨认的标志。教练会指示球员在执行传切配合与进行掩护时远离三分线。这样的空间设置，可以为进攻球员带球上篮或通过控球选择更好的传球角度提供操作空间。

布阵平衡和空间问题，对于完成有效的低位传球来说是很重要的因素，当球员对它们有较深的理解时，进攻情况将会有所改善。如果防守球员使传球的球员进入接球目标的范围内，聪明的球员此时应该通过快速控球来选择更好的传球角度，或将球传至具有能更好地完成传球的空间的队友。具有篮球悟性的球员知道，此时不能带球进入容易产生失误的区域。

UCLA 式移动

重点

进行移动、掩护、跑出空间并找准时机。

步骤

将队伍分开，在场地两端同时进行训练。由 3 对 3 的训练开始，球员需要根据每一回合的结果，在进攻和防守之间切换。球员不能使用控球或进攻掩护。球员需要使用良好的掩护和传球，来进行恰当的布阵平衡和空间移动。训练步骤如下。

1. 进攻方需要在投篮前完成 5 次传球，除非是在进行单手上篮的情况下。

2. 由 O1 球员在侧翼区域传球至 O2 球员开始训练。O1 球员利用 O3 球员的静止掩护，尝试完成单手上篮或快速补篮。

3. 在完成掩护后，O3 球员需要向中路方向迈出两步，并接住 O2 球员的传球。

4. O2 球员为 O1 球员进行下掩护，O1 球员蛇形走位至腰位，或尝试接住来自 O3 球员的传球（图 6.1）。

5. 这时，球员们仅完成了 3 次传球。训练内容会在此时产生作用。当 O1 球员接到 O3 球员的传球时，O2 球员需要为 O3 球员进行上掩护，或 O3 球员需要为 O2 球员进行下掩护。这就是需要球员确保动作的连续性、移动性，对场上比赛进行思考，并做出正确决定的时刻。

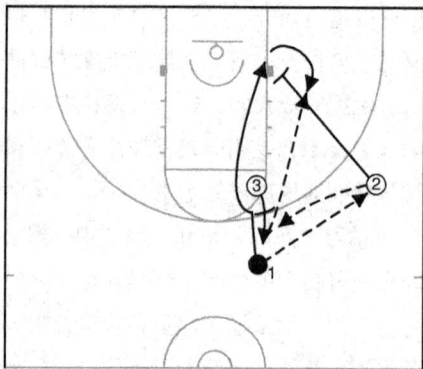

图 6.1 UCLA 式移动

教练需要设定强调合适的布阵平衡和空间设置的战术组合，同时也需要不断地强调这些因素的重要性。球员需要执行计划并知道在何时进行传球和在何时不能传球。"观察和思考"对许多教练来说都是决定性因素，他们需要减少那些无法理解战术理论的球员们的传球任务。

最舒适的篮球策略和战术并不包括单一的进攻战术，如溜底线上篮、掩护切出、补篮、传切配合、交叉掩护、掩护走位或 UCLA 式移动。将这些部分合并成一个具有连续性的组合，可以形成一次有效的进攻。这样的组合不应该过于复杂或过于突出某个球员、位置。在初期的评估阶段，我们的目标应该是建立一种合理、速成且可以有效评估的进攻方式。

通用进攻战术选择

球员通过双后卫纵深下沉来开始执行这一进攻战术。两名侧翼球员位于罚球线延长线的侧翼，中锋位于高位。

通用进攻战术的魅力在于，球员仅通过3次传球，就能知道接下来的战术。当后卫杀入前场后，他可以选择三种基础战术：传给对面的另一名后卫（后卫传后卫），传给一旁的前锋（后卫传前锋），传给高位的中锋（后卫传中锋）。每种战术都需要配合各不相同的进攻策略，但都要配合默契。

后卫传前锋的战术

当后卫带球进入前场后，在强侧的罚球线延长线侧翼位置的前锋，需要跑出空位。前锋需要完成接球，并以右脚为中轴脚。后卫传前锋的战术可以有3种选择。

后卫传前锋的战术

重点

通用进攻战术中后卫传前锋的战术。

步骤

球员由半场处开始，按照以下步骤完成训练。

1. O1 球员传球给 O4 球员，向中间使用一次试探步，并试着使用自己的头部和肩部阻挡对方球员，制造内传切配合的机会。如果 O1 球员获得空位，将会迅速收到回传。如果 O1 球员没有获得空位，需要继续在强侧的阻区活动。

2. 当 O1 球员进行切入时，O5 球员需要转身给 O3 球员进行掩护。O3 球员需要移动至强侧的肘区，寻找传球和得分的机会。

3. O2 球员使用"V"字形跑位，经过三分线弧顶，接住来自 O4 球员的传球（图6.2）。

4. O5 球员移动至弱侧的低位。（选项 1、2、3 从这里开始。）

选项 1

5. 当 O2 球员接到传球后，O1 球员离开 O5 球员的底线掩护。O3 球员继续向篮筐前进，并移动至 O5 球员的另一侧低位。

6. 在 O4 球员将球传给 O2 球员后，O4 球员需要挡住针对 O3 球员的防守球员，使 O3 球员在掩护下移动到底线位置。这会使 O4 球员在篮筐处获得抢篮板球的机会。

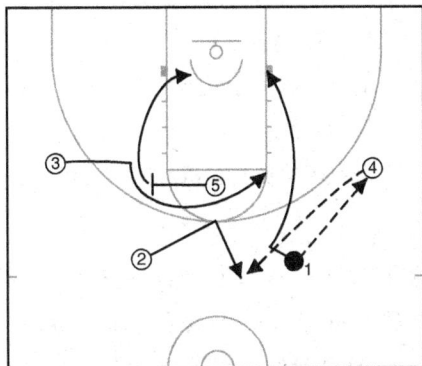

图 6.2 后卫传前锋的战术，最初阵型

7. O2 球员进行 1 次或最多 2 次控球，试着带球转身。O2 球员可以将球传给能够进行投篮的 O1 球员，O1 球员接着将球传给 O5 球员，或使 O5 球员在边线进行掩护走位。

8. 在 O2 球员将球传给 O1 球员后，O3 球员从 O4 球员的下掩护区域离开，O2 球员要为 O3 球员进行掩护（图6.3）。

选项 2

5. 由 O2 球员在三分线弧顶区域接球，开始展开战术。

6. O4 球员为 O3 球员进行下掩护，O1 球员绕过 O5 球员。

7. O2 球员此时可以跑向 O1 球员，也可以转身，把球传给 O3 球员(图6.4)。

8. 如果 O2 球员转身控球到 O3 球员的位置，O5 球员需要进入中路，尝试单打防守球员。

9. 可以通过叫一个暂停来布置这一有效的对抗战术。

选项 3

5. O2 球员在三分线弧顶中路带球，把球传给 O1 球员。

6. 接着，O2 球员转身，与 O4 球员一同为 O3 球员进行交叉双掩护。

7. O3 球员借掩护离开，找机会接球投篮（图6.5）。

8. O5 球员在三秒区内，可以伺机抢进攻篮板球并补篮。O1 球员也可以和 O5 球员一起执行掩护内切战术。

两个后卫可以在任意一侧发起进攻。在这种情况中，执行投篮任务的球员分别是 O1 球员、O3 球员和 O5 球员。如果 O2 球员开始在 O3 球员的一侧活动，执行得分任务的

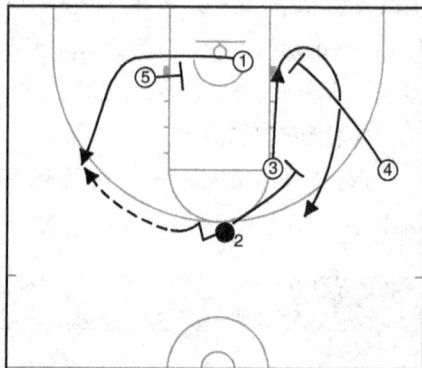
图 6.3 后卫传前锋的战术，选项 1

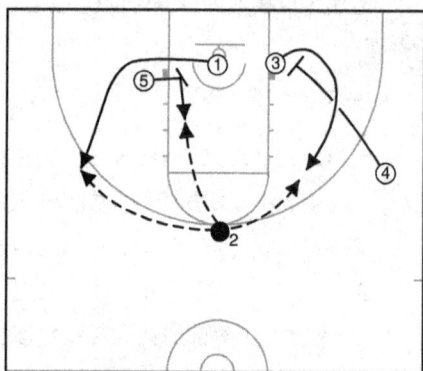
图 6.4 后卫传前锋的战术，选项 2

图 6.5 后卫传前锋的战术，选项 3

球员将会变为 O2 球员、O4 球员和 O5 球员。

后卫传后卫的战术

在通用进攻战术中，两个后卫中的任意一个可以在任意一侧发起进攻。在一侧的后卫带球进入前场时，另一侧的后卫会位于与之相距大约 4.5 米的平行位置保持双手高举，准备接球。

后卫传后卫的战术

重点

通用进攻战术中后卫传后卫的战术。

步骤

球员在半场处开始，按照以下步骤完成训练。

1. O1 球员传球给 O2 球员，并为 O3 球员进行内掩护。

2. O3 球员与 O1 球员交换位置，并接住来自 O2 球员的直线传球（图 6.6）。

3. O3 球员传球给 O1 球员。

4. O3 球员移动至强侧的篮下低位，同时使用试探步，来尝试获得从内侧切入篮下的机会。

5. O2 球员在确认 O3 球员将球传给 O1 球员后，向弱侧的篮下低位移动。

6. O5 球员需要确认 O3 球员和 O2 球员是否已经把防守球员都带出了三秒区，接着快速移动到弧顶附近，接住来自 O1 球员的传球（图 6.7）。

7. O5 球员在接球后，转身面对对方的防守球员，拿住球。

8. 当 O1 球员将球传给 O5 球员时，O3 球员需要针对 O1 球员的防守球员，进行掩护。此时，球员最好选择从内侧切入篮下，由于 X1 球员被掩护挡住，负责防守的 X3 球员需要移开补防。

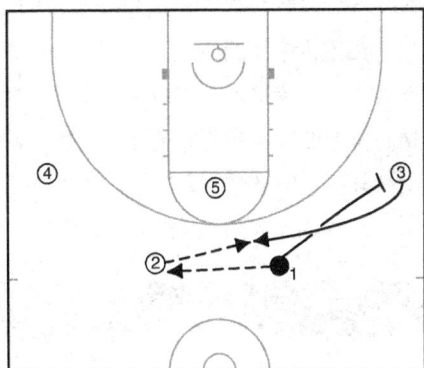

图 6.6 后卫传后卫的战术：交换位置

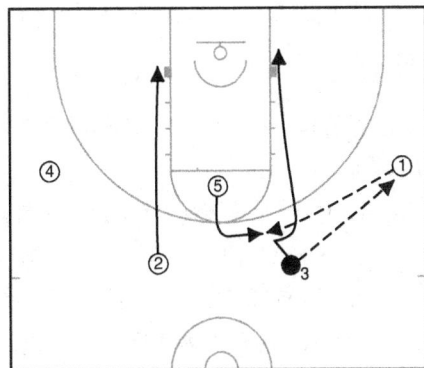

图 6.7 后卫传后卫的战术：移动至篮下

9. 如果 O1 球员获得空位，O1 球员将会是 O5 球员的最佳传球目标（图 6.8）。

10. 在完成后方掩护后，O3 球员需要前进两步并为接球做好准备，来寻找接球跳投的机会。

11. 在弱侧，O4 球员需要将 O2 球员挡在身后。O2 球员需要寻找接球投篮的机会，或蛇形走位至篮下，寻找篮下出手的机会。

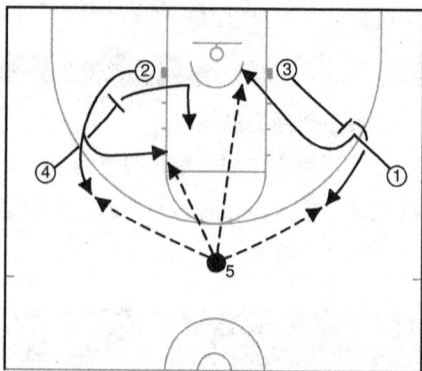

图 6.8 后卫传后卫的战术：观察场上形势，并执行进攻战术

12. 如果 O2 球员跑动至三分线弧顶并完成接球，他还会获得与 O4 球员一起进行 2 对 2 进攻的好机会。O4 球员可以进行单打或移动至边线进行挡拆。

13. O5 球员必须做好控球的准备，以防止需要使用控球接球技术来解决麻烦。

后卫传中锋的战术

当后卫带球发起进攻后，中锋需要将双手举起，并且使双脚分开与肩同宽，来占据高位的位置。准备好接球后，后卫传中锋的进攻战术随时可以开始执行。一旦后卫受到盯防，中锋必为接球及成为接下来战术的主导者做好准备。当对手利用防守施压，尤其是将防守范围扩大时，该战术可以从中路开始执行。

后卫传中锋的战术

重点

通用进攻战术中后卫传中锋的战术。

步骤

球员在半场处开始，按照以下步骤完成训练。

1. O1 球员传球给 O5 球员，接着为另一侧的后卫（O2 球员）进行掩护。

2. 当 O5 球员接到传球后，强侧的前锋（O3 球员）需要通过 45 度走位移动至篮下（图 6.9）。

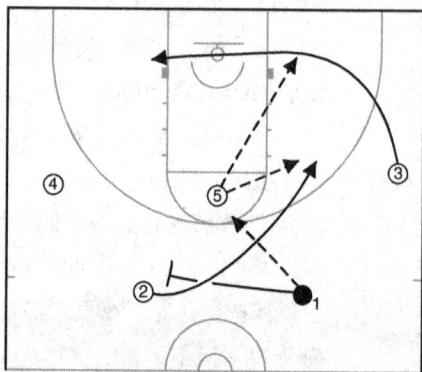

图 6.9 后卫传中锋的战术：前锋 45 度走位至篮下

3. O3 球员的 45 度走位至篮下，是根据场上形势选择的战术，对于应对压迫式防守来说十分有效。这是第一个选项。

4. 在 O3 球员尝试进行 45 度走位至篮下后，O5 球员需要确认 O1 球员是否还在给 O2 球员进行掩护。

5. 如果 O2 球员此时有空位机会，O5 球员需要将球传给 O2 球员，O2 球员完成接球跳投，或突破上篮。O2 球员可以在场地有开放空间的一侧和对手完成一对一单打。

6. 如果 O2 球员没有空位机会，可以选择第三个选项。O3 球员在 O4 球员和 O1 球员的双掩护下，寻找接球跳投的机会（图 6.10）。

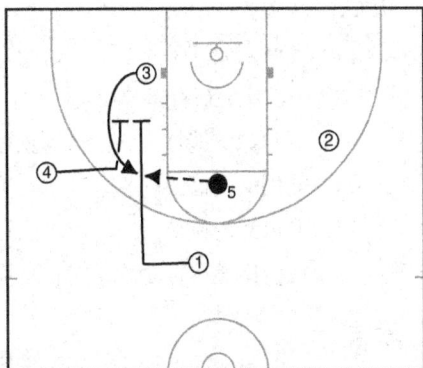

图 6.10 后卫传中锋的战术：进行双掩护

备选战术

所有的进攻战术都应该有备选战术或补救措施。当基本进攻战术的开展都陷入了困境时，教练应该提供备选战术或补救措施。如果在一些情况下，前锋的 45 度走位至篮下失败，后卫被盯死或双掩护也失败了，以下是建议球员们使用的备选战术。

1. 当 O5 球员无法传球给 O3 球员时，O5 球员应该在 O3 球员不断接近篮球的同时，使用手递手传球，把球传给 O3 球员。

2. O4 球员从 O1 球员的身边移动到三秒区，利用内线技术篮下得分。

3. O5 球员可以选择传球给已经移动至边线或罚球线延长线侧翼的 O2 球员，并替 O2 球员挡拆（图 6.11）。

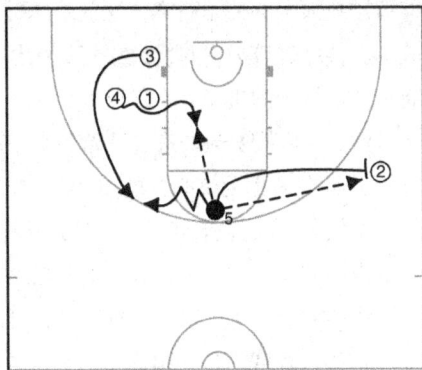

图 6.11 后卫传中锋的战术，备选战术

要记住，在执行任一半场进攻战术组合时，教练都必须保证有一名球员可以快速转身，以确保及时回防，并且指派另一名球员延缓或阻止对手拿到篮板球后的长传或控球，以快速发动反击。

通用进攻战术的优点和弱点

优点

1. 良好的布阵平衡。
2. 5 名球员都有得分机会。
3. 球和球员能够一直保持移动状态。
4. 能创造良好的内 – 外战术组合机会。
5. 面对使用换防的队伍时，通用进攻战术十分有效。
6. 在使用通用进攻战术时，球队可以控制比赛节奏。

弱点

1. 需要球员无私地完成传球，并做出正确决策。
2. 需要球员训练有素，且具有传球技术和决策能力。

伸缩进攻战术

早在 20 世纪 70 年代，就有很多教练喜欢使用绕过中锋掩护切入的战术。这就是伸缩进攻战术的初始版本，这种战术被公认为是一种训练有素并处于控制之中的进攻战术。伸缩进攻战术与绕过中锋掩护切入的战术有许多相似之处，该战术能增加底线掩护和双掩护的机会，并因此而成了一个完整连续的进攻战术。伸缩进攻战术以训练有素的、从内线发起的进攻开始，是一种几乎不允许个人发生失误的控球进攻战术。

获得在马里兰市举办的 2002 年 NCAA 总决赛冠军的加里·威廉姆斯和曾 7 次带领波士顿大学队参加 NCAA 的艾尔·斯金纳，是两位获得了极高成就的教练，他们都非常推崇伸缩进攻战术。教练们常常在对进攻战术进行试验时，满怀对找到他们各自问题的答案的期待。很少有教练没有尝试使用过伸缩进攻战术。

伸缩进攻战术是一组训练有素的连续性战术，它强调的是对篮球的控制、出手时机和近距离投篮。球员的位置要严格根据战术组合进行互换。伸缩进攻战术需要教练具有极强的表达能力，也需要球员具有合理执行掩护的能力。这一进攻战术是一种三人战术，其中两人进行掩护，一人掩护准备切入底线的球员，另一人将第一名掩护球员挡在身后进行掩护。需要在底线和罚球线的中部进行掩护。伸缩进攻战术除了需要球员具有强大的掩护执行能力，还需要球员具有传球、决策和完成 4.5 米跳投的能力。

伸缩进攻战术的目标是保持平衡紧凑的阵型，并迫使对方出现防守性失误，进而使进攻方完成上篮得分或完成无防守的 4.5 米跳投得分。这两种得分方式都是绝佳的投篮机会。防守方会试图通过牵绊掩护球员、换位和迫使控球球员做出决策，来扰乱进攻方的进攻。当防守方无法在多个掩护战术下与进攻方形成对抗时，常常会选择展开区域联防，进而阻止进攻方上篮，并迫使进攻方从外线进行多次进攻。

当所有的球员，尤其是后卫被困在篮板下或困在角落里时，伸缩进攻战术的一大劣势会随之出现。对手会开始传球并试图完成快攻得分。当失误、投篮偏出和长传篮板球出现时，被困在底线的后卫会陷入困境。

伸缩进攻战术

重点

学习伸缩进攻战术。

步骤

球员从半场开始练习战术，按照以下步骤完成训练。

1. O1 球员与 O2 球员形成前场双后卫，进攻战术开始。O1 球员在右侧持球，O2 球员位于三分线外与 O1 球员相对的位置。两名前锋（O3 球员和 O4 球员）在相对的两底角。O5 球员在强侧的篮下低位，做好接球准备。

2. 当 O1 球员传球给 O2 球员时，O3 球员需要同时完成绕过中锋掩护切入高位，或离开 O5 球员的底线区域的动作，接住来自 O2 球员的传球，尝试完成上篮或单打对方球员。如果 O3 球员没有接到传球，需要在篮下低位停止活动，准备好随战术的展开进行掩护。

3. 在传球给 O2 球员后，O1 球员需要为 O5 球员进行下掩护或双掩护，并立即移动至球场右侧底角。

4. O5 球员利用 O1 球员的掩护脱身，并移动至肘区，寻找机会接住来自 O2 球员的传球并完成投篮。

5. 在接住来自 O1 球员的传球后，O2 球员首先需要确认 O3 球员是否完成了绕过中锋掩护切入的动作，接着需要确认 O5 球员是否已经处于肘区（图 6.12）。O2 球员传球给 O5 球员，如果 O5 球员有空位机会，就可以完成投篮得分。如果 O5 球员没有空位机会，则继续执行战术。

6. 在传球给 O5 球员后，O2 球员需要为 O3 球员进行下掩护或双掩护，

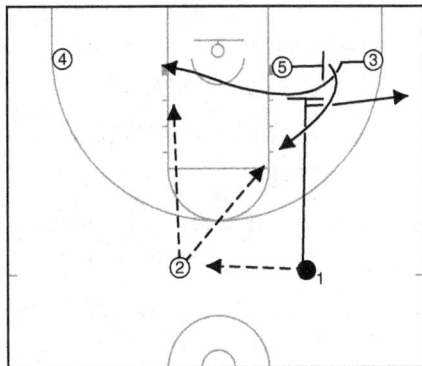

图 6.12 伸缩进攻战术，循环 1

并立即移动至球场左侧底角。

7. 位于低位的 O3 球员需要给 O4 球员进行掩护，接着利用 O2 球员的掩护脱身，并移动至肘区，寻找机会接住来自 O5 球员的传球，并完成投篮。

8. 当 O5 球员没有出手投篮时，需要立刻确认 O4 球员的位置。O4 球员需要通过移动至底线或中路，利用 O3 球员的掩护，同时寻找机会接住来自 O5 球员的传球。如果 O5 球员没有传球，O4 球员则需要留在强侧的篮下低位。

9. O5 球员还可以将球传给 O3 球员，让 O3 球员在罚球线附近完成跳投，或选择继续执行战术（图 6.13）。

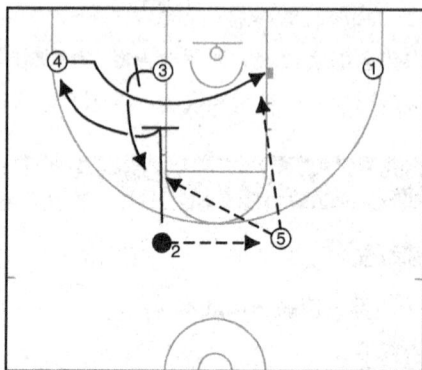

图 6.13 伸缩进攻战术，循环 2

10. 在传球给 O3 球员后，O5 球员需要为 O4 球员进行下掩护或双掩护，并立即移动至球场右侧底角。

11. O3 球员需要确认 O1 球员是否执行了底线战术，并寻找单手上篮或单打的机会。

12. 如果 O1 球员没有得到任何传球，O4 球员需要移动，并接住 O3 球员的传球（图 6.14）。

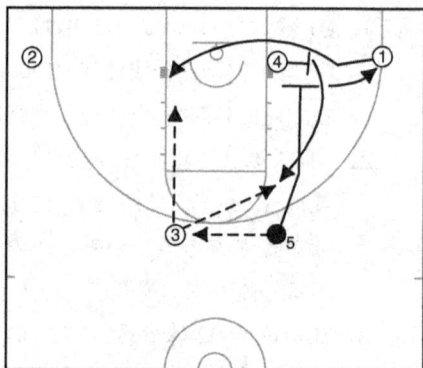

图 6.14 伸缩进攻战术，循环 3

13. 在 O3 球员将球传给 O4 球员后，O2 球员需要执行底线战术，并利用 O1 球员的掩护切入篮下。

14. O3 球员通过 O1 球员进行下掩护或双掩护，继续执行战术，同时移动至球场的左侧底角。O1 球员则需要移动至肘区，同时寻找机会接住来自 O4 球员的传球并进行跳投（图 6.15）。

15. O4 球员传球给 O1 球员，O5 球员

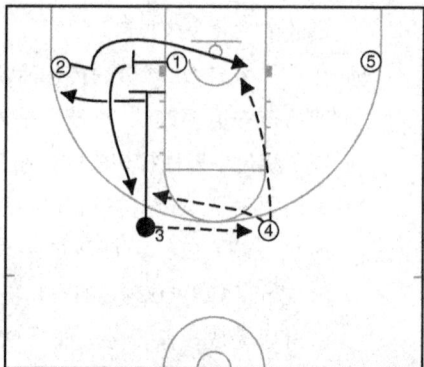

图 6.15 伸缩进攻战术，循环 4

利用 O2 球员的底线掩护，寻找上篮或单打的机会。

16. 传球给 O1 球员后，O4 球员需要为 O2 球员进行下掩护，并移动至球场的右侧底角。O2 球员则需要在 O1 球员观察情况时，移动至罚球线延长线的右侧肘区（图6.16）。

到这里，5 名球员已经完成了 5 个伸缩进攻战术位置的一套完整的循环训练。

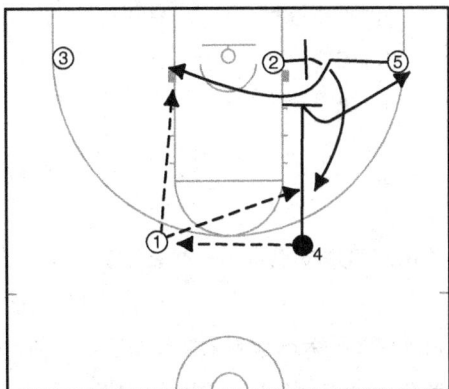

图6.16　伸缩进攻战术，循环 5

伸缩进攻战术的优点和弱点

优点

1. 这种特殊的进攻战术，对于训练有素的特定球员来说十分有效。
2. 有耐心的球员可以学会许多关于掩护、投篮时机、传球、决策和投篮选择的技巧。
3. 这一进攻战术可以使球队掌控自己的节奏。当球队合理地执行战术时，将会形成系统性的进攻。

弱点

1. 球队没有跟上战术节奏时，这一进攻战术的一大缺点就会随之出现。伸缩进攻战术并不是一种"匆忙"的战术，因为得分需要耐心寻找机会。
2. 球队中的每个人，无论是教练还是球员，都需要投入战术体系中去。只有这样，战术才会是有效的。伸缩进攻战术需要十分准确的执行力和不断地训练。
3. 使用伸缩进攻战术时，如果出现长传篮板球和失误，后卫可能会在低位或底角进行掩护时被困住，这会使他们无法回归到防守战术中。

伸缩进攻战术的半场进攻战术看起来并不复杂，但球员们必须在学习战术时，精通以下 5 种基本技术。

1. 精准地传球。
2. 精湛的掩护技巧。

3. 投篮选择。

4. 耐心。

5. 决策能力。

三角进攻战术

三角进攻战术对于想要强调控球、布阵平衡、可交换位置的球员布置、45度走位至篮下的战术、挡拆进攻战术、切出技术、拉开战术、进攻球员背对篮筐单打战术和依靠多种传球来刺激球员与篮球移动的战术连续性的教练来说十分理想。三角进攻战术开始时使用了一种传统的位置部署，双后卫位于前场，一名球员位于腰位，而前锋位于罚球线延长线侧翼。三角进攻战术会使用传球创造传切配合、布阵平衡、掩护和大量的投篮。

三角进攻战术其实是一组完整的互相联系的战术，这一战术需要使用传球来决定移动、传切配合、掩护和投篮机会等。客观来说，球员必须完成的最重要的任务，是对防守情况进行观察并做出相应反应。

三角进攻战术的一个优势，在于它既能够以前场双后卫的部署开始战术，也能够以前场三后卫的部署开始战术。通过将控球的小前锋作为第三个后卫，球队可以在赛场上制造足够的空间并将所有形式的防守带来的压力最小化，尤其是来自前场的围困压力和来自全场的单人防守压力。

三角进攻战术的另一个重要的优势在于它可以使球员们从多种赛场位置展开战术。如果对方展开了针对性的防守战术，球员可以控球至正常的初始位置，也就是进入前场距篮下大约4.5米的位置。如果防守后卫展开了后场压迫，进攻后卫就可以由后场展开战术，并迅速切入战术位置。

三角进攻战术还具有一个最大的优点。虽然其他的球队指南包含了75 ~ 150种需要球员记住的战术，但三角进攻战术却根据战术执行的时机和战术执行情况，形成了以一组主要战术组合为主的一系列战术选择。其核心战术组合保持不变，并且具有针对多种动作的备选战术和补救措施。因此，教练教授三角进攻战术时会更加轻松。使球员接受过多的信息或学习过多的战术会成为一大问题。

三角进攻战术

重点

学习三角进攻战术（高位和低位）。

步骤

进行半场攻防演练，训练进攻战术。在进行进攻训练时，让防守球员原地防守，不进行防守对抗。按照以下步骤，完成进攻训练。

1. 持球的后卫（O1 球员）进入前场并将球传给 O3 球员。
2. O1 球员接着切入强侧的底角。O1 球员可以选择斜线切入底角。如果存在防守对抗，O1 球员也可以选择绕过 O5 球员切入底角（图 6.17）。

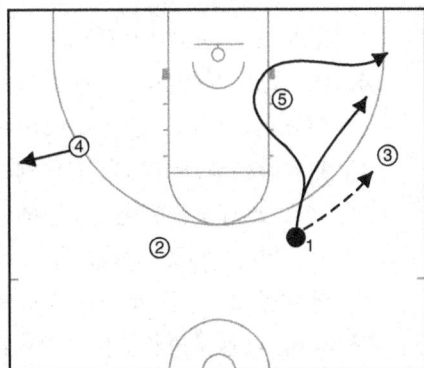

图 6.17 三角进攻战术，最初的战术安排

选项 1

3. 第一个选项是底角传球的战术。O3 球员将球回传给位于底角的 O1 球员。
4. 完成传球后，O3 球员向中路快速移动两步，并将重心放在右脚，来尽量使头部和双肩越过防守球员。
5. O5 球员向外移动一步，为切入底线的 O3 球员进行掩护（图 6.18）。O3 球员寻找机会接住来自 O1 球员的快速回传。

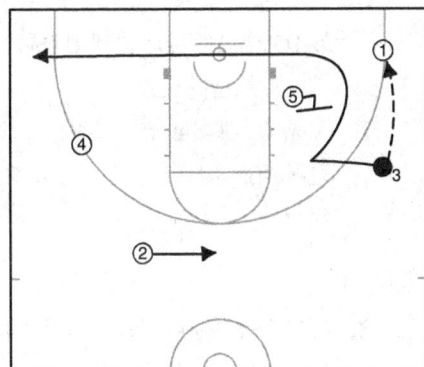

图 6.18 三角进攻战术，选项 1：底角传球和溜底线

6. 如果 O3 球员没有接到传球，可以直接移动至较远的底角。O1 球员持球，并等待 O3 球员出现空位机会。这样，O5 球员可以为 O1 球员进行边角挡拆和边线掩护。
7. O1 球员离开 O5 球员的掩护，并向中路移动，使 O5 球员获得切入或切出的机会，具体情况根据防守方的战术决定。
8. O1 球员控球并向中路移动，寻找机会完成一次上篮、突破分球（图 6.19）或干拔跳投。

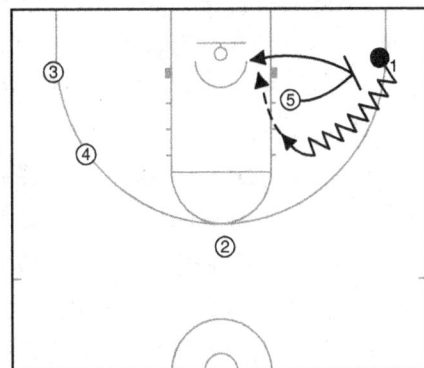

图 6.19 三角进攻战术，选项 1：底角挡拆

选项 2

3. 除了将球传至底角，O3 球员还可以选择传球给 O5 球员，这是第二个选项。这样便于离开底角的 O1 球员溜底线反跑。

4. O1 球员在接到来自 O5 球员的传球后，可以直接上篮或制造犯规。如果 O1 球员没有接到传球或 O5 球员没有完成快速的一对一单打，继续执行战术。

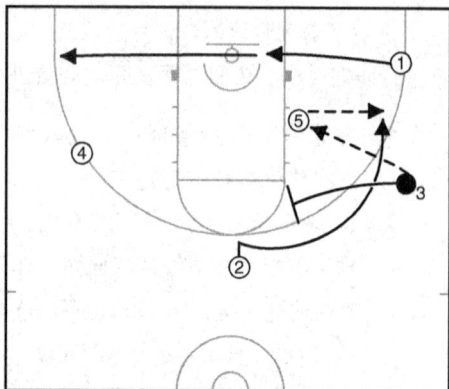

图 6.20 三角进攻战术，选项 2

5. 传球给 O5 球员后，O3 球员需要为 O2 球员进行掩护（图 6.20）。此处需要将球传向三秒区的传球球员主动做掩护。

6. O2 球员需要向左使用试探步，移动至篮下，挡住防守球员。接着，O2 球员接 O5 球员的传球，利用 O3 球员的掩护，O2 球员可以获得带球上篮的机会或空位投篮的机会。

7. 如果 O2 球员没有机会投篮，则需要保持控球，并与 O5 球员一起完成一次边线挡拆。底线在此时无人防守，因此 O5 球员可以选择跑入篮下或移动至底角。

选项 3

3. 第三个选项是一种用于寻找好的出手时机的战术。在弱侧认真观察情况的 O4 球员会发现，溜底线的 O1 球员并没有接到传球；位于低位的 O5 球员也没有接到传球来配合 O1 球员的溜底线上篮或 O3 球员和 O2 球员的掩护进攻。O4 球员需要在 O3 球员向其快速传球时，通过闪切动作，进入罚球区（图 6.21）。

4. 位于三分线外中路的 O2 球员做一次假动作，假装自己要接住传球，接着进行溜底线闪切，同时寻找机会完成接球和上篮。

5. 如果 O2 球员接到传球，可以立刻转身背对篮筐，展开单打。

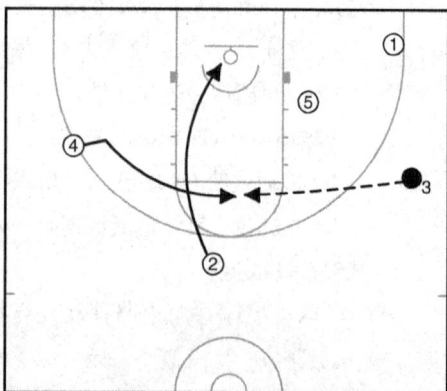

图 6.21 三角进攻战术，选项 3：进行闪切

6. 此时,战术将主要由O4球员展开。传球给O4球员后,O3球员需要转移方向,为O1球员进行掩护,使O1球员从底角向篮球移动。

7. O4球员可以选择将球传给O1球员;或将球传给O2球员,让其进行背筐单打(图6.22);或寻找机会完成投篮。

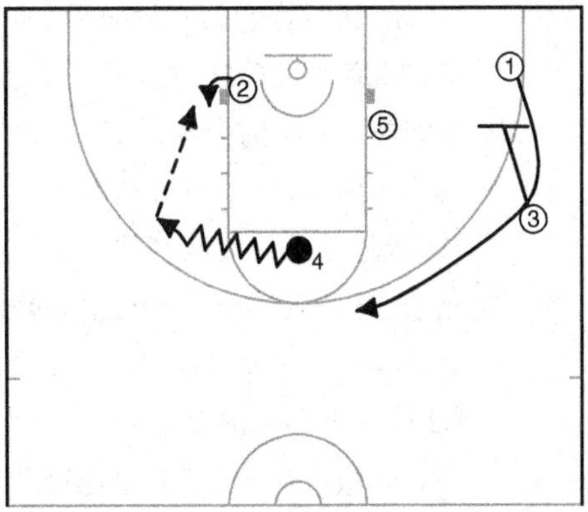

选项4

3. 第四个选项是O3球员将球传给在三分线弧顶区域的O2球员。

4. O4球员可以为O2球员进行后掩护或边线挡拆掩护,具体情况视对方防守球员的战术而定。O2球员需要观察掩护位置,并执行一次2对2战术,寻找机会完成投篮(图6.23)。

5. 在传球给O2球员后,O3球员需要转身,给正在从底角向篮球移动的O1球员进行掩护。此时针对O1球员的防守球员在其身后,形成空位。

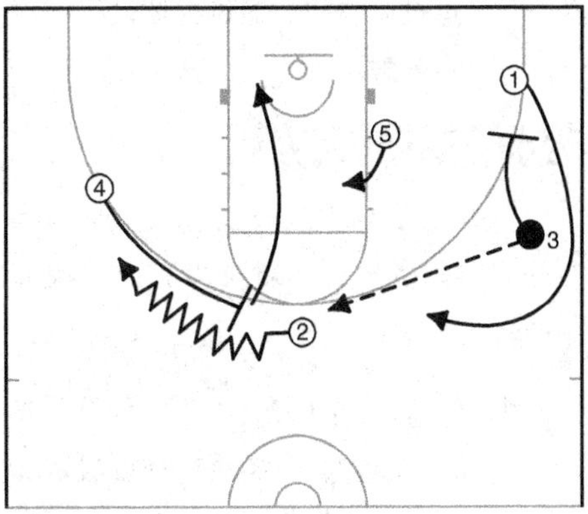

图6.22 三角进攻战术,选项3:执行战术

图6.23 三角进攻战术,选项4

拉开战术

通过练习,三角进攻战术中的四个周边位置是可以互相交换的,因此,当执行拉开战术时,战术步骤仅仅是为了确保进攻连续性的一种选择。以下是对O2球员执行拉开战术的一种方式。

1. 战术从O2球员和O3球员互换位置开始展开。O4球员移动至弱侧的篮下低位。接着,O1球员传球给O2球员,并移动至强侧的底角。

2. O2球员将球传给O3球员,并切入O5球员所在的位置。O5球员此时已经位于高位,来帮助O2球员获得足够的空间在场上移动。O2球员需要为O4球员进行下掩护,O4球员则需要移动至罚球区中路位置(图6.24)。

3. 在接到传球后,O3球员向左侧边线方向运球,以得到更好的传球角度;同时,

O2 球员背对篮筐，寻找接球机
会，准备完成单打。

4. O3 球员寻找机会将球传给 O2
   球员（图 6.25）。完成传球后，
   O3 球员需要移动至其他位置，
   使 O2 球员在球场一侧有空间来
   执行单打。

5. O2 球员可以根据自己的接球位
   置，来做出以下选择：迅速执行
   背对篮筐的单打战术、后退并制
   造投篮空间、通过控球进行一对
   一突破。

相反位置的转换

三角进攻战术之所以有效，是因为
在战术开始的同时，就可以完成一次简
单的转换。

1. O1 球员进入场地右侧，但接着又
   移动至左侧开始执行进攻战术。
   这时，仅需要完成几处战术调整。

2. O1 球员传球给 O2 球员，O2 球
   员迅速传球给 O4 球员，并移动
   至该侧的底角。

3. O5 球员移动至强侧，并站在腰
   位（图 6.26）。

4. O1 球员和 O3 球员此时需要完成
   弱侧的战术任务。O4 球员具有
   4 种传球选择，继续执行战术。

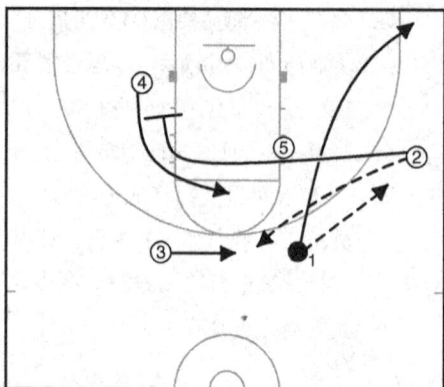

图 6.24 三角进攻战术，拉开战术：切入和
下掩护

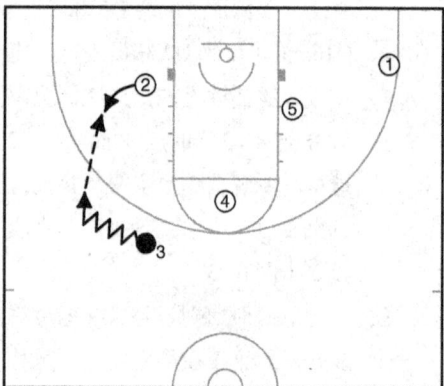

图 6.25 三角进攻战术，拉开战术：单打和
拉开

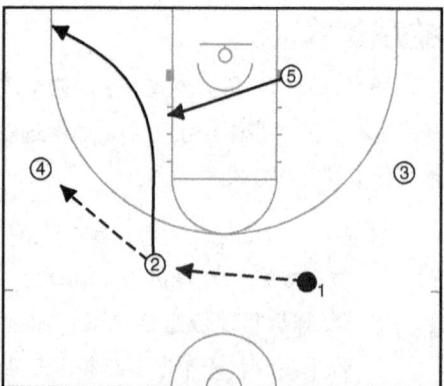

图 6.26 三角进攻战术，相反位置的转换

三角进攻战术的优点和弱点

优点

1. 这一进攻战术包括由底线展开的，45度走位至篮下的战术、背对篮筐单打的战术、切出技术、挡拆进攻战术、拉开战术、中路的前防守45度走位战术和中锋掩护后弹出到底线的高成功率投篮战术。
2. 球队可以获得机会攻击对方防守能力较弱的球员。
3. 这是一套完整的进攻战术，以创造空间、选择投篮时机、观察传球情况，以及能决定切入战术的进攻战术组合为基础。
4. 这是一种容易理解的进攻战术，其包含了4种以传球为基础的基本战术。

弱点

1. 菲尔·杰克逊教练使用三角进攻战术时，总是拥有联盟中在进攻方面最优秀的球员。但我并不认为每个教练都能获得这样优秀的球员，让自己可以像他那样执行三角进攻战术。
2. 三角进攻战术是一种需要由优秀的球员来完成的、绝佳的连续性进攻战术。菲尔·杰克逊教练已经用这一战术赢得了11次NBA总冠军，然而其他很多球队并不能将这一战术运用到自己的进攻体系中。是因为他们缺少优秀的球员吗？是因为他们不愿意在战术系统中加入这个战术吗？还是因为其他教练缺少教授这一战术的能力呢？
3. 该战术的最大弱点可能在于，人们不愿意冒险对其进行尝试的心态。

带球突破进攻战术

这些年来不断改变的事物，不仅包括篮球的战术，战术的命名也发生了一定的改变。例如，现在被称为"带球突破进攻战术"的战术，在从前被称为"突破吸引防守投篮战术"。这一进攻战术以一名（或多名）行动迅速的突破型球员为主，其需要走位至防守方的空隙中，并进攻篮筐，或在另一名防守方球员试图通过补防来降低这一带球突破带来的威胁时，找准机会传球给其他队友。这种突破型球员有以下3种选择。

1. 上篮并结束进攻。
2. 传球给有空位机会的队友，使其完成投篮。
3. 干拔跳投，完成一次中距离投篮。

带球突破进攻战术是一种专业化的进攻战术组合，只有技术高超的球员才能使用该战术。使用带球突破进攻战术的球队，必须具备动作迅速且能够完成变向交叉步带球过人动作的控球后卫，以及能够完成空中接力的优秀传球手、得分手、罚球投手和具有敏锐观察力的角色球员们。

所有的球队都希望自己能够通过控球来突破防守。当灵活的控球球员能够粉碎对方的防守时，各种各样的好结果都会纷纷出现。第一，防守方会开始出现更多犯规，以阻止进攻方球员的突破。第二，当5号位置的防守球员前来协防，以阻止突破防守的进攻球员时，三秒区会出现空位，因为5号位置的防守球员难以进行卡位。拥有一名能够用控球击败防守的优秀的控球后卫，是每个教练的愿望。具备带球突破进攻战术所需技术的NBA球员如下。

史蒂夫·纳什	克里斯·保罗
德里克·罗斯	德怀恩·韦德
勒布朗·詹姆斯	蒙塔·埃利斯
托尼·帕克	拉简·朗多

带球突破进攻战术依靠的是进攻球员的个人能力，进攻球员通过控球打乱对方的防守，并做出良好的决策，来决定是进行传球、攻击篮筐，还是进行投篮。球员需要具有良好的大局观，控球动作要迅速，可以让教练随心所欲地实施这样的进攻战术。

使合适的球员组成合适的阵型，来协助控球球员实施战术的过程，我们称之为"提前布局"。这里需要球员有扎实的基本功，包括传球、球员及篮球的移动、大量的控球和手递手传球，以及单掩护或双掩护，直到可以通过全队的努力，让控球球员拥有一个占据绝对优势的位置。下文将会介绍实施带球突破进攻战术的两种方式。

单后卫冲锋陷阵

重点
将战术转换为半场的带球突破进攻战术。

步骤
在攻防转换中，能否将球投进篮筐、能否让对方犯规以获得罚篮机会，需要控球球员瞬间做出正确的判断，而能否做出正确的判断取决于控球球员的水平，以及教练的自信程度。以下展示的例子中，球队选择了让3名球员分散在外线，2名球员成一条直线，寻找机会迅速进攻中路的战术。按照以下步骤完成训练。

1. 战术从O1球员进入前场右侧开始。O2球员在三分线外侧，距离边线约2米（在开始移动至中路之前，O2球员的位置基本与O1球员的位置平行）。O5球员位于左侧底线，距离篮筐约4.5米；在O1球员进行移动时，O5球员需要为攻击篮筐做好准备。O4球员位于右侧底线，距离篮筐约4.5米。O3球员位于罚球线延长线的侧翼，距离右侧边线约2米。

2. O1 球员进攻中路，寻找机会突破并过掉对方的防守球员。如果 O1 球员成功突破，就可以攻击篮筐，或寻找机会对针对 O5 球员的防守球员进行单打。如果防守方的 X5 球员站在篮下护筐，O1 球员需要引开防守球员，并通过高吊传球或空中接力把球传给 O5 球员。如果没有人阻止 O1 球员，他将获得上篮或制造犯规的好机会。

3. 如果防守方切断了 O1 球员发起进攻的线路，O1 球员需要转换方向，并通过控球手递手把球传给 O2 球员。O2 球员继续展开中路进攻，尽量离开底角。如果 O2 球员无法达到中路，需要反拉传球给 O3 球员。如果 O2 球员来到底角，则可以溜底线攻击篮筐。当防守方的 X5 球员来补防时，O2 球员可以寻找机会，使用高吊传球或手递手传球将球传给 O5 球员。

4. 如果 O2 球员需要反拉传球给 O3 球员，但 O3 球员没有投篮机会时，O3 球员需要控球并向中路移动，通过手递手传球将球传给 O1 球员（图 6.27）。O1 球员继续执行战术，直到完成一次投篮、一次高吊传球或一次突破攻击篮筐。O5 球员和 O4 球员的注意力需要高度集中，随时准备好接住传球。

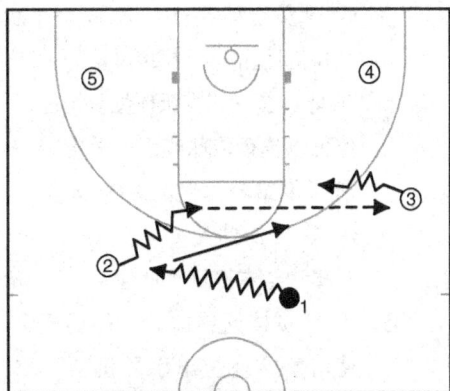

图 6.27 单后卫冲锋陷阵

1 星 4 射进攻战术

重点

保持球队布阵平衡的同时，把球传到关键球员的手上。

步骤

按照以下步骤完成训练。

1. 当后卫（O1 球员）持球进入前场中路时，开始发起进攻。O4 球员和 O5 球员分别站在两个肘区，O3 球员站在罚球线延长线的侧翼距离边线约 1 米的位置，O2 球员站在左侧罚球线延长线的侧翼距离边线约 1 米的位置。

2. O1 球员传球给 O3 球员后，直接切入至右侧篮下低位。在传球过程中，O2 球员移动到左侧篮下低位。O5 球员给 O4 球员进行掩护后，移动至左侧篮下低位。O5 球员在 O2 球员身后约 2 米的位置，与 O2 球员一起进行交叉双掩护。O4 球员移动至三分线弧顶，准备接来自 O3 球员的传球（图 6.28）。

3. 在 O3 球员传球给 O4 球员时，O2 球员需要前往罚球圈中路位置，并为 O1 球员进行交叉掩护。O1 球员在离开交叉双掩护后，冲向罚球线左侧，接住 O4 球员的传球，同时 O5 球员需要为其进行第二次掩护。在传球给 O4 球员后，O3 球员需要移动至右侧篮下低位，并给 O2 球员进行掩护。

4. 这时，阵型已经布置完成。O5 球员位于左侧篮下低位处。O2 球员离开 O3 球员的掩护，并移动至罚球线右侧。做完掩护，O3 球员继续穿过罚球圈，移动至左侧底角（图 6.29）。

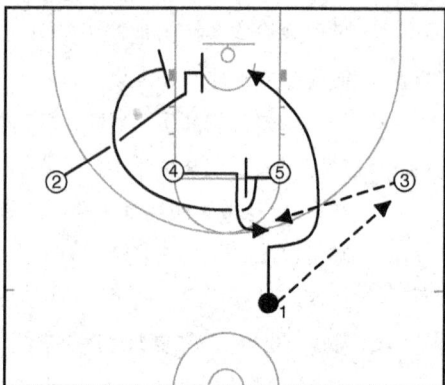

图 6.28 1 星 4 射进攻战术：传球至罚球区顶端

5. O4 球员在三分线弧顶位置持球，他可以选择传球或手递手传球，把球传给 O1 球员或 O2 球员。O4 球员传球给 O1 球员后，需要移动至右侧篮下低位。

6. O1 球员接到传球后，移动至中路可能有空位出手的机会。O5 球员和 O4 球员位于篮下低位，适合攻击篮筐，O2 球员所处的位置也适合突破吸引防守或接球攻击篮筐。O1 球员移动至中路，开始攻击篮筐（图 6.30）。

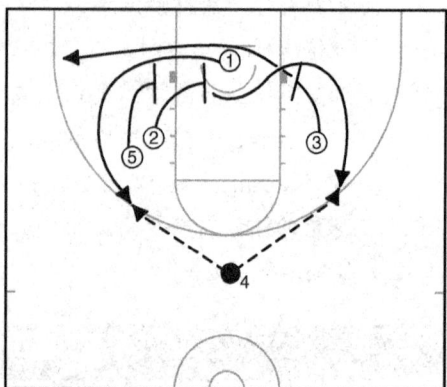

图 6.29 1 星 4 射进攻战术：进行底线掩护

7. 在 O1 球员突破时，如果防守方的 X4 球员或 X5 球员上前封堵，O1 球员可以通过空中接力传球或不停顿传球，将球传给 O5 球员或 O4 球员。如果 O2 球员的防守球员改变方向来协防，O1 球员可以通过手递手传球或反拉传球，将球传给 O2 球员。如果 O2 球员接到球，可以带球突破或通过干拔跳投完成投篮。

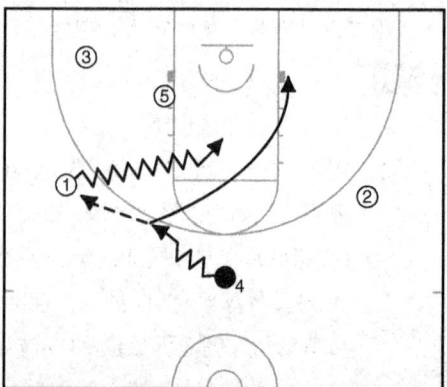

图 6.30 1 星 4 射进攻战术：走位至中路并进攻篮筐

带球突破进攻战术的优点和弱点

优点

1. 如果球队中有一名技术超常的得分后卫，能够满足该战术的所有要求，该战术将会成为高效的进攻战术。
2. 可以完成带球进攻突破和传球的得分后卫，会使整个战术得到有效实施。
3. 球员们知道，当自己有空位机会时，就会接到队友的传球。
4. 当后卫们使用该战术时，5 号位球员会自觉地为高吊传球或灌篮做好相应准备。

弱点

1. 如果发起战术的后卫投篮能力不足，整支球队的进攻都会变得软弱无力。对手会针对罚球较差的球员采取犯规战术，这样不善于投篮的球员便无法冲到最前面。
2. 球员无法长时间执行该战术，因为一些球员会变得完全和进攻无关。
3. 该战术仅包括很少的几组战术组合，如拉开空间、攻击篮筐和根据对方的防守强度进行适应和调整等。

挡拆进攻战术

挡拆进攻战术是一种有效的进攻武器，每支队伍都应该考虑将其加入战术备选，但是它无法被当作一套完整的进攻战术来使用，因为该战术需要让很多球员持球，并且需要球员在关键时刻都能做出正确的决策。这套战术可以用作团队进攻战术备选中的一个战术组合。当球队的进攻迟迟无法打开局面，教练想要使球员们移动起来时，挡拆进攻战术就是一种制造移动的绝佳方式。

挡拆进攻战术通常是一种不需要三秒区球员的开放式进攻战术。它主要依靠在基础框架内的球员和球的移动。球员的决策能力、进行良好掩护的能力和优秀的传球能力都十分重要。但是，如果在场上没有善于做出优秀决策的球员，挡拆进攻战术很可能会失败。所有的球员都需要了解多个位置，并且要能够高水平地执行战术。因此，只能短暂地使用挡拆进攻战术，而不能将其作为比赛的常规进攻战术。

基本的 5 人挡拆进攻战术会引发持续的移动性进攻，控球后卫可以通过一个传球来展开战术。控球后卫可以选择切入篮下或与另一名队友合作，让队友在掩护中离开，并站在该队友的位置。球员们必须能够分辨对挡拆进攻战术的防守情况，这样才能使战术有效展开。一些球队还会加入突破进攻的挡拆战术，并根据场上形势，将球分给位置更好的球员。还有一些球队更愿意使用 4 人移动挡拆，1 人固定位于高位或低位的战术。这种战术除了需要加强对三秒区的利用，战术规则保持不变。

挡拆进攻战术也能以有组织的形式进行。纯粹主义者认为真正意义上的挡拆进攻战术并不存在，但是使战术组合变得更加具有组织性是非常有用的。普渡大学队可以使用身高 213 厘米的被评为"全美最佳选手"乔·巴里·卡罗尔作为挡拆进攻战术的发起点，但是，正是因为他的身材和篮球技术的优势，他才能够在内线占据位置。作为一名考虑内 - 外战术的教练，我主张的战术一直都是把球带到内线。

在使用 5 人挡拆进攻战术时，需要事先了解一些重要信息。以下是实施 5 人挡拆进攻战术的 3 个必要条件。

1. 球员必须能够在完成传球后，利用掩护移开。
2. 球员必须能够在完成传球后进行篮下传切配合，以完成上篮或为前锋或中锋进行掩护。
3. 球员必须具备较强的控球能力，能够在手递手传球和带球突破进攻机会中展现能力。

所有的球员都必须为在战术结构内转动方向和移动位置做好准备。由于球队需要使篮球和球员进行移动，所以大个子球员需要转动方向，并移动至可以更多地进行控球的位置。如果大个子球员们无法在场上移动，则需要做出相应调整。

挡拆进攻战术

重点
建立 1-4 进攻战术。

步骤
挡拆进攻战术是一种通过使用 1-4 进攻阵型实现的开放式进攻战术组合。按照以下步骤完成训练。

1. 展开战术时，O4 球员和 O5 球员在前场底角附近距离底线约 2 米的位置。
2. O1 球员在中路开始实施挡拆进攻战术，距离罚球区顶端 2 ~ 3.5 米。此时，有 4 种进攻选项，每一个选项由不同球员发起。
3. O1 球员可以传球到任意一侧。O1 球员传球给 O3 球员后，会获得以下 2 种选择。
   a. O1 球员可以迅速切入中路，并寻找机会接住回传。
   b. 为 O2 球员进行反掩护。同时，O2 球员可以选择进行溜底线上篮，或代替 O1 球员在中路的位置。
4. 从中路突破的选项中，O1 球员传球给 O3 球员，面对 O2 球员的防守球员做一个掩护的假动作，接着进行突破（图 6.31），并尝试使头部和肩膀挤到 X1

球员和 O3 球员之间。

5. 如果有空位机会，O1 球员可以完成上篮、制造犯规或同时达到两个目的。如果 O1 球员没有空位机会，且球没有传回到 O1 球员手里，则 O1 球员可以移动到底角，代替 O4 球员。

6. O4 球员转向来到 O3 球员的位置，O3 球员持球向三秒区内发起进攻，保证阵型的进攻压力。

7. 现在，持球的 O3 球员具有以下 3 种基本选项。

   a. 通过控球破坏对方的防守。

   b. 传球给 O4 球员，从中路切入篮下或在底角给队友进行掩护。

   c. 传球给位于底线区域的 O2 球员后，进行反掩护。

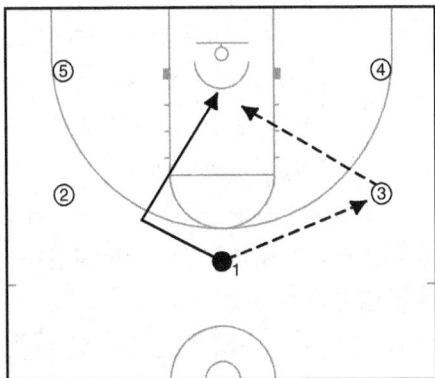

图 6.31　挡拆进攻战术：切入中路

8. 如果选择进行底角掩护，O3 球员传球给 O4 球员，并为 O5 球员进行底角掩护（图 6.32）。O5 球员利用 O3 球员的掩护，在强侧接 O4 球员的传球，背对篮筐单打对方球员。

9. 如果没有接到传球，O5 球员继续保持在强侧的底角，O3 球员来到 O5 球员此前的位置，O4 球员带球进入中路，并获得 3 种相同的基本选项。

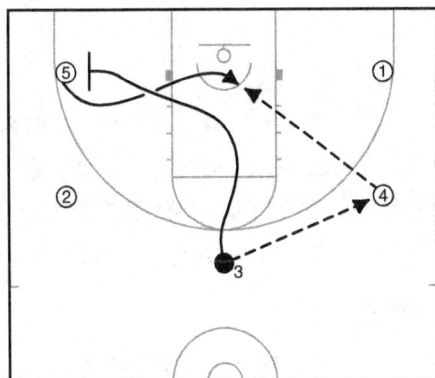

图 6.32　挡拆进攻战术：进行底角掩护

10. 在反掩护选项中，O4 球员传球给 O2 球员，并为 O1 球员进行掩护，O1 球员从边路切至篮下（图 6.33）。

11. 如果 O1 球员获得空位机会，O2 球员需要寻找机会进行传球，帮助 O1 球员完成上篮或制造犯规。如果 O2 球员没有传球机会，则移动至中路位置，并获得同样的 3 种选择。O1 球员可以代替 O3 球员，O3 球员可以代替

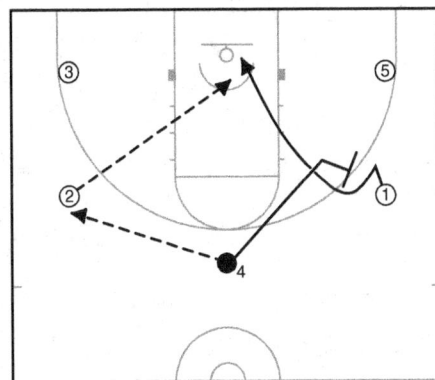

图 6.33　挡拆进攻战术：反掩护

O2 球员，O4 球员可以代替位于边线区域的 O1 球员。O5 球员留在右侧底角。

12. 如果选择进行手递手传球，O2 球员控球至右路，手递手传球给 O4 球员（图 6.34）。

13. 接着，O4 球员控球至左路，并手递手传球给 O3 球员。

在每次交换中，每个控球球员都需要寻找进攻篮筐的机会。这一动作与 3 人带球突破进攻战术相似。这些战术会继续进行，直到完成得分、制造犯规、投篮不中或是出现失误。

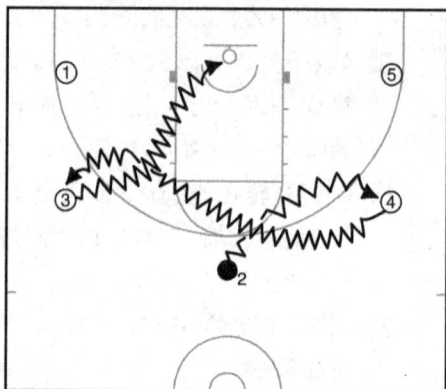

图 6.34　挡拆进攻战术：手递手传球

挡拆进攻战术的优点和弱点

优点

1. 挡拆进攻战术对于缺少战术体系的球队来说，是一种优秀的进攻战术组合。
2. 它可以在球队需要减慢节奏时，提供一种可控制的模式。
3. 它会迫使对手使用 5 号位球员来进行补防。
4. 在球队需要在犯规中保护球员时，挡拆进攻战术是一种好的选择。

弱点

1. 5 名球员都需要完成控球，并做出优秀决策。
2. 当对方的 5 号位球员离篮筐较远时，挡拆进攻战术会使球队的进攻变得软弱无力。
3. 它会迫使防守方进行联防，来破坏进攻方的带球突破和上篮。
4. 获得 5 名能够较好地执行挡拆进攻战术的球员很困难，更不用说 6 名或 8 名了。

进攻战术分析

我曾在大学中担任过七年的助理教练，其中四年在特兰西瓦尼亚大学，另外三年在辛辛那提大学。在这七年中，我看到了主教练们是如何处理复杂的教学问题的，包括进攻战术组合的问题。在第八年，我成了一名主教练，而这些问题也都变成了我需要处理的问题。我用了两周的时间，屏蔽一切干扰，开始记录我的篮球理论和目标。除了进攻理论，我的笔记还包括控球和防守训练，以及确定球员们能够完成教学、自己永不公开羞辱球员、自己会遵守道德准则等目标。接着，多年过去，我从鲁普教练、伍登教练和史密斯教练身上学到了许多。

总体来说，进攻战术的教学和进攻战术的设计有些类似于煮蔬菜汤。首先需要放入自己喜欢的原材料：玉米、番茄、豆子、胡萝卜、圆白菜、抱子甘蓝、一些调味料和水。接着在炉子上进行烹制。这是你自己创造的汤，是你的汤。我喜欢鲁普教练的快攻战术、伍登教练的1-3-1半场进攻战术和史密斯教练的四角进攻战术，但是，它们都不是我自己的战术。通用进攻战术是我的战术，是我创造的"汤"。我设计了这个战术，我相信它会奏效，并且事实证明了确实如此。

伸缩进攻战术适用于一部分教练，但是并不适合我。当情况陷入困境时，我们会短暂地使用一组挡拆进攻战术。在正确使用球员的情况下，带球突破进攻战术是一种优秀的战术组合。三角进攻战术具备多个通用进攻战术的特点，这也是我喜欢它的原因。但是，对我来说，通用进攻战术将这些独特的进攻战术的一部分结合在了一起。如果我还在进行篮球教学，我一定会使用通用进攻战术作为开始。

团队进攻训练

在每一场比赛中，每个球员的技术水平是不同的。教练的目标是帮助球员将他们的技术提升到尽可能高的水平。在篮球运动中，维持现状的情况很少见，因为球员通常在每一次训练中都会提升或退步。每个球员都必须通过努力训练来把握机会，这个过程没有捷径可言。实际上，对于球员们来说，最重要的事情是在比赛中保持自信，并在收到建设性的批评时，保持积极的态度。要获得这样的自信，球员们在比赛中使用某些技能之前，必须先通过训练，在实际中对其进行反复磨炼。

尤其是对进攻战术来说，球员们必须先学习如何进行掩护。进攻型掩护是篮球运动中一项至关重要的基础技能。进攻球员必须能够进行多种掩护，来对抗对手并对防守做出回应。防守球员可能会采取多种防守策略，如绕前防守、身后骚扰、阻挡进攻线路、包夹或掩护换防，以此来拖延时间、打乱进攻球员的战术执行过程，而进攻球员必须能够与其抗衡。每一名进攻球员都应该了解展开掩护的方式、时间和位置。良好的掩护是本书讨论的每一种进攻战术组合的重要基础。教练可通过以下的3人掩护训练，来进行基本的掩护策略的教学。

3人掩护训练

以下的3人掩护训练依然以控球、传球和投篮为重点。这些训练也强调了掩护技巧的重要性，这些技巧是每个教练都非常重视的东西。球员们必须学习以下掩护技巧。

1. 在对其他球员实施掩护之前，掩护球员必须了解前掩护、侧掩护和后掩护的距离规定。

2. 掩护球员不能做出引发身体接触的移动或身体倾斜。

3. 恰当的姿势应该是：双脚分开，与肩同宽，手臂和手肘内收（不要伸展），身体直立。

一切有效的半场进攻战术，都依赖于使用合理的掩护技巧来避免产生进攻犯规。最让球队痛苦的情况就是，在比赛的最后时刻获得最后一次投篮机会时，一名球员进行了犯规掩护，使球队失去了获胜的机会。以下是4种非常不错的3人掩护训练，可以帮助球员打好更加稳固的篮球基础。

切出战术：后卫掩护

重点

3人掩护训练的内容：掩护、传球和投篮。

步骤

球员进行半场进攻训练，按照以下步骤完成训练。

1. 从球场右侧发起进攻，后卫（G）持球，位于三分线弧顶外侧2米处，其位置与肘区对齐。

2. 前锋（F）位于边线内1米处，其位置与罚球线延长线对齐。

3. 后卫传球给中锋（P），并为前锋进行掩护。

4. 为了对抗防守方，前锋需要在边线区域使用试探步，利用后卫的掩护切入中路，寻找机会接住来自中锋的传球。这样的移动方式常常被称为切出战术或交叉配合。

5. 在进行掩护时，后卫必须停止动作并保持掩护姿势，直到前锋在身体接触区域找到合适的空间，避免出现移动掩护并导致进攻犯规的情况。后卫继续前往底线区域，同时寻找机会接住来自中锋的回传，并完成投篮得分。

6. 中锋需要决定由谁来进行投篮。他可以将球传给切入中路的前锋，也可以将球传给位于底线区域的后卫（图6.35）。第3个选项是通过两名队友牵扯

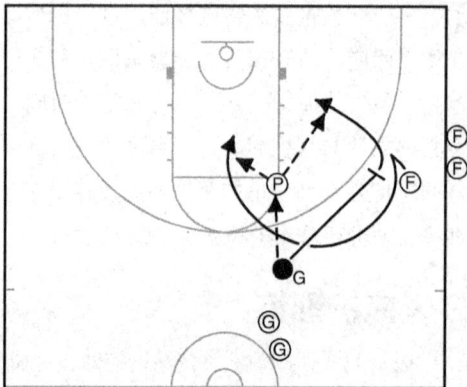

图6.35 切出战术：后卫掩护

防守，自己找到空间完成最后一击。

7. 没有进行投篮的球员，可以变成篮板球球员，其他球员回到各自位置。

切出战术：后卫反向移动

重点

3人掩护训练的内容：掩护、传球和投篮。

步骤

球员在半场处开始训练，按照以下步骤完成训练。

1. 从球场右侧开始发起进攻，后卫（G）持球，位于三分线弧顶外侧2米处，其位置与肘区对齐。

2. 前锋（F）位于边线内1米处，其位置与罚球线延长线对齐。

3. 后卫通过触地传球将球传给前锋，跟随前锋移动，并接住手递手传球。

4. 后卫进行1或2次快速运球，急停，使用左脚转身动作（也就是以左脚为中轴脚），将球传给位于腰位的中锋（P）。接着，后卫针对前锋的防守情况进行掩护，并切入中路，寻找机会接住回传，并完成投篮。

5. 在前锋将球手递手传给后卫后，前锋需离开后卫两步。在中锋完成接球后，前锋利用后卫的掩护切入底线，寻找机会接球，并完成投篮。

6. 中锋需要决定由谁来进行投篮。他可以将球传给位于底线区域的前锋，也可以将球传给切入中路的后卫（图6.36）。第3个选项是通过两名队友牵扯防守，自己找到空间完成最后一击。

图6.36 切出战术：后卫反向移动

7. 没有进行投篮的球员，可以变成篮板球球员，其他球员回到各自位置。

切出战术：后卫移动至底角

重点

3人掩护训练的内容：掩护、传球和投篮。

步骤

球员在半场处开始训练，按照以下步骤完成训练。

1. 从球场右侧发起进攻，后卫（G）持球，位于三分线弧顶外侧2米处，其位置与肘区对齐。

2. 前锋（F）位于边线内1米处，其位置与罚球线延长线对齐。

3. 后卫通过胸前传球，将球传给前锋后，移动至篮球所在一侧的底角。

4. 前锋传球给后卫，向中路前进几步，来为后卫制造空间和更好的传球角度。

5. 后卫传球给中锋（P），并为前锋进行掩护。在中锋完成接球后，前锋利用后卫的掩护，用试探步切入底线，寻找机会接住传球并完成投篮。

6. 中锋需要决定由谁来进行投篮。他可以将球传给位于底线区域的前锋，也可以将球传给切入中路的后卫（图6.37）。第3个选项是通过两名队友牵扯防守，自己找到空间完成最后一击。

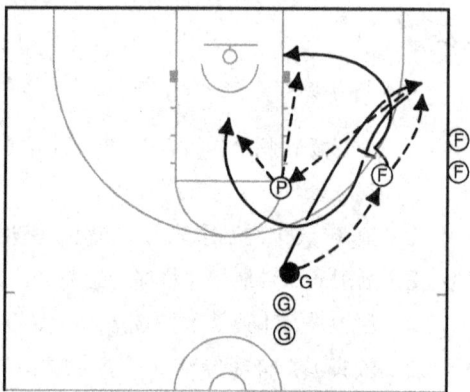

图6.37 切出战术：后卫移动至底角

7. 没有进行投篮的球员，可以变成篮板球球员，其他球员回到各自位置。

切出战术：前锋传中锋

重点

3人掩护训练的内容：掩护、传球和投篮。

步骤

球员在半场处开始训练，按照以下步骤完成训练。

1. 从球场右侧发起进攻，后卫（G）持球，位于三分线弧顶外侧2米处，其位置与肘区对齐。

2. 前锋（F）位于边线内1米处，其位置与罚球线延长线对齐。

3. 后卫通过胸前传球，将球传给前锋后，移动至篮球所在一侧的底角。

4. 前锋传球给中锋（P），并为后卫进行掩护。

5. 前锋可以直接前进，或使用以左脚为重心的转身动作切入篮下。

6. 中锋需要决定由谁来进行投篮。他可以将球传给位于篮下的前锋，也可以将球传给切入中路的后卫（图6.38）。第3个选项是通过两名队友牵扯防守，自己找到空间完成最后一击。

7. 没有进行投篮的球员，可以变成篮板球球员，其他球员回到各自位置。

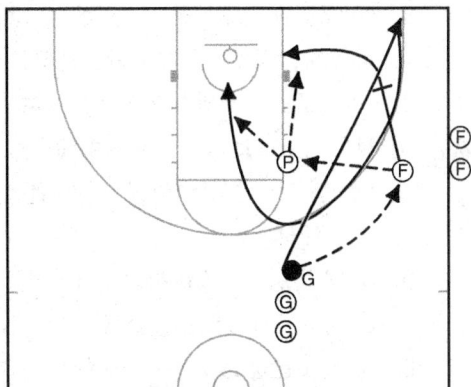

图 6.38 切出战术：前锋传中锋

全场训练

　　为了执行进攻战术组合，除了学习如何进行掩护，球员还必须能够在高速奔跑、强对抗的情况下，恰当地完成传球和上篮。以下介绍的3人全场训练与大部分的3人训练不同，因为它需要球员通过竭尽全力地冲刺跑来进行训练。这一训练强调的是速度、协调性和准确度。在进行这一训练之前，球员必须进行拉伸训练，并确保自己可以全速奔跑。如果出现上篮不中或传球不到位，那就需要重新做一次训练。

两次传球训练

重点

　　在快速奔跑过程中，完成上篮得分。

步骤

　　球员需要为这一全场快攻训练做好热身，活动身体。在训练的前几天，允许一次触球，之后禁止一切控球动作。建议球员使用双手胸前传球。球员在底线区域站成三列，按照以下步骤完成训练。

1. 使三列中的球员数量相同，持球的后卫位于中间位置。中锋、前锋和大个子后卫位于队列外侧。

2. 持球球员（O1球员）在罚球圈内开始训练，O2球员和O3球员在底线区域的跑动线路上。当O1球员将球扔向篮板时，O2球员和O3球员全速跑向对面的篮筐，两个人跑动时要保持一定的距离。

3. O1球员在传球时给一些提前量，将球扔向O2球员，O2球员接球后，使用双手传球，再加一些提前量，把球传给O3球员，O3球员接球后完成上篮。

4. O1球员必须全速跑向篮筐，并在O3球员的上篮落下前接住篮球。O2球员经过罚球圈移动至另一侧的跑动线路上，此时其位于场地的另一侧。O3球员完成上篮后，继续跑向另一侧的跑动线路，并寻找机会接住来自O1球员的短传（图6.39）。

5. O1球员拿到进攻篮板球，并完成上篮；接着，在不运球的情况下直接传给O3球员，O3球员此时已经在完成第一次上篮后，获得了足够的空间。

6. O2球员已经移动到了场地的另一侧，在O1球员拿到进攻篮板球和传球给O3球员的同时，O2球员开始全速跑向对面的篮筐。

7. O3球员接球，在不运球的情况下，回传给O1球员，O1球员此时正在切入中路。

8. O1球员在跑动中接球，在没有停止步伐的情况下，使用双手胸前传球，将球传给O2球员，O2球员此时正冲向篮筐，并尝试完成上篮（图6.40）。这一训练中的所有传球都有提前量。

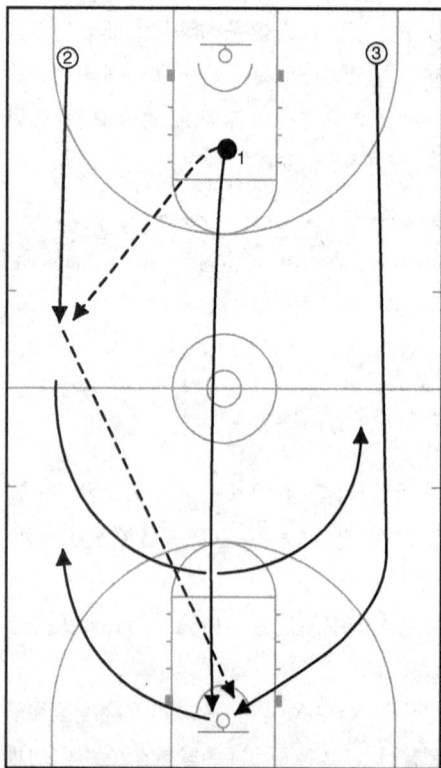

图6.39 两次传球训练：接球和完成第一次上篮

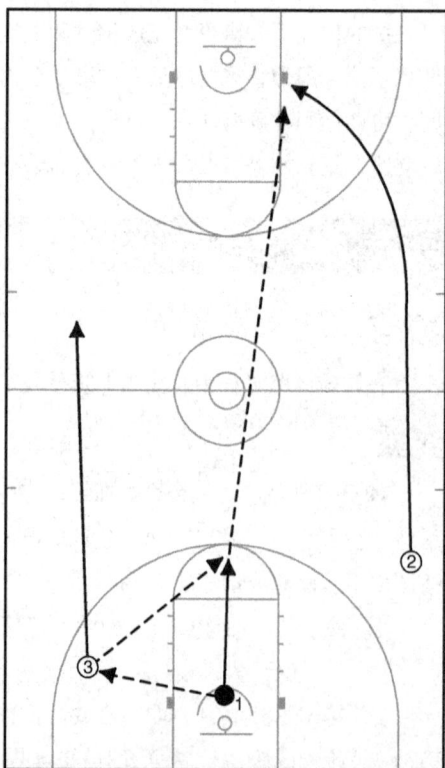

图6.40 两次传球训练：接球和完成第二次上篮

9. 队列中接下来的 3 名球员在 O2 球员上篮时开始训练。位于中间位置的后卫接住落下来的篮板球，在不运球的情况下，传球时加提前量，将球扔向几乎跑到了中路的侧翼球员，继续训练。所有的球员都必须在轮到自己时保持警觉并做好准备。

10. 如果上篮不中，该组需要重复训练。

这一训练可以不断重复。由每组 1 次开始，到每组 2 次，最后到每组 3 次。尤其是当球员们在进行第 2 次或第 3 次训练时，要强调上篮命中率。

除了使用必要的热身训练外，职业球队也会利用长 28.7 米的场地，实施进攻战术。球队们会使用不同的名字来称呼二次快攻战术，如早攻、出动、突破或快攻，但是它们背后的策略都是相同的，也就是使球员带着得分计划进入前场。在抢断球、长传篮板球或全员出动时，球员们会自动进攻篮筐。其中的不同在于，当球员们正常地抢夺篮板球时，如果大个子球员抢到了篮板球，且将球传给了后卫，大部分球队都有一个特定的战术策略。当防守方的策略发生改变时，进攻方也会有相应的进攻战术，并开始寻找错位、单打对方球员和接球投篮的得分机会。

二次快攻战术的主要作用在于让球员和篮球保持移动。进攻方会使用更快的速度，并使球员做出正确的决策。当教学时间受限时，如在 NBA 芝加哥选秀训练营的夏季联赛或朴次茅斯邀请赛期间，二次快攻战术十分适合用于教学，因为它并不复杂，而球员们可以快速地完成学习。

二次快攻战术对于想要评估球员们总体水平的教练来说，是一种绝佳的进攻战术。后卫必须将球向前传，内场球员必须进行跑动，掩护是为了使球员们获得空位并完成投篮，挡拆进攻战术也被包括其中，另外，良好的决策能力也是一种必备技能。内场的大个子球员必须在两个篮筐之间不断奔跑，这样，教练才能评估他们在空场中的最快跑步速度，以及他们最终能够达到的速度。

二次快攻战术

重点

抢篮板时的合理阵型。

步骤

球队在半场处开始展开战术，按照以下步骤完成训练。

1. 战术从为每个球员设定路线和角色开始。O1 球员持球，O2 球员和 O3 球员在跑动线路上，两名大个子球员（O4 球员和 O5 球员）跑向篮下低位，或准备抢篮板球并从后面跟进。

2. 当O2球员或O3球员接到传球后，可以走位至篮下、传球至篮下低位或传球至三分线弧顶来获得回传。

3. 战术从O5球员抢篮板球并传球给O1球员开始。O1球员使用边线传球将球传给O3球员并切入弱侧的篮下低位。

4. 第一名大个子球员，在这一例子中为O4球员，进入场地，移动至强侧的篮下低位，背对篮筐单打对方球员。

5. 第二个大个子球员，也就是O5球员，称为跟进球员，移动至三分线弧顶准备接球。如果没有出现低位传球，O5球员可以为前往三分线弧顶的O2球员进行掩护，接着为O1球员进行盯防（图6.41）。

6. O2球员在三分线弧顶接球。

7. O1球员离开O5球员的盯防，接到来自O2球员的传球，并观察O5球员是否实施了背对篮筐单打对方球员的战术，或使O5球员前往边线实施挡拆进攻战术。

8. O4球员为O2球员进行上掩护，O2球员切入篮下并寻找机会接住高吊传球。如果没有接到传球，O2球员继续保持在弱侧并利用O3球员和O4球员的交叉双掩护，寻找机会接住来自O1球员的传球并完成投篮（图6.42）。

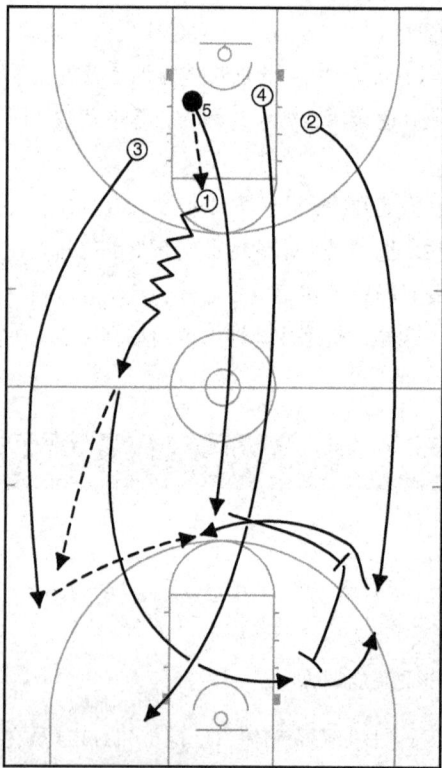

图 6.41 二次快攻战术：传球至三分线弧顶

图 6.42 二次快攻战术：接球并投篮

　　二次快攻战术是一种不断转变的连续性战术。这一战术包含持续的移动、两侧单打对方球员的机会、上掩护和下掩护，以及最后的挡拆进攻战术和接球就投的战术。这一战术需要球员在跑动过程中做出正确的决策，这为对球员的技术进行分析提供了绝佳的机会。

团队投篮训练

　　若球员想变得更加具有竞争力，他们必须调整自己的状态，在比赛开始前，将许多能量用于完成一个时间较长的投篮热身训练。他们必须了解这一热身训练的重要性和目的。教练需要来到场地上，尤其是在职业篮球队中，他们需要在热身训练中与球员一同训练。在 NBA 比赛中，球队需要球员在指定时间，通常是比赛开始的 90 分钟前，到达场地参加团队投篮训练。团队投篮训练将会使用下文介绍的训练方式的队形。

赛前热身投篮训练

重点

跳投技巧。

步骤

每个球员都会使用一个篮球，按照以下步骤完成训练。

1. 将球队平均地分为 2 组。一组在左侧底线开始训练，另一组在右侧的标志处开始训练。

2. 位于每列第一名的球员传球给教练，教练回传给球员使球员进行投篮（图 6.43）。

3. 球员跟随自己的篮球跑动，拿到自己的篮板球，接着移动至队尾。

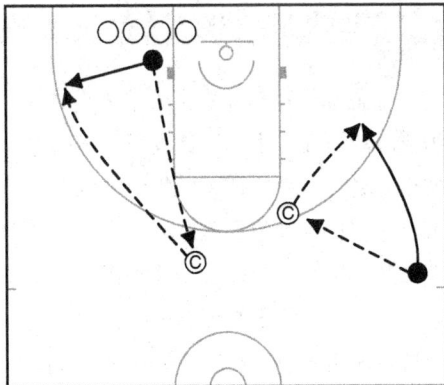

图 6.43　赛前热身投篮训练

4. 底线的球员进行以下投篮。

　　a. 跳投：尝试两分和三分球投篮。

　　b. 后仰投篮：尝试两分和三分球投篮。

　　c. 正面投篮：在罚球线上进行投篮。

　　d. 正面投篮：在三分线上进行投篮。

　　e. 正面投篮：三分球投篮。

5. 右侧的外围投手，使用右手控球，进行以下位于三分线内的投篮（当他们换到左侧时，则使用左手控球）。

   a. 不运球，接球直接投篮。

   b. 运球一次的接球投篮。

   c. 运球一次的擦板球接球投篮。

   d. 运球两次的接球投篮。

   e. 胯下运球一次的接球投篮。

6. 接着，外围投手重复以上顺序，进行三分球投篮训练。

7. 教练需要使球员们在一侧进行内场和中距离投篮，接着换到赛场的另一侧重复训练。

8. 在完成两侧的训练后，球员分开，针对各自的位置进行特定的投篮训练。一名教练可以帮助内场球员进行单打战术训练。

9. 教练移动至罚球线延长线，进行外围投篮训练。球员们每人使用一个篮球，由中路开始，传球给教练，并使用他们在边线处接球投篮使用的训练步骤训练。

两次传球的全场上篮训练、转换进攻战术和赛前热身投篮训练，都是为了帮助球员们适应比赛的速度、适应转换的可能性，以及养成良好的投篮习惯。具有正确的姿势、基础和收尾动作的投篮技术，是保持专注和努力训练的成果。每个级别的教练都会持续不断地帮助球员改善投篮技术。

在篮球的评估和展示中常常会出现这样一句话："球员不会不带篮球就去公园训练自己的防守技术。"让我们来对此进行一些探讨。各年龄层次的球员，都会去公园或运动场进行投篮训练。年轻的球员常常在成长过程中，认为他们只需要一个篮球便可以进行比赛。但是篮球并不仅仅是这样。本书第5章、第6章介绍了很多有助于个人提升的练习，这些练习不局限于接球和投篮。篮球的防守不仅需要不同的思维方式，还需要有另一个人来配合训练，如堵截、向外线移动和卡位。本书第7章和第8章将会针对这些概念和其他更多概念进行详细介绍。

防守技巧和策略

在篮球比赛中，无论球员的天赋和技术怎样，都有施展的空间。篮球是一种让灵活性与力量性进行较量的比赛，即使有的球队移动极其顺畅、灵活，且拥有嗅觉敏锐的投手，其流畅性和节奏也可能会被运动性、速度和力量等因素扰乱。得分和防守对于比赛结果来说同样重要，但是这些任务需要不同的技术。人们常说，进攻球员都是天生的，不是后天培养所能得到的。但是，在防守球员身上，这句话并不成立。大部分球员会自然而然地对得分和投篮更感兴趣，然而，他们依然需要学习防守的基本技术，学好基本功。

优秀的防守球员具有多种突出的能力。他们往往身体强健且动作迅速；他们享受身体接触、能够进行良好的预判、行动拼尽全力、热衷于接受挑战，并且往往善于团队合作；他们会牺牲自己的身体来进行冲撞、完成抢篮板球时的挡人任务，以及对抗身体更庞大也更强壮的对手；他们具有高度集中的注意力。不论是对于团队来说还是对于个人来说，具有防守思维的球员对于预先设定的目标都会做出良好的反应。他们热衷于使对方球队的投篮命中率低于他们的平均投篮命中率，以及使对方的明星球员的投篮命中率低于他们的平均投篮命中率。

技术高超的防守球员通常身材匀称，很少会出现体重较重或超重的情况。他们的身体比例较好且较为强壮。优秀的防守球员会进行良好的预判，并迅速靠近篮球，他们常常会提前对下一轮的传球进行思考。技术高超的防守球员可以通过将速度和预判相结合来找到空位，接着在对方的持球球员进入空位前将其封堵。优秀的防守球员的另一个重要特点是具有攻击性。一名优秀的防守球员会攻击进攻球员，以迫使对方改变方向。而更优秀的防守球员能够保持位于对手的前方，并阻止对方带球突破。具备防守思维的球员会尽可能地突破掩护、突破对方的前场球员，并阻止对方的传球。

当正确地展开防守时，防守可以成为一种十分稳定的战术。教练们常说，防守才是最有效的进攻。因为，当进攻战术在执行过程中失败时，防守战术能够让球队继续比赛。善于防守的教练会理解展开防守的重要性，只说不做是没有用的。

防守是篮球中较为情绪化的部分。教练们需要教会球员们如何使用与团队战略相匹配的个人防守基础知识。以下的个人防守基础知识，也是团队防守基础知识的一部分。

防守的基础知识

杰出的防守球队的目标是降低对手的投篮命中率，并减少对手的罚球机会和补篮机会。下文将对 16 种防守基础知识进行介绍，包括 2 种为稳固的防守原理奠定基础的重要因素——沟通和努力，6 种对持球球员展开防守的技巧，以及 8 种对无球球员展开防守的技巧。

沟通

无论是对于婚姻、教学，还是对于比赛，沟通能力对球队取得胜利至关重要。从训练的第一天，沟通就尤为重要，因为球员们必须了解自己该如何配合教练的计划、如何做好准备、训练的目标是什么，以及评估的方式是什么。优秀的教练会具备极强的沟通能力来将自己的期望传达给工作人员和球员，并具备与其相互理解的能力。

在防守中，沟通是最重要的。举例来说，队友们必须使彼此得知对手的线路：中路或底线。另外，在执行挡拆进攻战术时，他们必须大声呼喊"这里""后面""换位"等词语，这样才能使被掩护的球员知道如何继续展开战术。如果没有口头的警告，被掩护的人很容易受到攻击。

在防守持球球员和防守无球球员的情况下，所需要进行的沟通会有许多不同。举例来说，对方球员持球时，无论是否进行沟通，每个球员都能够注意到某名球员对这名跳投球员的犯规行为，尤其是在三分球投篮中。但是，在其他情况下，球员都需要与其他球员沟通，这样才能得知是否有其他防守球员在弱侧提供支援。

教练需要在训练中设定至少一种沟通训练，并使球员们在训练中大声呼喊口令。这对于球队的成功来说十分重要。

努力

教练需要对防守技巧的教学任务负责，但球员们也需要付出必要的努力和精力。在谈到球员们的奉献时，常常会提到这样一句话："输掉比赛的失望程度，往往等于为了胜利的付出程度。"球员们应该带着"没有人能比我做得更卖力"的思想，开始每一次训练。

在防守时全力以赴、不惜代价地进行拼抢，可以在某种程度上激励球员，并且能够使球迷们感到兴奋。教练需要鼓励球员进行冲撞、全力扑救，以及抢篮板球等行动。这些行动都能够表现出球员的机敏、对获胜的渴望和全力以赴的态度，而这种努力是具有感染力的。当身高 198 厘米，身材苗条得像豆芽菜一样，且具备超常的速度、敏捷性和弹跳能力的小前锋菲尔·斯科特还是北卡罗来纳大学夏洛特分校的大一学生时，他曾经在一次进攻中，连续封堵了三个投篮，并受到了全场观众的起立欢呼。那场比赛激励了在场的所有人，尤其是为北卡罗来纳大学夏洛特分校队加油助威的球迷们。

对持球球员展开防守

对持球球员展开防守，是指防守球员针对持球球员所展开的防守。当教练们制定一对一盯人的防守战略时，他们必须避免将速度较慢的防守球员与对方速度较快的突破型进攻球员相匹配。当越来越多的球队开始使用挡拆进攻战术、传球战术、带球突破进攻战术时，对持球球员展开的防守会变得十分脆弱，且更容易暴露。多年来，球员们已经提升了他们的控球和运球熟练度，因此，防守球员更加需要稳定的支持。所以，为了有效地实施战术，对持球球员展开防守时需要球员有快速的动作、横向运动的敏捷性以及绝佳的配合能力。

跟随持球球员 这一战术的目标是使防守球员保持位于持球球员前方，以防止持球的进攻球员进行突破。正确的站姿非常关键。防守球员需要膝盖微屈、保持身体平衡，并为侧滑或跑动做好准备。球员必须学习在与对手进行比较的情况下，灵活利用自己的速度和敏捷度的优势。如果防守球员感觉到对手的速度更快，那么，他就需要后退一步，以避免被持球球员撞倒。基础较好的防守球员不会在比赛中冒险，因为这样的举动会对队友造成不利。

对持球球员使用假动作 在全场和半场比赛中，当两名进攻球员在篮筐处带球攻击一名防守球员时，这一策略会被使用。被困在二对一的局面下时，防守球员必须放低身体，并使用试探步的假动作，对持球球员施加压力，接着侧滑向没有持球的对手，尝试在持球球员转变方向进行传球时，将传球截断。如果对手没有传球，防守球员则可以与展开进攻的进攻球员进行较量。

有控制地补防 当一名进攻球员在得分区域持球，防守球员已经离开三秒区时，这种防守动作被称为补防。成功地进行补防的两个重要的因素是：将身体放低来使持球球员无法突破上篮；保持对动作的控制，来引导进攻球员移动至预先设定的方向，逼迫其前往中路或是底线。

阻止每一次投篮 长期在 NBA 任职的检测师和统计分析师乔丹·科恩指出，被防守的投篮命中率和空位投篮的命中率之间，约有 12% 的差距。因此，防守球员应该尽全力阻止对方的每一次投篮。他们需要举起并伸展双臂，以阻挡投手的视线，或者使用同侧手来进行妨碍。如果投手的右手为惯用手，防守球员应该使自己的左手始终跟随篮球；如果投手的左手为惯用手，则防守球员应该使自己的右手始终跟随篮球。当低位的防守球员发现自己位于对方进攻球员的身后，并处于绝对的不利情况时，其最重要的目标就是防止犯规。但是，防守球员依然需要尽可能高地伸展双臂，并使双臂保持竖直。在防守球员转身补防或进攻球员后退单打时，常常会发生这种情况。

不要对跳投投手进行犯规 优秀的防守球员会积极主动地跟随持球球员、进行补防和封堵投篮。但是，有些时候，他们会过于具有攻击性，这会导致他们在对方投篮时出现犯规动作。对跳投投手进行犯规是不该发生的，尤其是在三分球投篮中，因为这会带给对方 3 次罚篮机会。在练习补防技巧时，球员必须放低身体，并高举双手。

如果他们跳离地面，对投手进行犯规的可能性会随之升高。当防守球员在跑动过程中，想要对有空位出手机会的进攻球员进行干扰，并不断接近这名进攻球员时，他需要使用较小的步伐、放低身体，并对动作加以控制。这样会使防守球员保持身体平衡，以阻止投篮或阻止对方的带球突破。

告知传球球员　当进攻球员对持球球员进行掩护时，防守球员需要施加压迫，并寻找机会改变传球方向或进行抢断。在受到掩护时，持球球员会本能地麻痹自己。当防守球员施加压迫时，所有在一个传球位距离内的防守球员都需要立刻扩大防守范围，并移动至阻截对方出球线路的位置。对持球球员展开防守的防守球员需要大喊"阻截"或"上前"，来告知队友开始进行压迫式防守。

对无球球员展开防守

对无球球员展开防守的目的是阻止或跟随持球球员。如果一名防守球员就可以牵制持球球员（这是很难实现的，尤其是当防守球员无法接触持球球员时），其他的防守球员可以不出动（他们可以继续针对各自的对手展开防守）。但是，如果需要两名球员来对持球球员进行控制，防守球员就必须为提供团队支援做好准备。距离最近的防守球员需要处于支援模式（处于可以随时提供帮助的位置），并且使对持球球员展开防守的防守球员得知自己的存在。以下的基础知识将会帮助球员们完成这样的任务。

保持位于持球球员与需要防守的球员之间　这一防守理念可以应用于对弱侧进行防守的防守球员身上。这个概念中涉及三个球员：持球球员，在中间的防守球员和防守球员负责盯防的球员。这个方法可以使弱侧的防守球员位于三角形的一角，使其既能看到持球球员，也能看到自己需要防守的球员。三角形的大小或内角角度会根据持球球员的位置有所不同。这一理论强调了观察持球情况的重要性，也强调了球员在提供弱侧援助及确认切入球员由弱侧向强侧的移动情况时，需要处于弱侧的恰当位置的重要性。保持位于持球球员与需要防守的球员之间的方法，是教授防守意识、身体位置和警惕性的绝佳工具。

看球　除了要及时接收对对手进行阻止或扩大防守范围的命令之外，防守球员应该随时能够看到球。没能将球保持在自己的视野之内，是严重违反防守原则的行为，在训练、比赛中这种情况屡见不鲜。对于助理教练来说，在比赛中向球员强调这一原则，是一种日常任务。球员需要不停地转动身体，来找到可以看到球的合适的防守姿势。球员常常会在能够看到球之前，就撤回到中路乃至后场进行防守，这是一种经常出现的坏习惯。在训练中，可以使用持续的鼓励、重复训练和一些处罚（如跑步）来避免这一情况的出现。

提供弱侧支援　优秀的防守方应了解从弱侧和强侧提供防守支持和支援的原理。优秀的防守方需要具备牺牲精神和主动对陷入麻烦的队友施以援手的意愿。无论是对进攻球员进行包夹、阻止对方球员切入空位、进行冲撞、转身防守处于空位的投手或在必要时进行犯规，球员们都必须愿意提供支援。使进攻方不得不进行额外的传球或被迫传球给技术不佳的投手，都是展开有效防守的成果。

针对侧翼传球扩大防守范围 防守球员应该使对方的接球球员非常不舒服，甚至让对方不得不开始使用备选的进攻战术。位于侧翼的防守球员需要扩大防守范围，并阻碍对手的传球。为了完成这一行动，防守球员（在这个例子中，假设防守球员位于球场右侧）需要弯曲身体，呈蹲伏姿势，并将右手臂伸展至接球球员前方，以阻止传球。防守球员还需要将左手置于进攻球员的髋部前方，以防止该球员从后方切出。防守球员的目标是使侧翼的球员们无法接到传球。如果一名对手接到了传球，防守球员需要调整身体角度来引导对手的移动方向（根据比赛使用的战术来决定前往中路还是底线）。当持球球员无法向内线传球，且进攻方的侧翼球员决定变向时，防守球员需要集中对对手展开防守。防守球员应该留在位置上且不放出空位，同时观察切入球员对于篮球的反应，并寻找机会改变传球的方向或进行抢断。

向接球球员移动 拥有绝佳的两分球和三分球投手的球队，总是喜欢使投手利用掩护进行接球就投的跳投。当球队使用蛇形走位，并将防守球员挡在身后时，正在对传球球员进行防守的防守球员，需要向接球球员方向移动，并寻找机会来破坏对方的战术。通过与球一起移动，这名防守球员可能会短暂地分散接球球员的注意力，使队友得到追赶篮球的机会。当进攻球员带球进入中路时，这名防守球员还需要为其他防守球员提供支援。

跟随进攻球员 球队会使用不同的底线跑动战术，包括拦截防守球员、掩护、溜底线等。防守球员需要通过跟随进攻球员的外侧髋部并步步紧跟他，尽可能近距离地跟随（尾随）进攻球员。防守球员不需要尝试抄近路或是进入中路来阻挡对方的跑动，只需要一直跟随进攻球员。

护筐 防守方的目标是使对方无法轻易地完成投篮。这一理念可以通过让每名球员意识到自己的护筐职责来逐步建立起来。如果有球员在弱侧陷入麻烦，其他球员需要向低位提供支援。如果防守球员被过掉了，其他球员必须调转方向，来阻止对手的上篮。无论在什么情况下，球员们都必须做好护筐的工作。

在抢篮板球时挡人 防守球员可以通过三种不同的方式来争抢篮板球：反转身挡在对手和篮球之间；面对面挡在对手和篮球之间；或无视对手，通过起跳的绝对高度来争夺篮板球。

这其中的两种方式，也就是反转身和面对面挡住对手所使用的转身动作，需要球员对其进行学习和重复地训练。而第三种方式，也就是起跳的绝对高度，则需要球员具备对篮板球的敏锐嗅觉和极强的弹跳能力。对于大部分抢篮板球的球员来说，最安全稳妥的方式就是面对面挡住对手，因为防守球员在使用这一方式时，可以与对手保持长时间的视线接触。但是，如今的球员们都具有较强的运动性，他们往往更喜欢直接抢夺篮板球。教练应该将这三种方式及它们分别适合用于防守哪种风格的对手都介绍给球员们，进而帮助球员们学习相关技巧。

将这 16 种防守基础知识应用到团队作战中，可以帮助教练将自己的半场防守理论运用到全场比赛中，并且能够帮助教练掌握团队防守的核心思想。此时，教练必须制定总体的计划和计划中包含的目标，还需要具有通过执行计划来实现这些目标的能力。

为球队选择正确的防守战术

无论是高中球队、大学球队，还是职业球队，大部分的球队都是以具备进攻能力的球员为中心而构建的。但是，为了制造进攻所进行的尝试，往往会成为很多篮球教练的致命弱点。因此，精明的、稳固的、以团队为重心的防守战术，就成了另一个自然而然的选择。在 2011 年的 NBA 总决赛中，迈阿密热火队的三位明星球员在常规赛中，德怀恩·韦德平均单场得分 25 分，勒布朗·詹姆斯平均单场得分 24.2 分，以及克里斯·波什平均单场得分 18.5 分，三名球员场均一共能够贡献 68 分。他们的总决赛对手达拉斯小牛队，常规赛场均得分最高的三名球员德克·诺维茨基场均得分 28 分，杰森·特里场均得分 16 分，肖恩·马里昂场均得分为 12 分。达拉斯小牛队这三名球员在常规赛中，场均得分一共只有 56 分。迈阿密热火队拥有 12 分的进攻火力优势，

战术调整

在鲁普教练早期的职业生涯中，他曾坚定地使用一对一的防守策略。后来，他逐渐开始使用 1-3-1 半场区域联防战术。这一转变可能基于多种原因，但可以确定的是，他受到了雷·米尔斯的一些影响。雷·米尔斯是田纳西队的主教练，也是鲁普的对手，他通过使用这一防守战术，获得了巨大的成功。在战术中增加了 1-3-1 半场区域联防战术后，肯塔基大学队成了一支更难被击败的球队。

在 20 世纪 60 年代后期和 20 世纪 70 年代前期，我曾在特兰西瓦尼亚大学队执教。我们针对 1-3-1 半场区域联防战术进行了训练，并将其使用在了对手身上。我们的新的防守战术的效果很快显露了出来。特兰西瓦尼亚大学队位于联防点的球员是一名身高 173 厘米的后卫，然而，鲁普教练在同样位置使用的是身高 198厘米且拥有很长的手臂的运动健将汤米·克朗，身材矮小的后卫很难过掉他。但是，汤米·克朗在面对特兰西瓦尼亚大学队身高 173 厘米的后卫，却被对手全面压制。这一区别的出现，并不是由于战术本身，而是由于对球员的使用方式有误。在没有更改阵容的情况下，球员们的盯防球员被重新排列了。特兰西瓦尼亚大学队安排身高 198 厘米的前锋约翰·斯奈尔打控球后卫，让小个子后卫在底线位置防守，这使得 1-3-1 半场区域联防战术变得更为有效了。

使处于下风的达拉斯小牛队不得不通过超常水平的防守来与之抗衡。这也正是达拉斯小牛队为什么会在6场比赛中最终以4比2的战线，赢得了2011年的NBA总决赛冠军。达拉斯小牛队通过使用灵活的区域联防战术，打破了迈阿密热火队的战术平衡，进而以105比95的比分赢得了最后一场比赛决定性的胜利。

教练们往往具有多种不同的防守战术选择，在如今的比赛中，所有的球队都必须能够使用多于一种的防守战术。为球队挑选正确的防守战术非常重要，这能够创造出更多的比赛选择。球队必须能够使用一对一盯人防守战术、多种区域联防战术，以及在某一区域内或一对一的情况下进行全场紧逼的防守战术。将一对一盯人防守战术与区域联防战术交替使用，可能会扰乱对手的战术，并破坏对手的进攻节奏。防守方需要使用尽可能精细复杂的战术，并具有冒险的意愿。

确切来说，教练必须制定一种防守计划。这一计划需要包括影响持球球员的方法、对挡拆进攻战术进行防守的方法，以及在对低位的进攻球员展开包夹后迅速离开的方法。这些防守计划还需要确定如何对弱侧防守提供支援及如何处理球队所使用的多种不同战略。成功的教练会将这些数量繁多的防守技巧，缩减成数量最少的具有共同特征的防守战术，以此让球员能够更好地理解，并且避免出现球员和助理教练发生混淆的情况。举例来说，球队常常使用的一种描述性的防守战术是"阻止对方带球突破"。

对边线球战术展开防守

我在大学球队担任教练时，如果对手使用了边线球战术，我会使用以下几种战术组合应对。

篮下区域	2-3 区域联防
前场侧面防守	1-3-1 区域联防包夹
后场侧面防守	一对一盯防
后场全场防守	2-2-1 全场紧逼

这样的战术体系会带来以下3种优势。

1. 我们可以使用球员换防的方式，来让球员自动完成位置的交换。每个边线球发出来之后，发球球员都会进入赛场加入比赛中。并且，会有更多的球员凭借自己的身高优势（有助于展开区域联防战术）和速度优势（有助于展开一对一盯人防守战术和1-3-1区域联防战术），在比赛中发挥更重要的作用。
2. 对手需要根据我方球队的所有不同的阵型组合，做出相应的准备。
3. 我方球员可以通过积极主动的尝试，打乱对手的进攻节奏。

在这一积极主动的防守战术中，教练会持续地拍手，并鼓励球员去盖帽、去抢断、去拼抢篮板球、进行身体对抗、保持正确的步法、注意身体角度，以及使用任何能够展现自己正在拼尽全力的战术。教练会设定目标并制定标准，接下来就需要依靠球员们的努力和他们的防守信念。

作为一名主教练，我在执教初期，逐渐了解到了一种原理：训练防守战术的最好方式，是针对带有区域联防原理的一对一盯人防守战术进行教学。对于我自己来说，这意味着即使是在使用区域联防战术时，球员们也会与对方球员进行配对，并使用一对一盯人防守中的所有原理，如将对手逼至底线、使篮球保持在中路之外，以及阻止进攻球员从球所在的一侧切入。我们认为，无论确切的防守策略是什么，这样的防守原理应该同样地被使用在一对一盯人防守战术和区域联防战术中（具体请参考下文，对防守目标的介绍部分）。

约翰·伍登教练的半场防守战术是我想要尽量模仿的目标，因此，他的战术体系也就成了我在使用的战术体系。要注意，这一防守战术体系并不是对每个球员都会奏效。教练们必须保持创新精神，并去尝试这一防守战术体系，确认其是否与队内球员的技术和能力相匹配。

约翰·伍登教练的防守战术

当约翰·伍登教练在身高 221 厘米的卢·阿尔辛多（现名为卡里姆·阿卜杜尔 – 贾巴尔）所在的加利福尼亚大学洛杉矶分校队任职时，他实施了自己的创新防守战术。伍登教练的防守战术会迫使进攻球员移动至底线位置，并且会使篮球不在中路。每当篮球出现在中路时，进攻方都会获得优势。无论篮球是在罚球区顶端、罚球线上，还是低位区域，这样的优势都会存在。带球突破后进入中路的球员可以选择进攻篮筐、传球给可以进行定点跳投的队友或突破分球。伍登的整个防守理念都是在试图通过将球保持在赛场边路，来阻止对手的中路进攻及带球突破。另一个重要的好处在于，这样的防守会将赛场分为两半，这使得球队只需要针对赛场的其中一侧展开防守。如果将这一战术发展为将赛场分为四部分，并迫使对手移动至底线区域，那么，伍登教练的球队就只需要对四分之一的赛场展开防守。

为了使篮球保持在中路之外，球员们必须构建起完全不同的防守思维。防守球员不需要跟随对手进行防守，而需要在距离进攻球员外侧（朝向中路方向）肩部半个身位的位置进行防守，使对手只有带球杀入三秒区这一个选项可以选择。当持球球员位于侧面时，防守球员需要将持球球员逼向底线或同侧的低位区域。为了有效地执行战术，中锋必须转身移动至低位，并为进行身体对抗或盖帽做好准备，以阻止对方球员的上篮。

在进攻球员被迫移动至底线后，防守方将会重新进行一次布阵。当中锋转身移动至低位时，弱侧的前锋需要对中路展开防守，并替中锋盯防原本的防守对象。另一侧的后卫必须时刻观察赛场情况，以决定是否立即移动至三分线弧顶区域，来拦截进入中路的传球；或是否立即移动到弱侧，来阻挡进攻方弱侧的前锋。

将贾巴尔作为低位防守球员的这一战术，被一致认为具有创新精神且十分有效。虽然教练们认可这样的战术原理，但是他们很少有机会拥有具有如此优异天赋和出众身材的球员。因此，此处存在的挑战，正是如何将基础的原理应用到水平一般的球队中。将篮球保持在赛场的一侧、迫使持球球员移动至底线及使弱侧的球员转身等都需要防守球员进行训练，以及时做出正确的反应及集中注意力。

但是，将篮球保持在中路之外的原理，既是这一防守战术成功的原因，也是这一防守战术失败的原因。球队必须对进攻方的中路配合战术和高位、腰位和低位区域的传球展开防守。在与杰出的进攻球员对抗时，实现这样的目标是非常困难的，防守球队必须通过放弃某些机会来获得这样的可能。防守方必须进行让步，比如，在发现弱侧需要协防时，后卫球员保护中路就会失位，中锋移动至更高的位置就会远离篮筐。想要有效地执行这套防守战术，就要根据场上的情况及时进行调整。

对于我的球员和助理教练来说，伍登教练的防守战术与他们的防守思维完全不同，这会使他们不得不走出舒适区。这种战术是与众不同且带有风险的，如果不完全投入其中，球队是无法成功的。球员需要具备"使用这一将篮球保持在中路之外的战术后，就再也不会使用其他战术"的信念。

防守目标

与伍登教练带领的球队相似的防守球队，都会通过有效的防守战术来阻止进攻方的带球突破。这种类型的防守有 5 个重要的目标，教练必须了解这些目标，并在平时或训练营开始时应用这些目标。以下为 5 个重要的半场团队防守目标，它们也是有效的总体防守战术的基础。

1. 将篮球保持在中路之外。
2. 阻止中路的带球突破。
3. 阻止强侧的切入。
4. 阻止二次投篮。
5. 阻止上篮。

这 5 个目标都指向了展开良好防守所需的潜在目标：将篮球保持在中路之外、防止带球突破及迫使对手从三秒区外投篮。教练和球员很快发现，这 5 个团队防守目标包含了 3 个重要特征。

1. 它们都简单易懂。
2. 它们提供一致的目标，且可以通过一定的技术学习来达成。
3. 它们同样适用于一对一盯防战术和区域联防战术。

以下是这 5 个目标以及其各自对应的训练方法。

我的防守战术选择

以下为我在曾经带领的球队中使用过的各种防守战术。读者可以对这些不同的战术，以及对应用约翰·伍登教练的 5 个基础防守目标的方式进行思考。

1. 2–3 区域联防。
2. 3–2 区域联防。
3. 1–3–1 区域联防。
4. 1–3–1 半场包夹。
5. 1 盯人 4 区域联防。
6. 3 区域 2 盯人联防。
7. 2–2–1 全场紧逼，中路包夹。
8. 1–3–1 四分之三场紧逼，中路和底角包夹。
9. 一对一盯人全场紧逼，通过跑动及跳跃干扰。

目标 1：将篮球保持在中路之外

这个防守战术体系需要对抗两种主要的进攻战术：带球进入中路，然后将球迅速分到弱侧。这一目标的关键是阻止进入中路的传球，无论是传向高位、腰位或低位。实现这一目标困难吗？答案是肯定的。实现这一目标是不可能的吗？不是，但是需要大量的训练和高度集中的注意力。下文将对三种类型防守的策略分别进行介绍，并为如何使篮球保持在中路之外提供战术策略。接下来会通过对球场上的每一个防守球员进行讨论，来对这一原理进行解读。

三秒区防守

进行三秒区防守的防守球员的位置由球的位置决定。这名防守球员需要保持在持球一侧，大约四分之三的防守位置（图 7.1）。他需要举起距离篮球更近的一侧手臂，形成防守姿势，还需要将靠近篮球一侧的腿略放在进攻球员前方，形成类似拥抱的姿势。另一侧手肘弯曲、手掌打开、与对手的髋部保持接触。

图 7.1　使用恰当的技术对三秒区展开防守

这样的接触可以使防守球员知道，进攻球员会在什么时候转身向篮筐进攻。防守球员必须使用正确的站姿。恰当的步法也非常重要。除此之外，让球员一对一地进行训练，对于帮助他们找到舒适区也非常有用。

高位防守训练

重点

在防守高位时，将篮球保持在中路之外。

步骤

球员从半场开始以 5 对 5 的形式进行训练，按照以下步骤完成训练。

1. 一名教练或一名后卫向 O3 球员或 O4 球员传球，训练就此开始。O3 球员和 O4 球员此时都位于罚球线延长线的侧翼。

2. X3 球员双手举起，身体放低，以阻止向三秒区传球，并准备好迫使对手向底线移动。

3. X5 球员需要形成四分之三位置的防守姿势。他的左手臂位于持球球员的一侧，双腿与 O5 球员的腿呈交叉状。X5 球员的主要职责是将篮球保持在中路之外。X4 球员则需要负责保护篮筐。

4. 位于一次传球线路的 X1 球员，需要移动到 O5 球员的身前，以阻止传球。

5. 位于两次传球线路的 X2 球员，需要向罚球线方向后退两步，并向篮球所在方向移动两步，以向弱侧提供支援。如果 X4 球员被困住，X2 球员需要顶替他的位置。

6. 位于三次传球线路的 X4 球员，需要随时向弱侧提供支援，同时也具有保护篮筐的职责。

7. 如果持球的 O3 球员向底线进攻，X4 球员需要转身对强侧进行防守，并阻止对方带球突破（图 7.2）。X2 球员后退（位置交换），并负责对 O4 球员展开防守，使其远离篮板。X1 球员后退至中路，寻找机会拦截 O3 球员传向中路的球。如果防守球员需要进行双人夹击，X1 球员则需要向外转身，防守对方的一次传球。

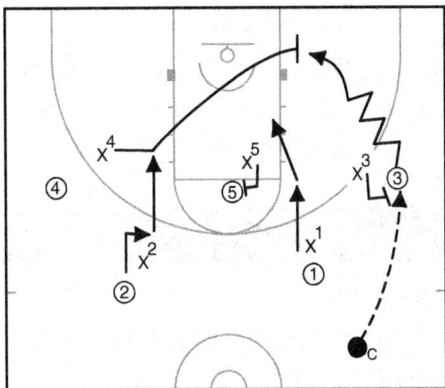

图 7.2 高位防守训练

腰位防守训练

重点

在防守腰位时，将篮球保持在中路之外。

步骤

球员从半场开始以 5 对 5 的形式进行训练，按照以下步骤完成训练。

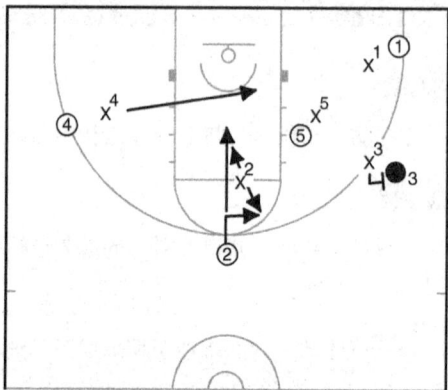

1. O3球员通过运球或接到传球后，移动到罚球线延长线上。X3 球员双臂伸展，以限制对手的传球方向，同时将自己的腿与 O3 球员的外侧腿交叉放置，迫使对方向底线移动（图 7.3）。

图 7.3 腰位防守训练

2. O1球员（或任何一名进攻球员）位于强侧的底角。位于一次传球线路的 X1 球员，需要向中路后退一大步，为 X3 球员提供支援。同时，X1 球员还需要寻找制造对方带球撞人的机会，或关注传向底角的球。

3. X5球员需要形成四分之三位置的防守姿势。他的左手臂应该位于持球球员的一侧，双腿与位于强侧的 O5 球员的腿部呈交叉状。X4 球员则需要负责保护篮筐。

4. X2球员位于罚球区顶部的一次传球线路上，需要向后移动，以阻止传向三秒区的球，并对 X3 球员提供支援，以防止对方从中路发起进攻。当篮球向篮筐移动时，X2 球员需要随之移动，与其他球员换位，并寻找机会抢篮板球。通常作为定点跳投手的 O2 球员是 X2 球员的主要防守目标。如果 O2 球员切入篮下，或移动至其他位置，X2 球员需要保持与 O2 球员的距离，并对 O2 球员的动向进行观察，以阻止其传球或投篮。

5. 在两个传球位以外的 X4 球员，此时完全处于支援模式，同时也具有保护篮筐的职责，并且需要对传给 O5 球员的所有高吊传球展开防守。

低位防守训练

重点

在防守低位时，将篮球保持在中路之外。

步骤

在集中进攻后进行的低位单打，会出现传向三秒区的直传球。球员从半场开始以

5 对 5 的形式进行训练，按照以下步骤完成训练。

1. O2 球员在运球或得到传球后，移动至罚球线右侧、三分线外的地方。

2. 在防守上，X2 球员需要通过扩大防守范围，来迫使对手向底线移动，以将篮球保持在赛场的一侧。同时，X2 球员需要将自己的腿与 O2 球员的外侧腿交叉放置（图 7.4）。X2 球员必须保持

图 7.4 低位防守训练

对持球球员的压迫，同时举起双手，阻挡传向 O5 球员的高吊传球。X5 球员需要在四分之三位置上进行防守。

3. 位于罚球圈内的 X3 球员需要向篮球所在方向移动，并向弱侧提供支援。如果篮球的移动方向发生改变，并被传到 O3 球员的位置，X3 球员则需要有限度地进行补防，同时施加压迫，来阻止传向 O5 球员的球。

4. 此时，X1 球员成了弱侧的主要力量，他还有保护篮筐的职责，也需要对传向 O5 球员的高吊传球进行防守。

5. 位于两次传球线路的 X4 球员必须在 X1 球员离开时，填补他的位置，同时还需要密切注意 O4 球员向三秒区的闪切或对手对 O3 球员增援的掩护。

对持球球员展开防守

对持球球员展开防守的防守球员是防守方的第一道防线，将篮球保持在中路之外最为重要。当持球球员运球时，防守球员需要展开一场猫鼠游戏。首先，他需要接近持球球员，接着后退，同时将双臂高举、双手张开，试着改变传球方向、阻止传球或上前抢断。当防守球员后退时，后卫是否会获得空位投篮的机会呢？这是有可能的。但是，通过解读对手的战术意图，教练可以更好地决定防守队员后退的距离。此处的目标是防止对方向三秒区传球，因此球队需要放弃防守对方的三分球投篮，以更好地完成目标。

对持球球员展开防守的训练

重点

在持球球员运球时，将篮球保持在中路之外。

步骤

将队伍平均分成两组，分别在赛场的两端开始训练。两名球员负责进攻，篮筐的每一侧都需要一名球员展开防守。按照以下步骤完成训练。

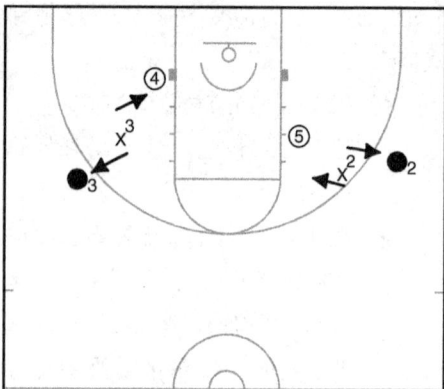

图 7.5 对持球球员展开防守的训练

1. 在篮筐右侧，当持球球员获得手递手传球时，O5 球员位于腰位。X2 球员在防守时，必须了解内 – 外战术的技巧（图 7.5）。

2. X2 球员需要跟紧防守目标，直到持球球员接到传球。接着，X2 球员立刻后退，双手高举，直接后退至中锋的身前。

3. 在篮筐左侧，当持球球员开始运球时，O4 球员位于低位。X3 球员在防守时，必须了解内 – 外战术的技巧。

4. X3 球员需要跟紧防守目标，直到对方球员接到传球。接着，X3 球员立刻后退，双手高举，直接后退至中锋身前。X3 球员需要向低位后退几步，但要确保自己能够快速回到对方球员身前，继续对进攻球员施加压力。

此处的防守理论是先对三秒区内展开防守。防守球员需要尽全力防止篮球进入三秒区。如果防守方必须给对方投篮的机会，则需要衡量得失，并迫使对手尽量进行外线投篮。防守方需要使球员在不同的位置间换位以进行训练。

对弱侧展开防守

位于弱侧的球员可以提供支援，并且需要注意传向低位和腰位的高吊传球。他们还需要负责弱侧抢篮板球的任务，以及在大部分进攻底线的情况下对篮筐的保护任务。位于弱侧罚球线外，处于距离篮筐最远的底角位置的防守球员需要移动至三秒区，寻找机会帮助队友完成拦截、干扰或抢篮板球。为了在提供支援时与三秒区的防守球员进行沟通，这名防守球员需要学会大声呼喊"我来护筐"或简单的"篮筐"。

对弱侧展开防守的训练

重点

当弱侧的防守球员位于低位时，将篮球保持在中路之外。

步骤

球员从半场开始以 5 对 5 的形式进行训练，按照以下步骤完成训练。

1. 战术开始时，持球球员为 O1 球
   员。O1 球员寻找机会传球给 O5
   球员，并让 O5 球员进行单打。
   X5 球员在四分之三位置对进攻
   球员进行防守。

2. X1 球员迫使对手向底线移动。
   如果 O5 球员成功接到传球，X1
   球员则需要后撤，来阻止 O5 球
   员的运球（图 7.6）。即使在提
   供支援时，X1 球员依然需要承
   担对 O1 球员展开防守的职责。

图 7.6　对弱侧展开防守的训练

3. X3 球员此时位于一次传球线路，需要对处于三分线弧顶的队友提供支援，以
   防止对方从中路发起进攻。X3 球员需要后撤，来阻止弱侧的闪切，同时还需
   要承担罚球线位置的抢篮板球的任务。

4. 位于三次传球线路的 X2 球员需要对篮筐进行保护。X2 球员负责的区域不局
   限于罚球区，他还需要阻止对手的突破和高吊传球。

5. 处于两次传球线路的 X4 球员需要向篮球所在位置后撤。X4 球员需要做好移
   动的准备，以便在 X2 球员后撤时，可以迅速占据 X2 球员原本所在的位置。
   同时，X4 球员还需要承担在弱侧抢篮板球的任务。

这个训练的主要难点在于，如何阻止来自侧面或三分线弧顶的高吊传球以及来自
侧翼的直传球。

在一次传球线路上对有球的一侧展开防守

随着篮球的移动，在一次传球线路上的防守球员需要不断进行防守调整。球员们
需要意识到，当篮球被传至球场的一侧后，他们需要尽力将篮球留在那一侧。防守
球员必须将持球球员压迫至侧翼位置。接着，他们需要构建起一个防守体系，持续施
加防守压力，将持球球员压迫至底线区域。

在一次传球线路上对有球的一侧展开防守的训练

重点

在一次传球线路上，将篮球保持在球所在的一侧，使其无法进入中路。

步骤

球员从半场开始以 5 对 5 的形式进行训练，按照以下步骤完成训练。

1. O1 球员持球，位于侧翼。两名防守球员位于一次传球线路，其中防守球员 X2 位于三分线弧顶，另一名防守球员 X3 位于强侧的底角。

2. 为了阻止对方的突破传球，并对中路或底线附近的球员提供支援，X2 球员和 X3 球员需要向对手 O2 球员和 O3 球员所在的反方向移动两步，并向 O5 球员所在方向横向移动一步（图 7.7）。X2 球员和 X3 球员可以通过快速的防守来向彼此靠近，并拉开与对手的距离。

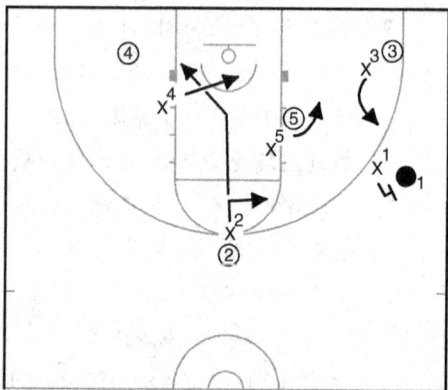

图 7.7 在一次传球线路上对有球的一侧展开防守的训练

3. X4 球员需要时刻观察 O4 球员的动作，并需要应对来自 O5 球员的高吊传球或底线进攻。在 X4 球员为 X5 球员提供支援时，X2 球员需要顶替 X4 球员的位置，并准备好转身对 O4 球员展开防守。

这一战术的目标是防止中路被突破、将球保持在三秒区之外、阻止弱侧的闪切，并迫使持球球员移动至底线区域，因为在那里有协防弱侧的球员。

中路防守

当球在三分线弧顶的中路时，进攻方采取的是 1 星 4 射开放式进攻战术，三秒区里没有球员时，对于防守方来说，最重要的就是团队协同支援。在这样的开放式进攻战术中，防守方会由于一对一防守持球球员而出现较大的风险。防守球队的目标是阻止对手上篮，或阻止对手带球突破。突破上篮会吸引防守方的大部分注意力，这样会造成外围出现空位跳投机会。这时，使用跑跳式防守，可以保持对投手的压迫。下文介绍的是当球从三分线弧顶进入三秒区时，相应的防守阵型和防守范围训练。

中路防守的训练

重点

在对抗利用场地宽度的 1 星 4 射开放式进攻战术时，如何将篮球保持在中路之外。

步骤

球员从半场开始以 5 对 5 的形式进行训练，按照以下步骤完成训练。

1. 战术开始时，持球球员（O1 球员）位于三分线弧顶。X1 球员需要跟随 O1 球员，并阻止对方的运球进攻。在 O1 球员将球传给位于侧翼的 O3 球员后，X1 球员需要向篮筐方向后撤，并向队友提供支援。如果 O1 球员完成传球，并开始利用掩护进行移动，X1 球员则需要跟随 O1 球员或执行预先设定好的战术。

2. 在 O3 球员接到球后，X2 球员需要立刻后退一步，并向中路方向横向移动来支援队友。O1 球员和 O2 球员可能会互换位置，X2 球员需要注意观察情况，并做出相应调整。如果他们没有互换位置，X2 球员需要继续盯防自己的对手，同时注意中路的支援情况。

3. X3 球员需要将自己的腿与 O3 球员的外侧腿交叉放置，并与 X5 球员一起施压，迫使 O3 球员向底线移动（图 7.8）。

4. X5 球员需要向中路方向后退两步，以防止对方带球突破，同时对 X3 球员提供支援。如果 O5 球员离开底角，X5 球员需要大喊"腾出位置"，并跟随 O5 球员移动。同时，X5 球员还需要一直观察 O3 球员的动作。如果 O3 球员对篮筐展开攻击，X5 球员需要与队友一起对其进行包夹。

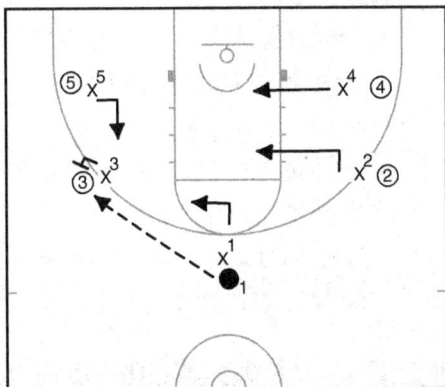

图 7.8 中路防守的训练

5. 位于两次传球线路的 X4 球员需要保护篮筐，并密切观察 O3 球员的动作，对可能出现的进攻做好准备。X4 球员需要在罚球区内移动，并寻找机会制造带球犯规、干扰传球方向或进行抢断。

目标 2：阻止中路的带球突破

到目前为止，我们讨论过的大部分防守目标都很容易让人理解。但是，训练中很少会包括"让对手无法带球进入中路"的相关训练，更不用说对此进行常规的训练了。人们常常认为，持球球员应该被压迫至中路区域，而不是底线处。因此，这一原理与多数人的普遍认知相反。阻止中路的带球突破的防守体系，是为了对进攻方进行控制，而不是让进攻方掌控比赛节奏。这种积极的防守方式是以事先设定好的原理为基础的，而不仅仅是对对手使用的进攻战术做出反应。为了使球员学习这一原理，需要对他们进行最基础的训练，进而在训练中逐渐培养相关技巧。

确定赛场区域训练

重点

确定阻止中路的带球突破的赛场区域。

步骤

赛场的半场会被分为 6 个基础区域，不同区域的球员会有不同的任务。球员从半场开始以 5 对 5 的形式进行训练，按照以下步骤完成训练。

1. 在各自的区域练习防守任务。
2. 改变球员位置，使每个球员都有机会在所有区域进行防守训练（图 7.9）。
3. 在球员完成了所有区域的训练后，使球员集中对自己的位置进行练习。这一训练会帮助所有球员理解赛场上的不同职责。

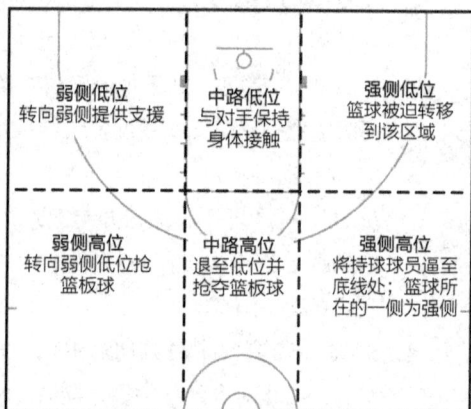

| 弱侧低位
转向弱侧提供支援 | 中路低位
与对手保持
身体接触 | 强侧低位
篮球被迫转移
到该区域 |
| 弱侧高位
转向弱侧低位抢
篮板球 | 中路高位
退至低位并
抢夺篮板球 | 强侧高位
将持球球员逼至
底线处；篮球所
在的一侧为强侧 |

图 7.9 确定赛场区域训练

切断进攻路线

为了阻止对手从中路发起进攻，后卫需要呈漏斗形站位，或是像教练常说的"在篮球进入本方半场后，逼迫对手把球带到场地的侧面"（图 7.10）。当持球球员进入赛场一侧后，防守球员需要将其控制在这一侧。防守球员必须了解对手的行进方向、相对速度、敏捷性及进攻的站位。

图 7.10 使用恰当的技术来切断进攻路线

切断进攻路线训练

重点

切断进攻路线并防止中路突破的防守技巧。

步骤

球员两两一组，由半场处开始训练。按照以下步骤完成训练。

1. 一名教练将球传给 O 球员，也就是进攻球员。训练就此开始。

2. O 球员在使用 "V" 字形跑位获得空位后，与 X 球员相遇，此时的球是活球。

3. X 球员跟上自己的盯防对象，并封堵对方的传球角度，以阻止对方从中路发起进攻。X 球员需要使用靠近中路的腿阻拦 O 球员的身体。X 球员的背部略微倾向中路方向，同时与对方保持安全距离，以阻止对方带球过人。

4. 在 X 球员进行跟随和防守时，O 球员会尝试带球进入中路。X 球员需要迫使 O 球员向底线移动，同时尽量跟紧 O 球员，并切断他的底线进攻（图 7.11）。此处的原理是，使持球球员移动至底线，接着将其困住，并切断其传球线路。

5. 在 X 球员对中路突破进行防守时，O 球员会尝试攻击篮筐或进行跳投。

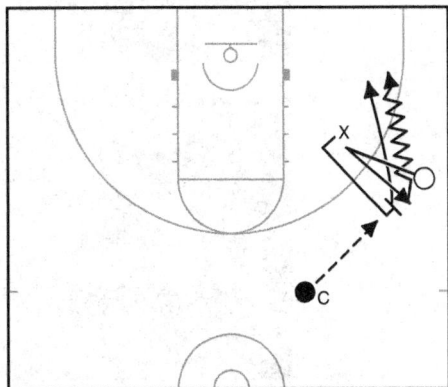

图 7.11 切断进攻路线训练

球员们需要在进攻方和防守方之间交替。在完成防守后，他们需要离开场地，在队伍的最后等待下一次训练的机会。

补防

当进攻方的球员在空位接到传球后，防守球员必须进行补防。补防通常是指跑动 4 ~ 9 米的距离来阻止投篮。这一战术的关键是对距离的控制。这名防守球员需要全力冲刺约四分之三的防守距离（图 7.12a），接着减速、双臂举高并使用急促的小碎步（图 7.12b），同时还需要确保在接近持球者时，身体压低以保持身体平衡（图 7.12c）。防守球员必须避免因被假动作迷惑而跳离地面，这会使持球球员有机会完成过人投篮。

由于球队的目标是阻止对手从中路发起进攻，所以球员们还有一些其他的任务要完成。这名防守球员必须通过使用补防的技巧，获得合适的角度，进而迫使持球球员在想要移动时，只能够朝底线方向移动。此处的难点在于，防守球员不是在阻止投篮，而是要通过对自己动作的完全控制，来使进攻球员不得不移动至有防守支援的底线，并使之成为进攻球员的唯一选择。这样，防守球队可以通过建立弱侧底线的轮换，来使团队防守奏效。这时，这名防守球员的位置可以由增援的队友替换，其需要兼顾护筐和抢弱侧的篮板球。

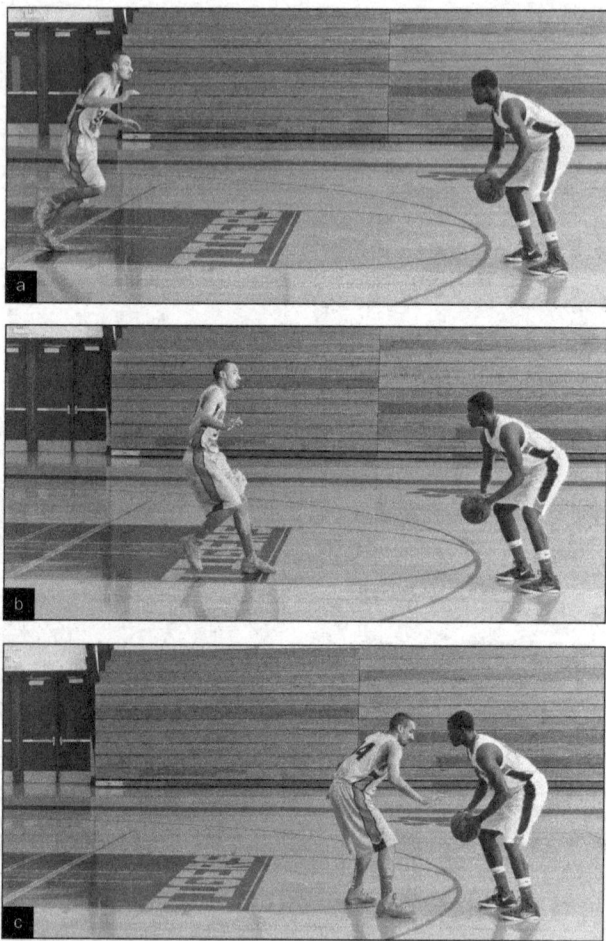

图7.12 补防：a. 全力冲刺约四分之三的防守距离；b. 使用急促的小碎步；c. 保持身体压低和平衡的站姿

通常来说，以下4种训练方式是加强个人防守的有效方式。这4种方式会在防守方的后卫对持球球员进行防守时产生作用。当防守球员开始面对持球球员时，正确的防守顺序如下。

1. 有控制地进行补防。
2. 保持在持球球员前方，保持跟随状态。
3. 将位于篮球所在一侧的手举高，随时准备做动作。
4. 积极地抢夺篮板球。

补防训练

重点

通过补防阻止中路突破。

步骤

球员们从半场处开始训练。将球员平均分为两组。球员们事先需要了解到，进攻球员会在训练中具有优势，因为防守球员需要补防。防守球员的相对距离、速度和身材，决定了其能否及时地接近进攻球员，并完成阻止投篮的任务。按照以下步骤完成训练。

1. 一名教练将球传给O球员，训练就此开始。或者可以由X球员在篮下将篮球快传给O球员，以此开始训练。

2. 在训练开始时，X球员需要全力冲刺，接着逐渐减慢速度，来控制身体、保持平衡并获得恰当的补防角度。

3. X球员需要及时到达O球员所在位置，以对抗（不是封盖）跳投。X球员需要压低身体，有控制地阻止中路突破，并使用恰当的站位，来迫使O球员只能采取走底线的进攻方式（图7.13）。X球员不是在放弃对底线的防守，而是在对O球员施加防守压力。

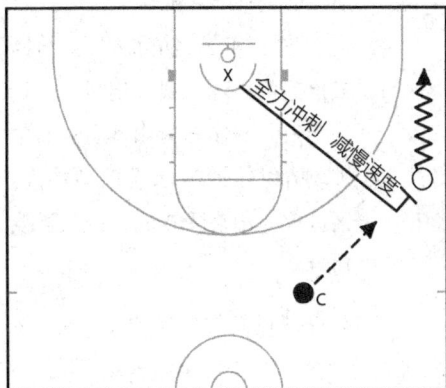

图7.13 补防训练

球员们需要在进攻方和防守方之间轮换进行训练。这一训练的目的是使防守球员了解如何找到正确的防守角度，并迫使对方采取走底线进攻的方式。教练需要不停地强调正确步法的重要性。在球员正确地学习补防时，为了保证训练效果，可以添加一些其他的训练内容，如从身后进行防守、盖帽等。

接近、跟随和对抗训练

重点

阻止对手从中路发起进攻，重点对补防、对抗和跟随的技巧进行训练。

步骤

球员以3对3的形式开始训练，按照以下步骤完成训练。

1. 教练将球传给 O2 球员，训练就此开始。X2 球员需要在转身补防并迫使 O2 球员向底线移动时，大声喊"我来防"。

2. 在弱侧的低位进行防守的 X4 球员必须进行观察、预判，并大声喊出"我在底线"，以确保队友听到。接着，X4 球员需要全速跑过罚球区，腾出空间，并将双脚跨立在对侧的低位区线上。X4 球员的喊话可以使 X2 球员意识到自己有人支援。X4 球员需要寻找机会对进攻球员进行包夹、干扰投篮或造成对方的带球撞人犯规。

3. 在罚球区弧顶防守的 X3 球员，如果发现进攻方尝试从中路突破，需要喊出"护筐"，同时与队友交换位置，使其他队友清楚有人在护筐（图 7.14）。如果 O2 球员从底线快速出手投篮，X3 球员必须马上调整位置，前往弱侧争抢篮板球。

4. 当进攻方得分，防守方完成抢断或抢到篮板球，或球出界时，训练结束。当防守方出现犯规时，进攻方继续持球，重复训练内容。当进攻方出现犯规时，两队互换角色。

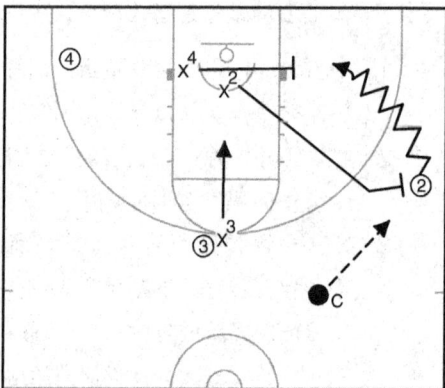

图 7.14　接近、跟随和对抗训练

3 名防守球员需要交换位置，每人都需要在 3 种位置上完成训练。在所有球员完成训练后，另一个 3 人小组上场训练。重点在于针对技巧、空间、沟通、弱侧换位、护筐和在弱侧抢篮板球进行训练。

目标 3：阻止有球一侧的切入

有球一侧的切入指的是进攻球员从持球队友和防守球员之间，切入篮下三秒区的动作。进攻球员成功地完成有球切入，可以给本队带来一次上篮的机会，或帮助从弱侧转移到强侧的队友站住低位的有利位置。对有球一侧的切入有效地防守，可以阻止对手的直接上篮，以及由弱侧向肘区和低位的闪切。

本章介绍的 5 个防守目标中，第 3 个目标是阻止有球一侧的切入。这个防守目标与将球保持在中路之外的目标紧密相关。当进攻球员向篮下切入（图 7.15a）时，防守球员必须移动到球和对手之间的位置（图 7.15b）。如果不防守"有球一侧的切入"，进攻方使用简单的战术就能获得轻松上篮的机会。允许对手从有球一侧切入，防守球员会使整个球队陷入危险的境地，有两个原因：第一，进攻球员的头部和肩部在防守

图 7.15 阻止有球一侧的切入：a. 进攻球员开始切入篮下；b. 防守球员移动至有球一侧

球员前方，更容易接住持球队友的传球并上篮得分，防守球员处于完全被动的局面；第二，即使对手没有得分，而仅仅是接住了传球，防守球员的唯一选择，也只是通过犯规阻止对方轻松地上篮。如果情况更糟，对手甚至可以在造成防守球员犯规的同时，成功上篮得分。

避免这一情况的有效防守技巧是两人和三人训练中的首要训练内容。这样的技巧需要球员集中精神、提高警惕性、做好预判，并有足够的速度和力量。

无球侧切入，后卫防守

为了防守切入中路的后卫，防守球员必须使用滑步或跳步移动到篮球所在位置，并移动两步到对方切入的线路上，把对手挡在外面。防守球员需要双臂举起，以阻止传球；还需要保持与对手的视线接触，对手在罚球区移动时，判断他会朝哪里传球。在大多数情况下，当防守球员滑步到篮球所在位置且对手正进行切入时，接下来阻拦对手切入时，会发生身体接触。

以下是在 01 球员由强侧切入篮下时，对于防守方的后卫的站位进行有针对性的训练的内容。

无球侧切入，后卫防守训练

重点

步法的使用和跳往有球侧的技巧。

步骤

将球队按人数平均进行分组。球员以 2 对 2 的形式从半场处开始训练，按照以下步骤完成训练。

1. O1 球员持球，位于三分线弧顶稍右侧。X1 球员位于正常的与 O1 球员相对的防守位置。训练就此开始。

2. O1 球员将球传给位于侧翼的 O2 球员，并切入篮下区域。在 O1 球员切入的同时，X1 球员使用两步横向滑步到篮球所在的位置，使自己位于 O1 球员内侧，阻止 O1 球员的切入。

3. 当 O1 球员在罚球区内移动时，X1 球员需要将双臂举起，阻止传球（图 7.16）。

4. 在 O1 球员离开篮下后，X1 球员需要转身，跟紧球。接着，进攻方变为防守方，双方互换角色。

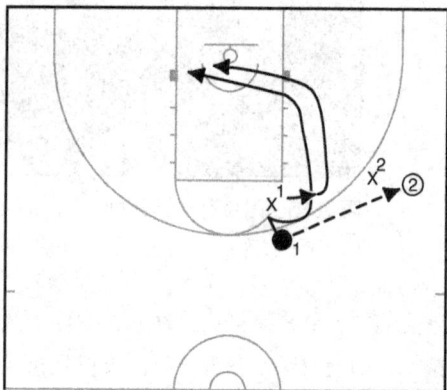

图 7.16　无球侧切入，后卫防守训练

无球侧切入，三秒区防守

来自弱侧的三秒区闪切是篮球中最难防守的动作之一。即使是具备高水平的防守技巧的球队，也很难对这一进攻战术做出有效的防守。因为，除了对闪切的防守，他们还需要承担两个重要的弱侧防守任务：保护篮筐和在抢篮板球时挡人。同时展开这三种防守，需要精神完全集中，因此，这样的防守需要球员有强大的精神力量。如果进攻球员使自己的头部和肩部位于防守球员之前，防守球员就会很容易陷入被动局面。在理想状况下，在展开弱侧防守时，防守球员需要先于进攻球员一步行动，并比进攻球员距离中路更近两步。这名防守球员需要弯曲身体，呈蹲伏姿势，手臂抬起，与肩部高度相同，集中精力执行防守策略，使自己始终保持在篮球和对手之间，并对篮下区域的切入进行预判。

无球侧切入，前锋防守训练

重点

对弱侧闪切进行防守所需要的技巧。

步骤

球员从半场处开始攻防训练。将球队按人数平均分组后，按照以下步骤完成训练。

1. O1 球员将球传给 O2 球员后，从 O2 球员身后切入底角。

2. O3 球员从有球一侧切入，由弱侧移动至强侧。

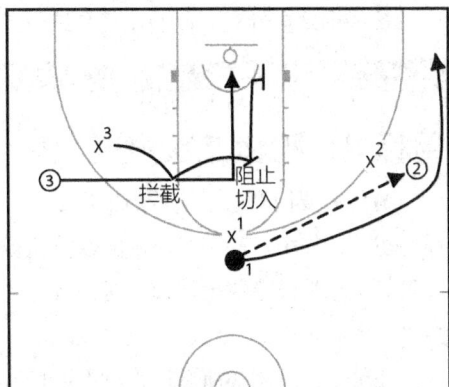

图 7.17 无球侧切入，前锋防守训练

3. 为了进行防守，X3 球员必须移动至中路能够看到 O3 球员的切入动作的位置。

4. X3 球员移动至 O3 球员的身前，在肘区与其发生身体接触，并迫使 O3 球员向罚球区中路移动（图 7.17）。X3 球员双手举起，与 O3 球员保持视线接触，以防止来自强侧的传球。

无球侧切入，低位防守训练

重点

阻止进攻球员从有球一侧的低位切入。

步骤

将球队按人数平均分组，进行 3 对 3 的训练。球员从半场开始，按照以下步骤完成训练。

1. O1 球员传球给 O2 球员，训练就此开始。

2. O5 球员从有球一侧切入，由弱侧移动至强侧。

3. 为了进行防守，X5 球员需要拉开与 O5 球员的距离，并向篮球所在位置移动两步。

4. 当 O5 球员在罚球区内移动时，X5 球员需要阻止其切入、卡位和运球（图 7.18）。

图 7.18 无球侧切入，低位防守训练

5. X5球员向三秒区内移动，下肢与对方的髋部接触，双臂举起，以阻止传球。

6. 进攻方变为防守方，双方互换角色。

这一训练会针对低位的步法和站位进行训练，防止对手向强侧低位移动。

目标4：阻止二次投篮

　　教练需要面对的最痛苦的事情之一，就是看着自己的球队在突破过程中展开了稳固的防守，却由于某个球员没能在抢篮板球时挡住对手，而使对手获得了补篮机会。如果某个球员没能在抢篮板球时挡住进攻球员，会使球队浪费掉之前所有的努力，包括将球保持在中路之外、阻止弱侧闪切以及将球保持在赛场的一侧，这些努力都会变得毫无价值。教练必须通过将对手挡在身后的防守训练及在比赛中不时地提醒，来强调防守篮板球的重要性。教练们可能会发现这个任务并不容易，因为很多球员在抢篮板球时，更喜欢相信自己的弹跳能力，而不是让自己挡在篮球和对手之间。

　　球员们乐于提升自己的投篮技术和控球技术，但是却常常忽略了抢篮板球和挡人技术的重要性。因此，球员们往往会在这一技术上出现失误，进而导致球队输掉比赛。进攻方罚球不中，却抢到了进攻篮板球，并成功得分的情形，会极大地打击防守方的士气。教练应该尽早针对正确的抢篮板球时的挡人技巧进行教学，最晚需要在初中开始。各个级别的教练，需要不断地对该技术进行加强。无论球员的弹跳能力如何，所有的球员都应该学习以下两种基础的抢篮板球挡人技巧：反转身和面对面挡人。下文将对这两种技巧进行介绍。

使用反转身的抢篮板球挡人方法

　　球员们在抢篮板球时进行挡人的原因很简单：为了减少对手的投篮机会。进攻方获得补篮机会或获得二次得分机会，都可能导致防守方输掉比赛。教授正确的抢篮板球挡人技巧是教练的首要任务，相关训练应该被安排在教学的初期阶段。教练需要注意两种进攻球员：投手和非投手。在抢篮板球时阻挡投手是比较容易的，因为投手会集中精力进行投篮，而防守球员往往位于其接触范围内。但是，对非投手展开防守的防守球员常常会距离对手几步远，并且试图提供支援，因此，这样的防守任务较为困难。抢篮板球时对于投手和非投手的挡人技巧是相同的，而反转身是其中的一种基础动作。

　　在这个防守动作中，防守球员必须在投篮完成后，尽可能快地与进攻球员进行身体接触。防守球员需要将身体放低，为抢篮板球做准备（图7.19a）。如果进攻球员来到防守球员的右侧，防守球员需要以左脚为中轴脚，反转身用身体倚住对手（图7.19b），挡在进攻球员面前（图7.19c）。防守球员需要呈蹲伏姿势，弯曲腰部，手肘位于肩部高度，手臂举起，双脚距离至少与肩同宽，并保持身体平衡。如果进攻球员来到防守球员左侧，防守球员则需要以右脚为中轴脚，使用前文中提到的姿势，阻挡住进攻球员。

　　大部分的球员和教练在这一技巧上会出现的最严重的问题，是防守球员会在反转身挡人的过程中，让篮球离开视线范围。但是，如果能够学会正确使用这个防守动作，会让防守球员在抢篮板球时占得先机。

图7.19 使用反转身的抢篮板球挡人方法：a. 准备抢篮板球；b. 以左脚为中轴脚转身；c. 挡人

使用反转身的抢篮板球挡人训练

重点

在抢篮板球挡人时使用反转身技术。

步骤

3 名进攻球员和 3 名防守球员一一对应，站在距离篮筐约 4.5 米的位置。按照以下步骤开始训练。

1. 教练将球传给 3 名进攻球员中的一个，由这名球员负责投篮。训练就此开始。
2. 防守球员必须使用反转身，在抢篮板球时进行挡人，还需要成功抢到篮板球。
3. 如果进攻方抢到篮板球，防守方需要留在场上继续训练。由教练决定这一组防守球员需要完成几次训练才能下场，下一组防守球员替换上场。

使用面对面挡人的抢篮板球挡人方法

面对面挡人和反转身的抢篮板球挡人方法的主要区别在于对步法的运用。在面对面挡人中，防守球员会让进攻球员一直保持在自己的视线范围之内。面对面挡人，或者说向后转身挡人，是一种最常规的面对面防守。球员可能会看不到篮球，但是永远不会看不到盯防的进攻球员。因为防守球员此时唯一的任务，就是使进攻球员远离篮板。这一技巧非常有助于防守对方优秀的篮板手。

为了在抢篮板球挡人的过程中使用面对面挡人的方法，防守球员需要保持与对手的视线接触（图 7.20a）。完成投篮时，防守球员需要使用向后转身的动作，主动与进攻球员进行身体接触。如果进攻球员来到防守球员右侧，防守球员需要在保持视线接触的情况下，以右脚为中轴脚转身（图 7.20b），移动至进攻球员身前，并使用左腿和双肩，阻挡进攻球员向篮筐移动（图 7.20c）。如果进攻球员来到防守球员的左侧，防守球员则需要在保持视线接触的情况下，以左脚为中轴脚转身，以移动至进攻球员身前，并使用右腿和双肩，阻挡进攻球员向篮筐移动。

当进攻球员与篮筐的距离较远时，面对面挡人的方法是最为有效的；当进攻球员与篮筐的距离较近时，反转身的方法更加有效。因此，教练必须将两种方式都传授给球员。内线球员可以迅速半转身并与对手保持身体接触，来使对手无法抢到篮板球。但是，如果是在外线，防守球员必须使用面对面挡人的方法，在保持视线接触的情况下，使对方身体素质好的球员无法从弱侧启动，冲抢篮板球。要注意，面对面挡人的方法会使防守球员的防守威力打折扣，因为他可能会中途看不到球。

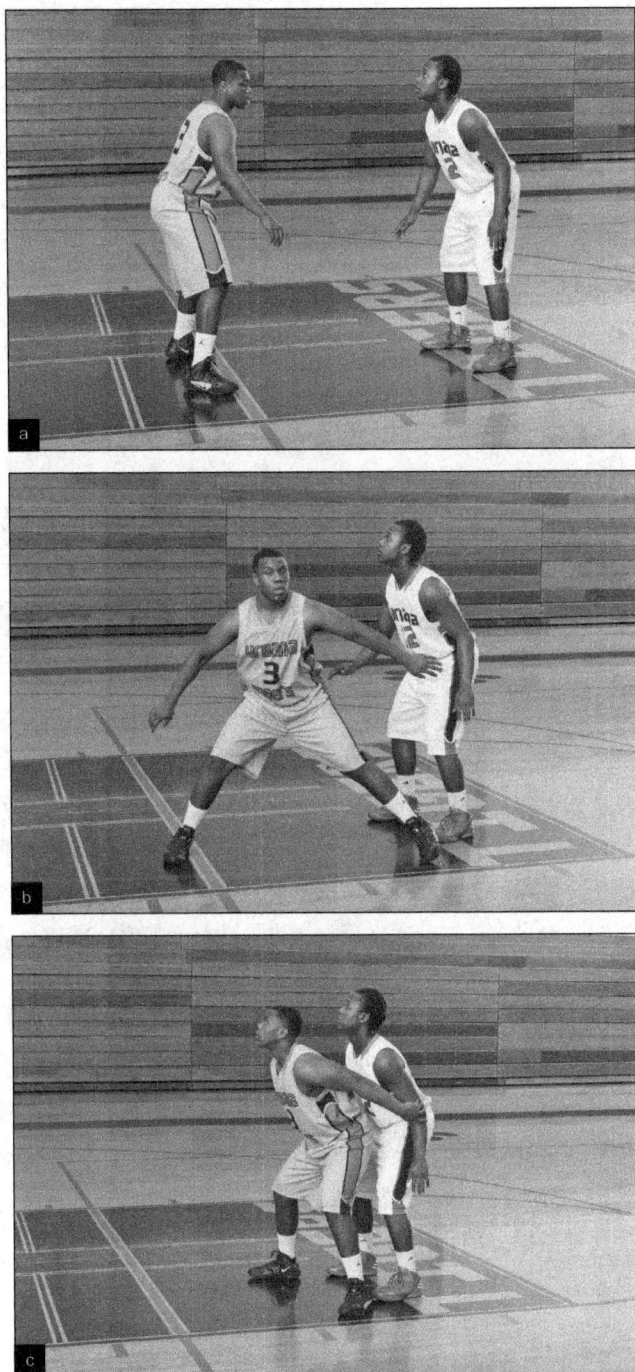

图7.20 使用面对面挡人的抢篮板球挡人方法：a. 准备抢篮板球；b. 跨步转身；c. 挡人

使用面对面挡人的抢篮板球挡人训练

重点

在进行抢篮板球挡人时，使用面对面挡人技术。

步骤

3名进攻球员和3名防守球员——对应，站在距离篮筐约4.5米的位置。按照以下步骤开始训练。

1. 教练将球传给3名进攻球员中的一个，由这名球员负责投篮。训练就此开始。
2. 防守球员必须使用面对面挡人的方法，在抢篮板球时进行挡人，还需要成功抢到篮板球。
3. 如果进攻方抢到篮板球，防守方需要留在场上继续训练。由教练决定这一组防守球员需要完成几次训练才能下场，下一组防守球员替换上场。

目标5：阻止上篮

整套防守战术的第5个目标，是阻止对方轻松地上篮。对正在上篮的球员进行犯规，意味着被犯规的球员可以在罚球线上，获得2次罚球机会来获得2分。优秀的防守球队只会在三秒区内使用犯规，他们所使用的犯规方式被称为战术性犯规。在中场或后场犯规的球队是愚蠢的。在比赛中，球员们能获得很多以聪明、有益于球队的方式进行犯规的机会。当进攻球员获得空位，推进并强行上篮时，或进攻球员获得了进攻篮板球，并试图扣篮时，对他们展开犯规都是对防守方有利的。

对于进攻方来说，除了上篮，是不容易得到其他简单的得分机会的。防守球员阻止这些上篮的最佳方式是向自己强调上篮得分的重要性。球员可以通过统计数据了解到，自己球队的上篮次数和对方球队的上篮次数的差别。虽然这样的统计数据常常会使教练们思考，但球员们往往并不了解这样的数据。对于一些特定的比赛来说，统计出对方上篮的次数及哪位球员被对手突破上篮的次数最多，是非常重要的。将团队和个人的比赛数据以图表的形式展现出来，可以强有力地敦促球员进步。

以下是针对在阻止上篮时需要使用的恰当的犯规技巧进行的训练。

阻止上篮训练

重点

在篮下制造犯规。

步骤

球员从半场处开始训练。将球队分为两组，并在球场两端开始训练。进攻方球员在三分线外排成一列。与篮筐的距离可能会根据球员的速度而有所不同。按照以下步骤完成训练。

1. 教练将球传给进攻方球员队列中的第一名球员，这名球员需要上篮攻击篮筐。训练就此开始。

2. 训练开始时，防守球员 X 位于篮下。在教练传球时，X 球员需要全速奔跑至罚球线的侧端。接着，X 球员转身，全速奔跑回篮下，来阻止 O 球员上篮（图 7.21）。

3. X 球员首先需要冲向篮球，来阻止投篮，接着需要在进攻球员完成上篮之前，将攻击目标锁定为进攻球员的手腕。这样的犯规不是严重的犯规，而是聪明的犯规。

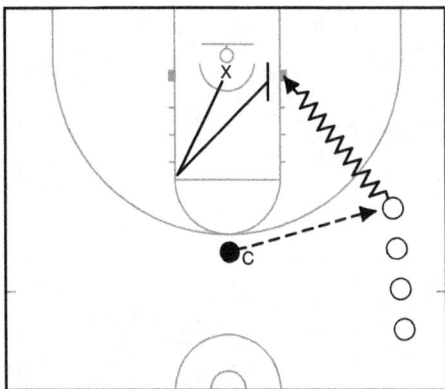

图 7.21 阻止上篮训练

4. 完成 3 次对上篮的防守后，防守方的 X 球员下场。进攻方的 O 球员成为新的防守方 X 球员，并对进攻方的下一个 O 球员进行防守。

这一训练的目的，是使球员们学会合理地犯规，并在情况危急、进攻方的得分至关重要时，使用同样的战术制造犯规。

对于教练和球员来说，本章详细地解读了在半场防守战术中，该如何提升防守质量。16 种半场个人防守基础知识，为一对一盯人防守战术的选择打下了良好的基础。如果有教练正在尝试构建稳固的半场防守体系，可以通过使用在"将篮球保持在中路之外"部分讨论过的 5 种基础目标来获得帮助。本书的第 8 章中介绍了把个人防守基础知识和"将篮球保持在中路之外"的目标相结合，进而构建起一套高效的半场防守战术。

团队防守

防守战术是教练们构建球队战术的坚实基础。对于整个球队的协作来说，防守可以被看作其中最为稳定和可靠的一块基石。而进攻则可以被看作建造房屋所需的沙土，它是难以捉摸和难以预测的，它可以随时开始，也可以随时结束。几个没有投进的投篮、失手了的空位投篮，以及不小心发生的失误，都会快速地扭转进攻势头。在第 7 章中，我们已经讨论了教练们在构建稳固的防守战术的过程中，需要考虑的种种原理。本章将会把这些原理应用到教学训练中去，进而构建紧密的团队防守。

团队防守阵型

为了构建稳固的防守基础，教练们必须确保球员们都理解了第 7 章所介绍的防守原理。对这些基础原理进行教学的一种绝佳方式是：选择 4 名球员，将他们安排在 4 个位置上（两个半场各 2 名），并使所有球员轮流上场，在这 4 个位置上进行训练；第二天，教练需要带领球员们重复前一天的训练，让球员们巩固前一天的训练成果；接着，可以进行新的训练。教练需要重复这样的过程，直到完成对所有原理的教学。这样，球员们就可以学习到所有的原理。这时，教练可以开始新的教学，教会球员在面对不同情况时，采取 Shell 联防战术并构建紧密的防守配合的方法。

Shell 联防战术

Shell 联防战术是一种积极的半场防守战术。在执行战术时，需要有 4 名球员组成 2-2 联防阵型：2 名后卫（外线球员）位于靠前的位置，2 名大个子球员（内线球员）从纵深且宽阔的底线区域滑步到肘区的罚球线延长线上。在开始 Shell 联防战术训练时，需要首先对步法、空间、合适的补防角度、支援所需的阵型，以及传球所使用的身体动作进行复习。

20 世纪 90 年代早期，当由 4 名球员组成一个盒子形状的阵型的 Shell 联防战术训练出现时，大部分教练都不愿意使用这样的防守战术，因为这是一个新理念，且与之前使用的方式有很大不同。但是，当教练们在训练的过程中发现了一些东西，开始更多地尝试并分享时，他们逐渐变得自信起来。很快，很多教练对 Shell 联防战术加入了自己的见解，并应用到了实际的训练中。起初，4 名球员组成一个盒子形状的阵型的 Shell 联防战术训练被用于针对有球侧切入和弱侧闪切的防守训练。后来，各种版本的 Shell 联防战术训练逐渐被创造了出来。

本章所介绍的 Shell 联防战术主要由两种传球训练组成：对绕场传球进行防守和对对角传球进行防守。为了进行这些训练，我们不需要按照场上位置来区分球员，而只需要按照防守球员（X 球员）和进攻球员（O 球员）来进行分组即可。因为在这样的训练中，所有位置的球员都是可以相互替换的。训练开始时，球员们需要展开象征性的防守，或不使用任何防守，仅使用滑步移动。由教练决定何时开始战术训练。

对绕场传球进行防守

若想对从外围传到球场另一侧的绕场传球进行防守，需要进行站位和补位的训练，其可以使球员们了解布阵平衡和弱侧支援，以及对无球球员进行补防的重要性。它还能用于对补防、跟防以及防守控制等进行训练。这些内容都会包含在这项训练中。训练内容包括步法、布阵平衡，以及避免在中距离投篮过程中，因对方的假动作而跳离地面。防守球员跑向持球球员，对其进行跟防时，需要动作敏捷，但不能速度过快，以免被对方过掉。因此，对绕场传球进行防守的训练是一种提升个人防守素养的好方法。

在训练开始时，教练需要确定 4 名防守球员在进攻方的不同行动下，需要使用的身体角度、姿势、滑步，以及各自的支援任务。进攻方的行动包括由右侧底角移动至右侧侧翼，由右侧侧翼穿过场地至左侧侧翼，以及由左侧侧翼移动至左侧底角。防守球员需要转身，确认进攻方的传球情况，同时还需要使用恰当的补防技巧。为了节省时间和避免混乱，教练需要将球员分为至少 3 组，并使他们穿上颜色不同的球衣。

对绕场传球进行防守的训练

重点

对从外围传到球场另一侧的绕场传球进行防守时所需的滑步技巧和姿势。

步骤

球员从半场处开始训练，4 人为一组，形成一个盒子形状的联防阵型。按照以下步骤完成训练。

1. 以 2-2 盒子形状的联防阵型开始训练。2 名外线球员位于三分线内的肘区，2 名大个子内线球员位于底线附近的宽阔地带。

2. 当进攻方的外线球员向底线传球时，4 名防守球员同时使用滑步和补防技巧移动。对持球球员进行防守的 X1 球员需要后退两步，并向篮球所在方向横向滑行一步，防止进攻球员从中路突破。X2 球员后退至罚球线中部，防止对方将球传到中路。

X3 球员有控制地进行补防，对位于底线的投手展开防守。位于弱侧底角的 X4 球员，需要移动至低位，并寻找机会提供支援（图 8.1）。如果一名进攻球员对底线展开了进攻，X4 球员需要继续移动至强侧的低位，与队友一起对其进行包夹。

3. 在 4 名防守球员完成滑步移动后，进攻方将球回传给强侧的外线球员，这名外线球员将球传给弱侧的另一名外线球员。接着，第二名外线球员将球传给位于弱侧底角的球员。

4. 在每次传球的间隙，防守球员都需要使用滑步移动并转身对进攻展开防守，或到达可以提供支援的位置（图 8.2）。

5. 当篮球由第一个底角传至对面的底角后，又回传至原位时，训练结束。进攻方成为防守方，防守方下场，下一组的 4 名球员上场成为新的进攻方。

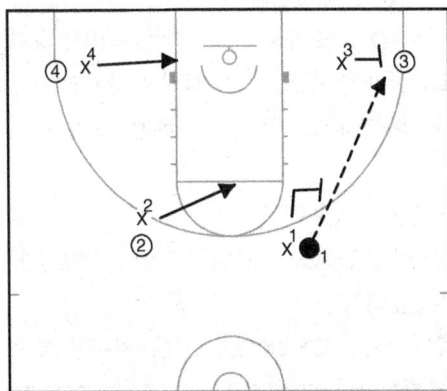

图 8.1 对绕场传球进行防守的训练：在外线传球至底线时，进行防守调整

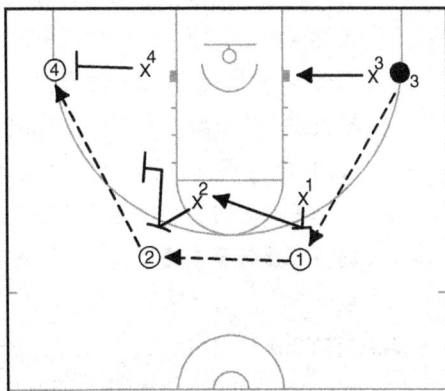

图 8.2 对绕场传球进行防守的训练：在底角传球至底角时，进行防守调整

对对角传球进行防守

Shell 联防战术训练中对对角传球进行防守的训练，可以对 3 种重要的防守对象展开防守：长传球、大范围转移传球和实战防守。训练开始时，教练需要向球员们说明，每名防守球员根据篮球移动的情况决定移动方式。为了展开训练，传球的顺序是：先由外线球员使用长距离的对角传球将球传至底角，再由底角传至对面的底角，最后由这一底角经过对角传球，将球传给对面的外线球员。当 4 名球员都完成接球后，就可以开始进入实战防守训练了。为了针对球员们的防守范围进行教学，这一训练需要使用 4 对 4 的比赛形式。

当篮球在球员之间移动时，教练可以使用"让防守球员保持位于持球球员和防守对象之间"的方式，或是加强对扩大防守范围、创造防守空间和补防的技巧的训练。在训练进入实战防守模式时，教练可以对球员的防守能力、速度、预判能力和阅读比赛的能力进行评估。

对对角传球进行防守的训练

重点

对对角传球进行防守的传球和滑步技巧。

步骤

球员进行半场攻防训练，防守方两名外线球员位于肘区罚球线延长线、两名内线球员位于底线。球员们使用的滑步技巧，与"对绕场传球进行防守的训练"中所使用的防守滑步技巧是相同的。球员需要有控制地补防，外线球员会根据篮球的位置及自己的位置，来进行防守换位。按照以下步骤完成训练。

1. 在训练进入实战模式之前，进攻方需要完成3次传球。第一次传球由外线传至远处底角，第二次传球由一侧底角传至另一侧底角，第三次传球由底线对角传球至外线。在防守球员使用滑步开始训练之前，进攻球员需要对这一传球线路进行训练。在他们完成训练后，防守球员才可以加入训练，并随着篮球的移动使用滑步技巧完成相应动作。

2. 在训练开始时，对持球球员展开防守的防守球员处于正常的防守位置，其他防守球员处于支援位置，并阻止对方的中路进攻。在底角对大个子内线球员展开防守的防守球员一开始站在罚球区边线附近。

3. 当篮球被传给位于底角的大个子内线球员时，防守球员需要使用补防姿势完成转身，在底线附近跟防并干扰。对弱侧大个子内线球员展开防守的球员需要转身，并移动至罚球区，以防止对方从中路带球突破（图8.3）。这些防守球员需要步调一致地展开防守，就如同被一根绳子拴在一起。理论上，当一名防守球员移动时，总是会有其他球员跟随着移动，篮下三秒区内总有防守球员。

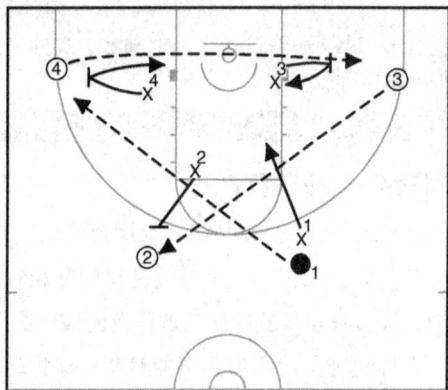

图8.3　对对角传球进行防守的训练

5对5防守

在进行大约10分钟的上述 Shell 联防战术训练来对个人防守范围、身体姿势、布阵平衡和补防技巧等防守基础原理进行教学后，教练可以用接下来的10～15分钟，进行5对5的半场实战防守训练。

5 对 5 防守训练

重点

该训练赛强调了防守战术的执行、防守拦截、抢篮板球、站位、队友之间的支援、一定程度的犯规和比赛中的每次攻防回合的重要性。

步骤

球员从半场处开始，进行 5 对 5 的训练赛。按照以下步骤完成训练。

1. 将球员分为 3 队，每队 5 人，并穿上不同颜色的球衣。将助理教练们分别安排到各队伍中。在每一次训练中，进攻方都要换成不同的球队。

2. 防守队需要在 10 个训练回合内，尽可能多地完成防守任务，阻止对手进球得分。在 10 个回合结束后，新的防守队登场。

3. 当 3 支队伍全部完成各自的 10 个训练回合后，将会产生一支获胜队。

这一训练可以让球员们打得非常有激情，有时候教练也会把进攻回合拆分成 2 轮，以每轮 5 个回合为一组进行训练。虽然这一训练的重点在于防守，但其也会对进攻战术的执行产生一定的积极作用。在赛季初期的训练中，球队们会针对自己的进攻战术进行训练，但是，在开始比赛后，球员们往往还需要针对接下来的对手所使用的进攻战术进行训练，并将其作为赛前准备工作的一部分。

当球员们足够机警、活跃和积极，并时刻都在对进攻方的下一步行动做出预判时，整支球队就可以有效地实施防守战术。球员们需要根据篮球所在的位置，不断地移动自己的头部、双脚、手臂。位于一次传球线路上的防守球员，可能需要阻止对手接球、迫使对方球员完成接球或继续观察场上形势并不采取任何行动。位于两次传球线路上的防守球员必须观察队友的行动，他们可以选择向篮筐方向后退两步或移动至距离更近的支援位置。在防守中，所有的球员都处于移动的状态。

防守掩护战术

当一名进攻球员帮助一名静止的队友（被掩护球员）摆脱一名防守球员，以获得空位投篮的机会时，一次掩护就发生了。位于低位的大个子球员，通常会为队友进行掩护。在如今的比赛中，随着战术的发展，掩护战术会使球员们获得空位投篮及突破分球的机会。几乎在每一种半场进攻战术中，都会有球员被掩护，而防守球员必须对这样的情况进行预判，并避免自己被对方球员包围。为了避免受到类似的掩护战术的影响，球员和教练必须保持警惕、注意观察掩护战术的出现，并学习相应的技巧，为与其对抗做好准备。下文将会介绍6种最常见的防守掩护战术：对底线掩护进行防守、对低位掩护进行防守、对交叉掩护（包括双掩护）进行防守、对边线挡拆掩护战术进行防守、对中路挡拆掩护战术进行防守及对侧面突破战术进行防守。

对底线掩护进行防守

底线掩护是一种对无球球员的掩护。通常来说，优秀的投手会利用这种掩护，使用蛇形走位避开大个子球员，进而完成接球投篮的动作。投手的射程和个人的技术水平，决定了他们使用的具体路线。防守球员必须了解对手的优势和弱点，以展开有效的防守。每名球员的个人作战偏好都可以通过球探报告、比赛录像和球探服务来获得。这名进攻球员喜欢由左侧还是右侧离开掩护区域？这名进攻球员的惯用手是左手还是右手？这名进攻球员喜欢在投篮前运球吗？这名进攻球员喜欢利用掩护来使用蛇形走位攻击篮筐吗？这名进攻球员喜欢后退吗？如果被包围，这名进攻球员会试图保护篮球还是选择传球呢？这名进攻球员喜欢接球、观察防守球员、投篮、进攻或传球吗？这名进攻球员更喜欢由左侧进攻还是由右侧进攻？这些问题与本章所讨论的训练息息相关，教练们一般都具有获得相关信息的途径。但是，只有对这些信息加以利用，它们才能真正地发挥作用。

底线掩护可以是单掩护，也可以是双掩护，而进攻球员可以利用这一掩护，完成蛇形走位、后撤或滑步至底角。对这一策略展开防守的理想方式，是仅留给进攻球员一条可以离开的线路。防守球员必须使自己位于对手的右侧或左侧髋部外侧，具体位置由赛场上的具体情况决定（不能是面对面位置）。防守球员还需要弯曲双膝，以阻挡进攻球员从自己习惯的线路行进，从而迫使对方使用另一侧线路进行移动。这样的方式可以使防守球员与进攻球员步调一致，跟紧进攻球员，还可以避免进攻球员做出其他的掩护。防守球员在防守时需要放低重心，避免进攻球员做出其他的掩护，并且不要为了能够追上进攻球员而从中路抄近路。聪明的进攻球员每次都会占上风，在静态掩护的条件下，防守球员需要事先决定迫使进攻球员在哪一条线路上进行移动。

对底线掩护进行防守的训练

重点

针对单掩护和双掩护的底线掩护执行防守战术，以及加强防守方的沟通与技巧。

步骤

球员从半场开始，以5对5的形式，按照以下步骤完成训练。

1. 训练开始时，O1球员持球，位于中路的三分线弧顶。O2球员位于篮下，与O1球员形成面对面站位。O3球员和O5球员在罚球区左侧进行双掩护。O4

球员在罚球区右侧进行单掩护。

2. 这一作战方式的主角是 O2 球员。O2 球员应该由队内最善于完成接球就投的后卫担任。他需要利用队友的双掩护或单掩护移动。O1 球员一边观察 O2 球员的切入情况，一边运球至 O2 球员的同一侧，寻找机会传球给 O2 球员，使 O2 球员完成接球就投篮的动作。这样的战术会直接出现，所以 X2 球员必须尽早采取行动。防守战术的目的是确保 O2 球员仅有一条跑出来接球的线路。当 O2 球员开始在篮下移动并接近篮网时，X2 球员必须改变自己的位置，以完成两项任务：第一，X2 球员需要移动至 O2 球员的左侧髋部外侧，以确保 O2 球员只能向另一侧的线路移动；第二，X2 球员需要举起并伸展右臂，以阻止由 O1 球员传给 O2 球员的直传球。

3. 如果 O2 球员选择单掩护一侧的线路进攻（图 8.4），O4 球员将会进行掩护，并在低位接球后背身单打。如果 O2 球员没有出手投篮的机会，需要立刻观察内线的形势，并把球传给 O4 球员使其展开单打。如果 O4 球员也不具备接球的条件，则需要转身，给 O5 球员或 O3 球员进行掩护。当 O2 球员开始移动，并利用 O4 球员的掩护从单掩护一侧发起进攻时，X2 球员需要在 O2 球员利用掩护进行闪切的同时，放低身体重心，在 O2 球员的髋部外侧对其进行防守。O2 球员是这一作战方式的进攻主力，他承担了接球就投的职责，而 X2 球员则需要负责打乱 O2 球员的投篮节奏。如果 O2 球员没有成功投篮，进攻方将会根据球员情况，选择使用不同的战术。

4. 如果 O2 球员从双掩护一侧离开，在 O2 球员切入的同时，O3 球员需要离开原本的位置，O5 球员则需要滑步到低位。O3 球员需要在三秒区内移动，并利用 O4 球员的掩护移动至弱侧。X2 球员需要对双掩护进行防守。

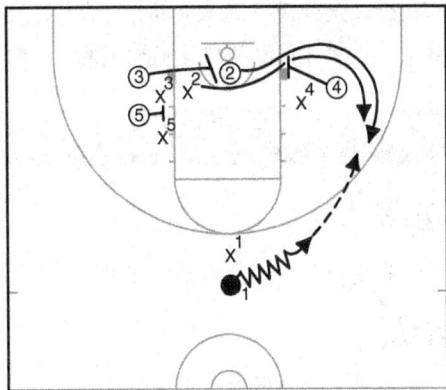

图 8.4 对底线掩护（单掩护或双掩护）进行防守的训练

对低位掩护进行防守

在一名进攻球员在低位深处或某一侧的罚球线延长线边缘进行掩护时，这样的防守掩护战术会随之出现。如下文中介绍的训练所示，低位掩护可能会在篮球被回传至弱侧时发生。这种掩护战术也有可能成为一种更为复杂的三人掩护形式，其中包括两次掩护传球行动。最常见的低位掩护阵型如下：O5 球员位于肘区或罚球线上，O2 球员或 O3 球员位于同侧的低位。当 O5 球员为后卫进行下掩护时，会使用低位掩护。这名后卫则需要利用这一掩护移动至三分线弧顶。

复杂的低位掩护战术

低位掩护战术也可以成为一种移动式的掩护战术，达拉斯小牛队（现达拉斯独行侠队）的德克·诺维茨基就曾经使用了这样的掩护战术。通常情况下，诺维茨基会通过第一个掩护来进入低位，接着利用第二个掩护来获得空位，以使用他的一对一后仰跳投技术。在 2011 年的 NBA 总决赛中，当持球的进攻球员运球至强侧的罚球线延长线时，复杂的低位掩护战术出现了。当位于右侧肘区的诺维茨基转身为位于右侧低位的队友进行掩护时，第一次传球发生了。这名队友利用诺维茨基的掩护，移动到了三分线弧顶，并接住了第一次传球。在这名球员移动至三分线弧顶后，他立刻向针对诺维茨基的防守球员进行低位掩护，并将球传给了诺维茨基，接着与针对诺维茨基的防守球员展开了一对一对抗。

对这一战术进行防守是非常困难的。当这一掩护战术出现在侧翼高位时，防守球员需要包围住进攻球员，并尽力避免进入对方的掩护范围，因为这会使进攻方获得投篮机会。这种掩护战术大部分会在快攻环节出现，并且通常会有杰出的投手参与执行战术。防守球员必须持续施加压迫，以阻止进攻方投篮。

对低位掩护进行防守的训练

重点

针对低位掩护执行防守战术，以及加强防守方的沟通与技巧。

步骤

球员从半场开始，以 5 对 5 的形式，按照以下步骤完成训练。

1. 达拉斯小牛队比 NBA 中大多数的球队都善于使用低位掩护战术。在战术开始时，他们会使用较为分散的阵型。O1 球员持球，带球至右侧的罚球线延长线。O4 球员位于右侧罚球线上。O2 球员位于右侧低位。O4 球员需要准备好为 O2 球员进行低位掩护。O5 球员位于左侧肘区，O3 球员位于左侧较远的底角。

2. 随着 O1 球员向右侧边线处的罚球线延长线运球，训练开始。O4 球员为低位的 O2 球员进行低位掩护。O2 球员利用掩护，移动至三分线弧顶。防守方需要使用两名球员来执行防守战术。防守方的 X4 球员需要对 O2 球员的掩护球员进行防守并获得空位、制造空间、大喊"通过"或"注意掩护"。进行掩护的防守球员（O4 球员）直接移动到 X2 球员正前方，并迫使正在追赶 O2 球员的 X2 球员改变前进线路。O2 球员此时正在向三分线弧顶移动。

3. 被掩护战术阻碍的 X2 球员需要进行让步、保持与对方球员的接触，为将对手推离掩护区域并紧跟对手做好准备。掩护会在球员之间距离较近，且进攻球员正在寻找机会完成接球投篮时发生，因此，防守球员距离进攻球员越近，防守方的优势就越为明显。

4. O1 球员传球给 O2 球员，并在低位对 O4 球员展开第二轮低位掩护。O4 球员利用掩护，在低位取代 O1 球员的位置。X4 球员需要进行让步、保持与对方球员的接触，为将对手推离掩护区域并紧跟对手做好准备（图 8.5）。

5. O2 球员传球给 O4 球员，O4 球员会具有赛场一整侧的空位来开始进攻。

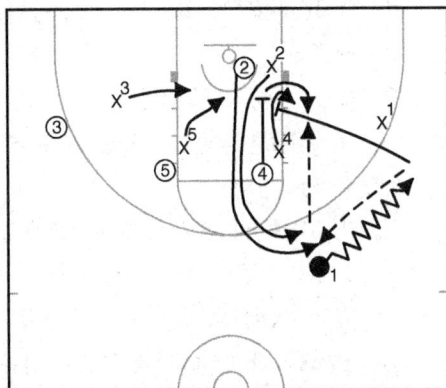

图 8.5 对低位掩护进行防守的训练

低位掩护战术有利于球员的移动和位置互换。对于达拉斯小牛队来说，这一掩护战术是一种极其有效的进攻战术。

对交叉掩护进行防守

当体形较小的后卫为位于对面低位的大个子中锋或大前锋进行掩护时，常使用交叉掩护战术。两个 NBA 冠军队都曾使用过这一进攻战术：迈阿密热火队使用了毕比为詹姆斯进行掩护，而达拉斯小牛队使用了基德为诺维茨基进行掩护。

下文将介绍两种使用交叉掩护战术的有效方式。第一种，后卫在低位展开战术，这时，可以使用直传球完成低位传球；接着，后卫穿过罚球区，并为中锋进行掩护。第二种，当后卫在外围展开战术时，可以使用非直传球，并进行交叉掩护。对这两种方式进行防守的方法是相同的。为了更清晰地进行讲解，下文介绍的防守战术将会从位于外围的后卫处开始。

对交叉掩护进行防守的训练

重点

针对交叉掩护执行防守战术，以及加强防守方的沟通与技巧。

步骤

球员从半场开始，以 5 对 5 的形式，按照以下步骤完成训练。

1. O5 球员位于右侧低位。O1 球员传球给位于罚球线延长线的 O3 球员，训练就此开始。

2. O1 球员切入同侧低位，同时前往既定位置为 O5 球员进行交叉掩护。X1 球员需要在 O1 球员切入低位并为 O5 球员进行掩护的过程中保持警惕，并对其展开冲撞。

3. 当 O1 球员切入低位并寻找机会使用掩护战术阻止 X5 球员时，防守战术正式开始。为了对交叉掩护进行防守做好准备，X5 球员必须位于既能看到球，又能看到对手的位置。

4. X1 球员和 X5 球员都需要使用各自的防守技巧，以避免被对方的掩护战术阻碍。X1 球员需要迫使 O1 球员后退，并压低身体，使 O1 球员无法获得合适的角度来为 O5 球员进行掩护。X5 球员向 O1 球员的掩护范围移动几步，同时保持自己对 O5 球员的视野、相对位置和手部接触。

5. X5 球员迫使 O5 球员向低位边缘移动，同时，X1 球员直接进入 O5 球员前方的传球区，来阻止 O3 球员给 O5 球员的传球。X5 球员则需要保持与 O5 球员的接触，并迫使 O5 球员离开低位（图 8.6）。

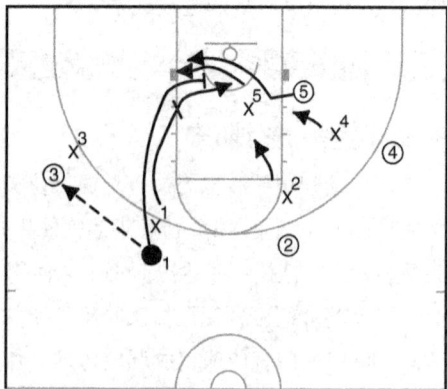

图 8.6 对交叉掩护进行防守的训练

6. O1 球员需要为 O5 球员进行掩护，因为这样可以制造一次位置交换。在这个例子中，X5 球员需要后退，并确保 O5 球员无法在罚球区内移动。X5 球员则需要使用双臂推动 O5 球员，并迫使 O5 球员向底线移动。接着，X1 球员需要对 O1 球员进行防守，使其无法进行掩护；同时对 O5 球员展开冲撞，使其放慢速度，来为 X5 球员争取时间。X5 球员需要抢夺 O5 球员的位置。

对交叉掩护和双掩护的战术组合进行防守的训练

重点

针对交叉掩护和双掩护的战术组合执行防守战术，以及加强防守方的沟通与技巧。

步骤

当进攻方注意到防守方对交叉掩护展开防守并执行同样的战术时，他们会改变战术，在战术中增加第三个防守球员。这会导致防守方进行进一步的防守调整。球员从半场开始，以5对5的形式，按照以下步骤完成训练。

1. 训练开始时，O1球员位于三分线弧顶的中路。O2球员位于左侧低位，O5球员位于右侧低位，O4球员位于罚球区中部，O3球员位于左侧的罚球线延长线。

2. O1球员传球给O3球员，并直接移动至右侧罚球线延长线。当O3球员完成接球时，O2球员需要为O5球员进行交叉掩护。O5球员则需要利用掩护移动至左侧低位。X2球员和X5球员都需要使用各自的防守技巧，以避免被进攻方的掩护战术阻碍。X2球员需要迫使O2球员后退，并压低身体，使O2球员无法获得合适的角度来对O5球员进行掩护。X5球员向O2球员的掩护范围移动几步，同时保持自己对O5球员的视野、相对位置和手部接触。

3. 位于罚球线的O4球员需要在O5球员在罚球区内移动时，对O2球员进行低位掩护。O2球员利用O4球员的掩护，闪切入罚球区中部，并寻找机会完成接球投篮。O4球员需要在右侧低位背身单打。对于防守方来说，当O4球员对X2球员使用掩护战术时，防守方会陷入困境。X4球员必须对O4球员展开冲撞，进而延缓对方低位掩护战术的执行（图8.7）。这可能会导致O2球员产生三秒违例。

4. O3球员有三种选择：第一，传球给O5球员，使其展开背身单打；第二，传球给位于罚球线的O2球员；第三，通过传球或运球，将球回传给O1球员。

如果进攻方执行了良好的掩护战术，对这种战术组合展开防守是非常困难的。这需要防守方具有协调的防守能力，包括大量的沟通、冲撞、阻碍以及在最后一轮掩护中有可能需要使用的换位技巧，以阻止对方投篮。

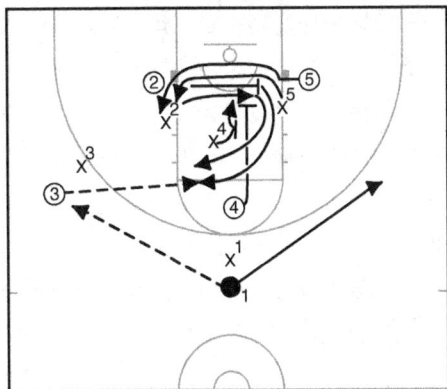

图8.7 对交叉掩护和双掩护的战术组合进行防守的训练

对挡拆掩护战术进行防守

挡拆掩护战术是篮球中最为常见的有效的进攻战术之一。这一战术通常能将优秀的球员和杰出的球员区分开来。挡拆掩护战术是一种直接展开进攻的战术，进攻的对象包括被掩护战术困住的后卫、没有与掩护球员一起离开三秒区的球员，以及没能阻止跳投手的弱侧防守球员。进攻策略会提供很多种展开挡拆战术的方法，因此，教练们必须准备一个针对进攻战术的完备的防守计划。

在早期，挡拆掩护战术会在持球后卫和大个子球员在边线或三分线弧顶进行掩护时出现。如今，挡拆掩护战术已经成了一种独立的进攻战术。当技术高超且决策力强的进攻后卫发起挡拆掩护战术时，对其展开防守是非常困难的。并不是所有的后卫都能够有效地使用挡拆掩护战术，但是，杰出的后卫们都在使用它。菲尼克斯太阳队的史蒂夫·纳什、洛杉矶快船队的克里斯·保罗和华盛顿奇才队的约翰·沃尔都会独立地使用挡拆掩护战术，来控制队伍的进攻节奏。优秀的控球后卫会具备相应的感知能力，来确认何时何地是展开进攻的好机会。

挡拆掩护战术的执行时机和位置选择需要由球队的球员构成情况决定。一些球队会更注重于边线，一些则偏爱中路，还有一些喜欢使用侧面突破战术（如2012年的迈阿密热火队的德怀恩·韦德和勒布朗·詹姆斯使用的战术）来进行攻守转换。防守方需要确定对每一个步骤展开防守的方式。在边线和中路的挡拆掩护战术一般是事先计划的，防守起来并不复杂，因为防守方能够得知进攻方的行动。目前来说，防守方需要解决的是随机发生的挡拆掩护战术和多个进行交叉掩护的进攻球员。越来越多的球队开始使用通过跑动来穿越罚球区的挡拆掩护战术。

对挡拆战术展开防守时，防守方可以使用很多技巧，包括包夹、防守后回位（防守球员对进行掩护的球员快速展开防守，假意对持球球员展开包夹，以此拖延时间，或放慢持球球员的速度，并且使需要对持球球员展开防守的队友尽快赶上）、强阻拦（大个子球员展开防守，使持球球员无法越过自己和另一名防守球员，或使持球球员转向底角）、出现或突破（防守球员出现后进行后撤，以帮助队友保持针对持球球员的良好防守位置）、退让（防守球员保持在后方，不对持球球员进行任何进攻或使用任何假动作），以及换位。球员使用的防守方式应该由个人的技术水平、团队的速度、预判能力和对手的挡拆掩护战术的执行情况决定。

无论进攻方在球场上的哪个位置展开了挡拆掩护战术或防守方在球场上的哪个位置展开了相应的防守战术，防守球员都需要遵循以下三条重要原则。

1. 对进行掩护的球员进行防守的防守球员必须与队友保持沟通，使队友得知进攻战术的展开情况。
2. 对持球球员进行防守的防守球员必须避免使进攻后卫将自己与对进行掩护的球员进行防守的防守球员分开。

3. 如果防守方决定使用包夹战术，展开该战术的防守球员必须坚持执行战术，直到持球的进攻后卫选择传球。

边线处的挡拆掩护战术　在对边线处的挡拆掩护战术进行防守时，最重要的是如何对持球球员展开防守。防守方必须了解进攻后卫的行动偏好，包括后卫在转过底角并进入罚球区后，会进行跳投、上篮，还是使用分球投篮。

防守策略的选择需要根据持球球员的技术水平而定，这样才能选出最合适的防守策略。突破掩护后，防守球员可以与优秀的跳投手展开对抗，而使用撤退方式避开掩护的方法更适合于与喜欢进攻篮筐的球员展开对抗。在防守方决定了对持球球员展开防守的方式后，战术的重点就变成了在掩护发生时的实际赛场情况。防守方在掩护发生时的行动会决定接下来的战术。当O5球员为O1球员进行掩护时，X1球员和X5球员必须了解对手球员的战术偏好，并对事先制定的防守方式进行沟通。如果这一环节出现了任何问题，进攻方就会获得比赛优势。

对边线挡拆掩护战术进行防守的训练

重点

针对边线处的挡拆掩护战术执行防守战术，以及加强防守方的沟通与技巧。

步骤

球员从半场开始，以5对5的形式，按照以下步骤完成训练。

1. O1球员运球至罚球线延长线，将O3球员推向底角。位于高位的O5球员需要改变位置，来为O1球员进行挡拆掩护。

2. 当O5球员为O1球员进行掩护时，防守方需要进行第一个决定。防守方需要决定他们将要使用以下哪种技术：保持在对手附近，与对手展开对抗、换位，使用包夹战术来制造防守转换的机会。

3. 如果O1球员攻入中路，内线的防守球员需要扰乱他的进攻。O1球员此时有以下几种选择。

   a. O1球员可以进行跳投。

   b. O1球员可以传球给O5球员。O5球员在进行掩护后，向篮筐进攻。

   c. O1球员可以传球给O2球员，使O2球员完成跳投；或传球给O4球员，并使O4球员上篮。

4. 图8.8展示了边线包夹战术和O1球员向中场后退的情形。为了有效地使用这一技巧，X1球员和X5球员必须使用包夹战术，来迫使O1球员运球或传球。在图8.8中，O1球员在运球后，被迫选择了传球。

5. 对进攻球员进行包夹会制造攻守转换的机会，X3球员和X4球员必须保持警惕，并在 O5 球员向篮筐移动时对其进行防守。O1 球员传球给 O3 球员。在 X2 球员对中路进行防守时，X4 球员需要转动方向，并对 O5 球员进行防守（在 O4 球员接到传球后，X3 球员将会承担对 O5 球员展开防守的职责）。在传球中，X5 球员需要转向篮筐方向，并对 O4 球员和 O3 球员中具有空位的那一名球员进行防守。如果防守方的包夹战术得以成功实施，O2 球员需

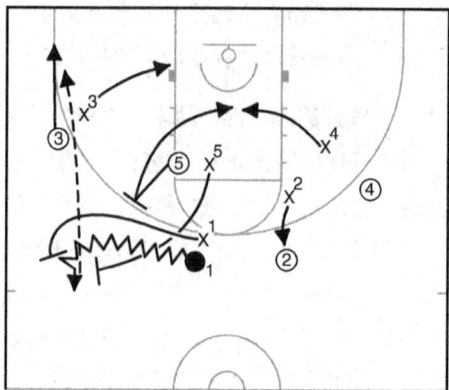

图 8.8 对边线挡拆掩护战术进行防守的训练

要向 O4 球员所在位置后退，X4 球员需要转动方向，并对 O5 球员进行防守。

中路的挡拆掩护战术 对中路的挡拆掩护战术展开防守是非常困难的，因为进行掩护的球员通常体形较大，他会在完成掩护后，移动至篮下。另外，这名大个子球员还可能是一名能够完成中距离跳投的优秀外围投手。对这一战术展开防守，需要大量的练习和较强的团队协调能力。至关重要的防守决策会在掩护战术出现时随之出现，也就是当 O5 球员对 X1 球员使用掩护战术时。防守方对掩护战术的处理方法决定了队伍的成功或失败。

无法在直接的一对一对抗中对掩护战术加以控制的防守球队需要使用多种方法进行练习，并找到最适合自己的方法。对于防守方来说，很多时候，由于球员技术水平的不同，教练需要从最糟糕的选择中选出相对较好的方法。直接与优秀的球员和优秀的战术组合展开对抗，无异于主动投降。在 2011 年 NBA 总决赛与迈阿密热火队进行的第 7 场比赛中，达拉斯小牛队通过使用区域联防机智地对防守战术进行了调整。达拉斯小牛队知道，对韦德、波什和詹姆斯展开一对一防守几乎是不可能成功的，但区域联防战术却可以破坏热火队的阵型、作战时机，让其走出舒适区。

在试着克服技术不足这一问题的过程中，直接对挡拆掩护战术展开防守并不是一种合适的战术选择。这个过程是较为复杂的，教练们可能需要考虑以下几种方式：强阻拦后回位（大个子球员展开防守，使持球球员无法将自己与另一名防守球员分开或使持球球员转向底角；大个子球员会展开强硬的阻拦，不让持球球员带球突破）；包夹战术，并在试图阻止 O1 球员的进攻时进行一次退让（防守球员保持在后方，不针对持球球员展开进攻或做假动作）；自动换位，并对 O1 球员进行退让。

防守的方式有很多种，但是，它们的主要目的都是使防守球员与持球球员和进行掩护的球员保持较近的距离。防守方需要防止 O1 球员获得空位并展开进攻、防止 O5 球员在移动至篮筐时获得上篮机会，并防止 O4 球员在获得 4.5 米的弹出式投篮机会后

使 O5 球员对篮筐展开进攻。防守方也必须尽力阻止 O2 球员或 O3 球员获得空位和三分球投篮的机会。下文展示了在中路的挡拆战术中需要进行防守的多种投篮方式。

对中路挡拆掩护战术进行防守的训练

重点

针对中路的挡拆掩护战术执行防守战术，以及加强防守方的沟通与技巧。

步骤

球员从半场开始，以 5 对 5 的形式，按照以下步骤完成训练。

1. 训练开始时，O1 球员持球，位于三分线外。O2 球员位于罚球线右侧延长线，O3 球员位于罚球线左侧延长线，两名球员都位于三分线外。O5 球员位于三分线弧顶，并为对 O1 球员进行掩护做好准备，O4 球员位于左侧低位，与 O1 球员进攻的路线相对。

2. 战术开始，O1 球员向右侧移动。O5 球员在罚球区和中圈之间的区域进行掩护，左肩朝向中圈。X1 球员和 X5 球员必须进行沟通，并对 O5 球员的掩护进行防守。在掩护区域进行防守，意味着防守方需要阻止 O1 球员将 X1 球员和 X5 球员从起初的状态分开。在听到 X5 球员的信号后，X1 球员可以与 X5 球员一起后退，以避免受到掩护战术的阻碍，同时使用退让方式，来使 O1 球员保持在自己的前方。或者，X1 球员也可以试着与 X5 球员一起对 O1 球员展开进攻。X1 球员还可以使用前文中提到的任意一种方式来处理这一情况。

3. 让 O1 球员保持在 X1 球员前方是战术的关键。如果 X1 球员使用了退让方式，并保持在 O1 球员前方，那么，X2 球员和 X3 球员可以保持在原本的防守位置，并降低对手进行三分球投篮的可能性。这也会降低 O1 球员进行分球投篮的可能性。在图 8.9 中，X1 球员和 X5 球员具备对 O1 球员展开跟防的条件。

4. 当 X5 球员保持在持球球员周围时，O5 球员立刻向篮筐移动，并迫使防守方随之移动。当 O5 球员向篮筐移动时，O4 球员需要移动至罚球区，这会使防守方获得优势，进而使防守方获得高低位策应的机会。为了防止这样的被迫移动，防守方可以使用联防、换位或对持球球员展开进攻并迫使其远离掩护区域等方法。

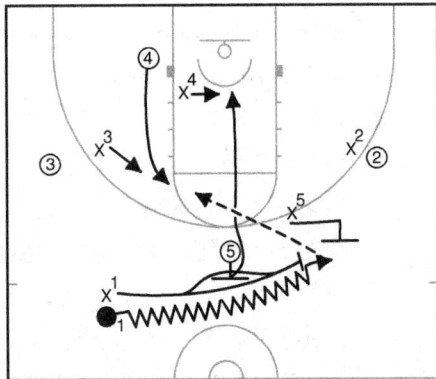

图 8.9 对中路挡拆掩护战术进行防守的训练

侧面突破战术 最难防守的挡拆掩护战术是防守方需要在攻守交换的过程中进行后撤的战术。任何进攻球员都能够进行掩护，或在持球球员前进时针对防守球员使用掩护战术，进而使持球球员获得机会完成投篮。侧面突破是进攻方在前场作战时自然发生的一种随机行动。因此，对相应的防守战术进行教学的最好方式是对掉球或失败的罚球进行分析、展示和练习。

通常来说，侧面突破的挡拆掩护战术仅仅会在持球球员到达前场的任一边线并获得进攻中路的机会时出现。在 NBA 中，一些能力超常的持球球员会乐于使队友在三分线弧顶进行掩护，他们会利用这些掩护展开中路进攻并完成上篮，或进行分球投篮。

对侧面突破和随机发生的挡拆战术展开防守是非常困难的，防守方需要持续不断地练习这种防守方法。

对侧面突破战术进行防守的训练

重点

针对侧面突破战术执行防守战术，以及加强防守方的沟通与技巧。

步骤

这一训练强调了提前接近对手并为提供支援做好准备的重要性。训练将由一次罚球开始。按照以下步骤完成训练。

1. 训练从后场底线开始。O5 球员带球入场，将球传给 O1 球员。在防守方后退时，O1 球员运球进攻至两侧边线之一。

2. O1 球员试图避开 X1 球员的压迫，并逐渐接近中场或前场的高位边线。同时，O5 球员沿中路移动，改变方向后，向 X1 球员展开掩护战术，使 O1 球员得以展开中路进攻。

3. 执行这一防守战术是非常困难的，因为防守球员处于后退状态，并需要寻找各自的对手。在大部分情况下，最佳的支援方式是使用掩护战术。如果 X1 球员受到了掩护战术的阻碍，X5 球员需要与其交换位置。X5 球员需要降低速度，并与 O1 球员站成一列（图 8.10）。

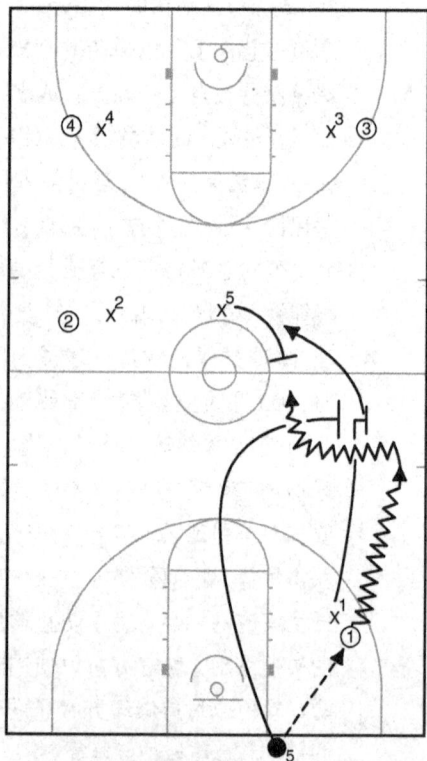

图 8.10 对侧面突破战术进行防守的训练

这一行动会使 X1 球员获得恢复的机会，进而回到对 O1 球员进行防守的位置。X5 球员需要尽力避免 O1 球员在中路实现运球突破。

4. 如果 O1 球员过掉了 X1 球员，X5 球员必须为提供支援做好准备。

对侧面突破战术展开防守的情况已经变得越来越普遍，这一训练正是模仿了比赛中会发生的情况。

扰乱全场攻防转换战术

一些球队很难被击败，因为他们具有一些防守特点，包括：使用阻挡每次投篮的半场防守战术的球队、破坏运球突破的球队、阻碍进攻篮板球的球队、使对方的投篮次数最小化的球队、避免犯规问题的球队及限制或降低对手创造转换快攻机会的球队。阻止攻防转换的战术强调了几种基础原理。下文将对一些能够为其提供帮助的防守原理进行介绍。

篮板球 在设计进攻战术时，教练需要考虑到投篮失败时，出现进攻篮板球的情况。为了执行相应的战术时，指定的球员需要在进行半场作战时移动至篮板处。如果队友投篮没有命中且对手抢到篮板球，这些球员就会处于防守的最前沿，进而阻止对手在抢到篮板球后进行长传。这样的长传会使对手展开快攻。大个子球员需要高高地伸展双臂，以困住或牵制抢到篮板球的球员，进而阻止长传的发生。在最理想的情况下，这样的战术会成功地改变传球方向或打断传球；在最糟糕的情况下，这样的战术可能仅会延缓长传的发生。当抢到篮板球的球员试图运球离开时，一名防守球员需要立刻对其进行防守。教练需要对指定的抢篮板球球员展开教学，使其学会如何拼抢进攻篮板球，并指导球员对抢到篮板球的球员进行防守，阻止其运球离开或进行传球，以上情况才有可能实现。

拦截篮球 拦截篮球的目的是阻止对手完成攻守转换。在转换中对篮球的拦截会根据进攻战术的展开而开始。为了放慢对手的转换速度，可选择进攻性较强的战术，使 3 名球员向篮板发起进攻，1 名后卫在罚球线对长传进行防守，1 名后卫位于后方以阻止长传。在这样的防守方式中，内线球员会包围抢篮板球的球员，对抢到篮板球后的长传进行防守的后卫会承担传球的职责。位于后方的后卫则需要进行掩护，并对穿越中场线的第一个对手进行跟防。

罚球区防守战术 在攻防转换中，进攻方可以使用两种基本方式将球带至前场：传球和运球。传球是目前来说速度最快的将球带至前场的方式。因此，大个子球员需要困住抢篮板球的球员，以阻止抢到篮板球后的快速长传，这对于攻防转换来说非常重要。球探报告可以提供关于对手攻防转换的重要信息，如他们是否更重用某一名后卫，或后卫会跑回自己一方的后场接传球还是全部快速移动至自己一方的前场。

在 3-1-1 的纵列防守阵型中，位于前方的后卫首先需要承担阻拦对手的职责，并需要保持位于进攻方后卫的前方，来防止对方接到长传球。在后卫接到长传球后，他会运球进攻还是将球传至边线呢？如果后卫选择传球，就意味着他的一名队友离开了位置。如果后卫选择运球进攻，一名防守球员必须保持位于他的前方，并对其进行盯防。

防守方的第一道防线是困住抢篮板球的球员，第二道防线则是对进攻的后卫进行防守。无论使用哪一种防守方式，防守方都必须进行跟防，并接到长传球的球员进行控制。

支援 在正常的攻防转换防守战术中，大个子球员必须全速跑向后方，并为针对持球球员的防守球员提供中路的跟防支援。但是，在一些攻防转换的情况中，新的防守方会很难展开防守。如果进攻方带球向前场进攻，防守方会变得非常混乱，且没有支援力量可以在此时为他们提供帮助；如果对手在飞奔中接到了抢篮板球后的长传球，防守方也会陷入十分不利的情况。这两种情况会大大降低持球球员得到来自大个子球员的跟防支援的可能性。行动快速的进攻后卫在如今的比赛中比比皆是，因此，球队的 5 名防守球员都需要以全速向后奔跑、对三秒区展开防守，并保护篮筐。

转换防守战术

在教练的教学中，最被重用的技术之一就是前文的攻防转换部分提到的对防守战术的转换。大部分教练会首先学习一对一防守战术，接着在比赛过程中就不再考虑区域联防战术和转换防守战术了。

防守方需要决定自己的防守对象，并分辨出那些不需要防守的对象。无论比赛的水平如何，很少会有球队具有 3 个或 3 个以上的杰出得分球员。2011 年的 NBA 总冠军迈阿密热火队有詹姆斯、韦德和波什，但依然没能获胜。当达拉斯小牛队转换了防守战术，并采取区域联防战术后，赛场局势发生了改变。迈阿密热火队的投篮开始来自赛场上的不同区域，他们无法获得进攻篮板球，比赛的次序和节奏都随之发生了变化。

在近身球类比赛中，赛场局势会被一两个战术改变。由一对一防守战术转换至 1 盯人 4 区域联防战术，并与势头正猛的得分后卫展开对抗，有时会使这名后卫离开比赛。除此之外，在对一名身高较低的得分球员展开一对一防守时，可以使身高较高的防守球员来进行防守，以对这名得分球员的投篮进行阻挡和扰乱。如果防守方将战术转换为 1-3-1 半场区域联防战术，并对侧翼和底角展开包夹战术，同时使进攻方在进攻过程中被迫使用非投手进行投篮时，类似的调整也是有必要的。

转换防守战术的主要优势还来自使用战术后形成的灵活的作战形式。转换防守战术可以通过多种方式实现，并不一定需要进行很大的战术调整。举例来说，球员们可能会在罚球、篮球出界、比赛暂停并进行球员替换之后，以及得分成功或投篮失败时收到转换防守战术的指示。一些球队喜欢不停地转换防守战术，并享受由全场区域联防紧逼战术转换为 2–3 半场区域联防战术，接着在第一个传球发生时，再转换为一对一防守战术的过程。转换防守战术对于教学和比赛来说都是一种具有创意的方法，有利于球队提高得分。

利用自身优势

　　人们常说，从教练的角度来看，进攻球员是具有天分且技术高超的球员，而防守球员是身体条件较好且运动性较强的球员，他们都是态度十分积极的、坚毅的球员，并且十分了解自己所担任的角色。防守球员应该为那句"防守是最有效的进攻"的俗语而感到骄傲，这意味着，优秀的防守战术会使球队得以继续比赛。在一些比赛中，具备绝佳优势的球队会在执行进攻战术时出现失误，这时，这句对防守的见解就显得更为准确了。一个最恰当的例子是 2011 年 1 月 31 日的一场比赛。当杜克大学队以 19 胜 2 负的成绩位列全国第三时，他们来到了纽约，与不在排名中的圣约翰大学队展开了这场比赛，圣约翰大学队此时的成绩为 12 胜 8 负。

　　对于圣约翰大学队来说，这是一场主场比赛。赛场位于麦迪逊广场花园，场内有 19353 名支持圣约翰大学队的球迷。杜克大学队在这场比赛中获得了 78 分，在大多数比赛中，这都是可以轻易获胜的分数，但这次却不一样。无论是从球员个人角度来看，还是从理论上来说，圣约翰大学队都无法与杜克大学队展开直接的对抗。他们可以使用的一种方法是，利用防守策略迫使杜克大学队放弃他们所习惯的半场进攻战术，这也正是圣约翰大学队最终选择的方法。从比赛一开始，圣约翰大学队就展开了他们的防守计划，这使得杜克大学队完全离开了他们的进攻舒适区。圣约翰大学队同时还展开了全场包夹的一对一防守战术。也就是说，他们不仅使用了一对一防守战术，同时也在获得优势时对持球球员开展了包夹战术。这样的策略迫使杜克大学队不得不跟随圣约翰大学队较快的比赛节奏来开展战术。

　　这场比赛很好地显示了防守战术能够对进攻形式造成的影响，很少有其他比赛能成为比它更好的例子。杜克大学队试图使用激进的全场防守攻击战术与圣约翰大学队的全场压迫防守战术展开对抗，但是，球员身材较小但速度更快的圣约翰大学队在杜克大学队初期的混乱阶段已经完成了多次上篮，并获得了较高的分数。圣约翰大学队的后卫在试图引发犯规的投篮中使对方发生了犯规，并接住了抢篮板球后的长传球。而杜克大学队由外围展开了进攻，在 21 次三分球投篮中仅在比赛后期成功了 1 次，最终获得了 26 投 5 进的成绩。

　　圣约翰大学队一次又一次地完成了抢篮板球后的长传，并完成了多次上篮和补篮。他们在半场比赛结束后获得了 46 比 25 的成绩。而他们的持续性全场紧逼战术使得杜克大学队无法重新获得比赛优势。

圣约翰大学队利用了长为 28.7 米的整个赛场和身材较小但速度更快的球员，他们压迫性极强的防守战术迫使杜克大学队进入了其预料之外的情况中。圣约翰大学队引发了一阵混乱，并使用 40 分钟的积极防守战术与运球进攻战术相结合的方式击败了杜克大学队，完成了这一场经典的比赛。防守战术是衡量所有篮球教练的基本标准，对于圣约翰大学队的进攻来说具有极大的帮助。通过将防守策略转换为全场紧逼战术，圣约翰大学队击败了全国顶尖的球队之一。虽然进攻战术是篮球中较为精妙的部分，但防守战术才是使比赛得以平衡的均衡器。

防守的团队协作

在合理地进行管理的情况下，很多团队策略都能够以团队协作为基础，让团队更统一和协调。球员的参与、时间管理、犯规策略、比赛结束前的决策都是篮球比赛的一部分。如果教练和球员能够团结一致地投入比赛策略中去，就更有可能获得有效的成果。

球员的参与

对于如何激发、利用和评估球员的参与带来的优势，每个教练都持有不同的看法。球员的参与的力量是巨大的，我个人认为，它是极其有效且具有建设性的。我们的战术体系鼓励球员参与团队的所有政策和规则的制定，包括学术要求和学术任务、团队穿衣规范的制定，也包括课堂和训练的考勤、球员会议等规定的制定，以及比赛的指导方针的制定。我们发现，当球员们参与了政策和规则的制定时，他们会更愿意遵守它们。

球员们有很多与教练沟通的机会。举例来说，球员可以在比赛前一天的训练中与教练沟通自己的问题和提出建议。在比赛当天，大部分的高中、大学和 NBA 球队都会进行赛前拍照，并讨论球探报告。另外，在比赛开始前，球队还会对所有的任务和战术进行粗略的介绍和讨论。在这些时候，教练会愿意回答球员的一切问题。让球员参与的另一个好时机，是赛前热身结束后，当球队回到更衣间进行最后的赛前指示时。

球员的参与还可以在比赛暂停时发挥作用。在比赛暂停时对高中、大学和职业教练之间的不同之处进行观察是很有趣的。在各种级别的球队中，所有教练方的工作人员，包括主教练和所有助理教练，常常会短暂地来到赛场上，以远离球员。他们会对战术策略展开讨论，并在这时避免球员的参与。接着，主教练会回到球员中，并对他们各自的任务进行讨论。通常情况下，教练会做出战术决定。偶尔也会有球员针对战术的执行提出问题或给出建议，但是他们很少能改变战术决策。如果一名球员想要在比赛时执行某种策略，他需要在主教练回到球员中之前提出建议。但是，有些时候，在对压哨球的相关策略进行讨论时，职业球员可能会提出"这次让我来做"或仅仅一句"我来"的建议，这样的建议也是会被采用的。

大学和高中球队的教练会采用不同的方式。在完成罚球后，一些球员，通常是队长，会不断地在边线处与教练进行沟通。通常情况下，他们是在讨论下一回合需要使用的防守阵型和战术选择。在比赛暂停期间，有些时候，教练方的工作人员并不会避开球员进行讨论，主教练会直接来到球员中进行讨论，而助理教练们会与各自指定的球员进行讨论，以确保这些球员在团队讨论结束后能真正理解团队的战术。

在使用压哨球来赢得比赛或打平比赛时，教练可能会询问某一名球员想要让球出现在赛场的哪一侧。在这种情况下，球员的参与是非常有用的。

北卡罗来纳大学夏洛特分校队对旧金山大学队

1976 年，我担任教练的球队之一，北卡罗来纳大学夏洛特分校队在麦迪逊广场花园展开了 NIT 的第一轮比赛。旧金山大学队是我们的对手，当时，他们领先了 2 分，而比赛还剩下 16 秒。我们暂停了比赛，篮球此时位于前场的出界线一侧。为了赢得比赛，我们不得不完成一次得分。

当球员们开始进行团队讨论时，我问："谁想要完成这个压哨球？"3 名球员迅速举起了手，其他两名则没有。因此，我们设定了一种战术。没有举手的两名球员中的一名将球带入场内，另一个则负责进行掩护。战术的内容是：进入内线，并寻找机会进行投篮，或使对方发生犯规。球员将球带入了场内，进行了几次快传，接着将球传到了位于低位内部区域的一名叫作凯文·金的大一新生手中。在使用了一次假动作后，他转向了左侧，并完成了距离篮筐 3 米的跳投，篮球落入了篮网。这一次进球使比赛进入了加时赛，并使我们最终赢得了比赛。如果有人问我是否相信球员参与的价值，我的答案一定是肯定的。是我的球员们想要完成这个投篮！

时间管理

时间管理在每场比赛中都十分重要。时间管理包括暂停、换人、犯规和在何时使用哪名球员完成压哨球等决策。无论是进攻方还是防守方，球队都需要对各种情况加以练习，包括己方领先 1 分、2 分和 3 分的情况，以及己方落后 1 分、2 分和 3 分的情况。

时间管理的一个经典的例子是 2011 年 12 月 10 日在布卢明顿市展开的一场比赛。印第安纳大学队在这场比赛中以 73 比 72 的比分击败了在当时排名第一的肯塔基大学队。在比赛还剩 5.6 秒时，肯塔基大学队已经获得了 71 比 70 的比分。位于罚球线的多隆·兰姆本有机会让肯塔基大学队领先 3 分，但他的第一次投篮失败了，而第二次投篮成功了，使得肯塔基大学队领先 2 分。印第安纳大学队在此时使用了暂停。

这时，时间管理对战术的影响出现了。因为两组球队都需要完美地执行战术才能获胜。印第安纳大学队需要获得一次空位投篮的机会，获得 2 分，将比赛打平；或一次三分球机会，获得 3 分赢得比赛。而肯塔基大学队则需要对印第安纳大学队进行阻挡。

肯塔基大学队的策略是清晰的：在具备两次犯规机会而印第安纳大学队需要在 5.6 秒内跑过整个赛场的情况下，肯塔基大学队需要在后场展开犯规，并赢得几秒的时间。接着，他们需要进行第二次犯规，使印第安纳大学队无法获得空位投篮的机会。成功地执行这两次犯规行动将会是一次杰出的时间管理。

而同样了解这一情况的印第安纳大学队知道，他们必须迅速行动，并避免与对手进行接触。理论上来说，肯塔基大学队的防守战术要对比赛情况进行控制。他们仅需要使用一对一的防守战术，并对带球入场的球员进行犯规。但是这些情况却没有发生。

印第安纳大学队使沃戴尔·琼斯带球入场。他在没有与对手发生接触的情况下，运球攻入了前场，并将球传给了克里斯蒂安·沃福德。沃福德使用 0.7 秒准时完成了三分球投篮。印第安纳大学队实现了完美的时间管理，并赢得了比赛，而肯塔基大学队没能成功制造犯规，导致他们以 72 比 73 的比分输掉了比赛。

犯规策略

犯规是篮球的基本组成部分之一。教练和球员需要达成共识，以确定在什么时候应该进行犯规，以及在什么时候不能进行犯规。在本书的第 5 章 "进攻的优先顺序" 中，我们曾探讨了罚球的重要性，其中提到了很多比赛的胜负是由具有空位的罚球决定的。罚球会在整场比赛中不断出现，不局限于比赛快结束时的罚球。所有的罚球都十分重要，因此，尽可能减少犯规的次数，并使球队无法获得罚球机会是一种良好的战术策略。

另一项需要注意的重要基础原理是，永远不要对跳投手进行犯规。为什么呢？因为，如果跳投手没能成功完成罚球，而他的队友成功抢到了篮板球，并进行了一次三分球投篮，防守方将有可能失去 4 ~ 6 分。

第 9 章 "关键时刻的战术部署" 中有对创造一种与犯规策略紧密相连的犯规规则的详细讨论。球员们必须有意识地减少自己的犯规次数，尤其是在比赛前期。球员需要知道，最有用的减少比赛时间的方法就是避免无用的犯规。

但是，在一些情况下，犯规也会带来优势。而了解由谁来进行犯规、如何进行犯规，以及何时进行犯规是至关重要的。每次犯规都应该是一次机智的战术行动，且不应该为球队带来处罚。球员必须学习和练习恰当的犯规技术，以确保自己能够遵守比赛规则。教练必须指示球员如何展开避免使对方获得罚球机会的犯规。举例来说，如果持球的对手球员的数据信息显示，他并不善于罚球，那么，对这样的球员展开犯规仅仅会延续比赛。阻止对手的上篮进攻，并使对手完成两次距离篮筐 4.5 米的投篮也被一些人称为战术性犯规。另外，试图控制比赛的进攻球队需要将球保持在己方最佳的罚球投手手中。为了实现这一目标，他们可能需要进行球员轮换，使最优秀的罚球投手上场比赛。

在 26 年的大学执教和 22 年的 NBA 执教生涯中，我注意到，各个级别的教练对于比分接近的比赛中应采用的防守战术存在着许多不同的看法。与 NBA 中的 8 名主教练合作后，我发现他们更倾向于在比赛快要结束时使用一对一防守战术。他们会在比赛结束前的 10 秒内进行一次三分球投篮，来超越比分。在大学的篮球赛中，并没有很多技术高超的三分球投手，教练们会更愿意使用包夹战术和区域联防战术。无论是在哪一种情况下，首要的法则都是避免犯规的发生。

下文展示了一种防守战术出现失误的情况：球员被指示对持球球员进行犯规或展开跟防，但是，两种战术都没能实现。这一情况使佛罗里达大学队几乎输掉了整场比赛。在 2011 年 2 月初，佛罗里达大学队在比赛结束前 6 秒完成了一次三分球投篮。他们的对手使球出界，并获得了从底线展开战术的机会。佛罗里达大学队针对带球入场的传球展开了象征性的压迫，但是对方的后卫通过全速移动接住了传球，而对其进行防守的防守球员忽然被拉开了两步的距离。这名后卫直接攻入了罚球线弧顶区域，并利用空位完成了一次三分球投篮，使比赛进入了加时赛（佛罗里达大学队最终以 65 比 61 的比分赢得了比赛）。对进攻后卫展开象征性的压迫来阻止对方带球入场是一种良好的策略，但使用让速度较快的持球球员击败防守球员并获得空位的紧逼防守策略一定是一个错误。然而，这正是这场比赛中所发生的情况。佛罗里达大学队是想要进行犯规吗？他们不是还有一次犯规机会吗？这是两个好问题。而对这种情况进行准备的唯一方式就是进行练习。

比赛结束前的战术决策

为比赛后期进行计划和展开练习对于进攻方和防守方来说都十分重要。在两个 NBA 比赛的事例中，球员的参与都发挥了极大的作用。这两种情况展示出了团队对抗的复杂性和困难性。球队对一种情况展开防守的方式通常可以追溯至两种理论。第一种理论指出，为避免对方的明星球员将自己击败，而需要使他放弃持球。第二种理论指出，紧盯对手，并使他们的明星球员进行投篮。在下文描述的情况 2 中出现了重大的估计错误。

情况 1

在 2011 年 NBA 总决赛的第二场比赛中，达拉斯小牛队在佛罗里达州击败了迈阿

密热火队。达拉斯小牛队在第四节比赛开始时落后 15 分，最后却以持平的成绩完成
了比赛。以下为比赛中所采用的战术：当比赛还剩 24.5 秒时，分数以 93 比 93 持平。
达拉斯小牛队的球位于右侧界外的罚球线延长线处。位于中路的贾森·基德带球入场，
并运球向边线进攻。与此同时，贾森·特里为诺维茨基进行掩护，波什对他们进行防守。
诺维茨基在罚球线的稍左侧接住了基德的传球，并由篮下跑向中场。诺维茨基在接球
时并没有采用完全笔直的线路向篮筐移动。他使用了一个优秀的朝向右侧的假动作，
由右向左旋转，使用犹豫的动作成功蒙骗了波什，接着向左进攻，获得了空位并完成
上篮，最终在比赛剩余 3.6 秒时赢得了比赛。没有防守队员提供支援。

需要思考的 5 个防守结果如下。
1. 迈阿密热火队可以对诺维茨基展开包夹吗？
 可以。
2. 什么时候是迈阿密热火队对诺维茨基展开包夹的最佳时机？
 当他使用旋转动作时。
3. 迈阿密热火队是否有机会在诺维茨基旋转时对其进行犯规？
 有机会。
4. 那么，为什么迈阿密热火队没有进行犯规呢？他们是不想让他获得两次罚球
 机会吗？
 达拉斯小牛队的球员并不在罚球区内。
5. 无论是哪名球员需要对诺维茨基展开防守，其他球员不知道波什需要支援吗？
 他们理应知道！

情况 2

当我还是一名助理教练时，在一场 NBA 比赛中，我方落后 2 分，比赛还剩 26 秒。
我们的对手持球，位于前场的出界线一侧。我们需要做的仅仅是展开拦截、使用暂停、
获得篮球，并完成投篮来使比分持平。

我们可以选择的防守方式有很多。
1. 我们可以使用大个子球员对边线传球进行防守，以施加压迫。
2. 我们可以使用防守球员对传球球员进行防守，并对接到边线传球的球员展开
 包夹。
3. 我们可以设定一种稳定的防守战术——1–3–1 半场包夹防守战术，对第一次
 传球展开包夹。
4. 我们可以使用跑动和跳动来迫使对方采取行动。

然而，我们并没有采用任何一种方式，而是使用了没有风险的直接的一对一防守
战术，并使时间白白浪费了。我们不应该进行犯规，但是在对方进行压哨球时，我们

抢得了篮板球,暂停了比赛(此时比赛时间大概还有3秒),将球向前推进,实施了战术,并试图使比分持平。

与助理教练讨论多种不同的战术选择是一种良好的策略,这可以确保所有的主要区域都有相应的球员。这样的方法在具有24秒投篮时限和各种不同的推进球的规则的NBA赛事中尤其有效。不幸的是,这样的讨论并没有在上文中的比赛中发生。

我们的计划从带球入场开始就产生了事与愿违的结果。篮球经过边线传球到达了名为山姆·卡塞尔的精明的成熟球员手中,他进入了中路并开始运球。对手对他展开了象征性的压迫,时间随之流逝。当比赛还剩3秒时,卡塞尔进行了一次快速的移动,并在投篮时限结束前完成了投篮,此时,比赛还剩下两秒。篮球击中了篮筐的后侧边缘后被高高弹向了边线,在比赛结束的同时,篮球出界了。

不用说,在比赛结束后,更衣室里一片安静。

教练和球员必须对各种情况展开练习,并且针对在比赛还剩下26秒、10秒、5秒、3秒或更短时间的情况下己方落后1分、2分或3分,且需要完成一次成功的投篮的情况进行特定的训练。在类似的情况下,当球队领先1分、2分或3分时,他们需要具有良好的战术,来进行边线传球。比赛结束前的战术策略非常重要,而球队只能够通过练习来为此做好相应的准备。

担任过教练的人都会知道,进攻战术是一个变幻无常的伙伴。在一些比赛中,它会在毫无预警的情况下失效。投篮会失败、传球会发生偏差、球队也会陷入犯规的麻烦中,进而导致球队在预料之外输掉比赛。有时,糟糕的进攻战术执行似乎具有传染性,进而影响整个球队的发挥。在这样的比赛中,防守战术是团队获胜的唯一选择。球员们必须为对掩护进行防守和在赛场局势需要时由一对一防守战术转换成区域联防战术做好准备。这就是要对防守的基础战术,包括Shell联防战术,加以练习的原因。防守战术具有一定的挑战性,但它很可能会成为阻止球队输掉比赛的重要战术策略。

第 **9** 章

关键时刻的战术部署

没有为比赛做好准备就意味着会输掉比赛。这是老生常谈了，但也是事实。教练应该让球员做好准备，来应付对手可能采取的任何战术。球队赛前训练需要涵盖所有可行的战术。球员赛前准备越充分，就越有信心通过赛前训练和临场发挥来限制对手的进攻。相反，没有做好准备的球队就容易陷入混乱、恐慌甚至最终输球。赛前准备的核心有两个重要的方面：有效的犯规策略和有效地利用暂停。在讨论特殊战术策略时，我们需要首先对这两个方面的主要策略进行研究。然后，对赛前分析进行介绍，以帮助球队为特殊情况做好准备。

使用犯规策略

大学时期，我曾解说过课堂内的篮球比赛，这也是课堂作业的一部分。这让我切身体会到了裁判的难处。每个比赛都有其独有的节奏，在比赛过程中，教练需要推测裁判的吹罚尺度，这对于比赛的投篮命中率和失误率都有着极其重要的影响。教练和球员必须对比赛的进展有所了解，教练要帮助球员了解根据比赛情况他们需要做的调整。举例来说，如果裁判允许野蛮的行为和大量的身体接触，那么，球员需要对此进行调整，而不是抱怨。优秀的教练明白，裁判的吹罚尺度是比赛的一部分，球队应该准备好对此进行相应的调整。

犯规是不可避免的，因此，具有相关的计划是十分必要的。我的犯规策略来自我对迪恩·史密斯教练的换人方式的观察。我并不知道这在他的理论中有多么深远的应用，但对我来说，把第 1、第 2 和第 4 犯规的球员换下，并让替补球员参与比赛，是比赛计划的重要组成部分。

犯规策略中，教练需要为每个首发球员指定一名替补球员。当首发队员第 1 次犯规时，预备的替补球员需要立即向裁判席报告，并换下首发球员。每个球员都要清晰地掌握这个策略，替补球员要随时为上场参赛做好准备。在制定好换人策略，且每个首发球员都有了各自的替补球员后，替补球员要明白，从开场哨吹响的那一刻起，他们就应投入比赛的节奏中，而不是等待教练的命令。每个替补球员还需要明白，首发球员可能会在下一次出现"死球"时返回比赛。另外，替补球员也可能会打很长时间的比赛。这种提前设置替补球员的策略，主要是为了应对首发球员很快就犯规两次的情况。很多时候，球员在进攻犯规后会心情不佳，并立刻出现防守犯规的情况。这一策略消除了这个潜在的问题。这一策略还有助于使所有替补球员从开场时就投入比赛，并有助于消除教练组选择首发球员时对情绪因素的考虑。对我的球队来说，这种首次犯规换人策略是比赛计划的既定组成部分。整个球队都接受了这种换人安排。

该策略同样可以用于第2次犯规。但是，第2次犯规造成的后果更严重，因为首发球员在下半场比赛开始前，犯规数量不得超过2次。因此，在上半场领到第2次犯规后，首发球员要等到下半场才能再次上场比赛。我所使用的策略中的这一部分，一直都很能使人信服。球员们往往认为自己不会发生第3次犯规，但是，篮球是一种与反应和情绪紧密相关的比赛，而教练的角色正是在每场比赛的最后时段内，尽量让最优秀的球员上场。

球员第4次犯规时，替补球员需要在比赛允许换人的第一时间立即上场。1980年的中东地区锦标赛中，我带领的普渡大学队与杜克大学队进行了冠军争夺赛。在这场比赛中，这一策略的有效性比其他任何比赛都更为显著。我方球队身高213厘米的全美最佳选手——中锋乔·巴里·卡罗尔在剩余6分钟时，被吹罚了第4次犯规。当时，普渡大学队在比赛中领先7分。我们向裁判席申请了换人，使来自亚特兰大的身高208厘米的泰德·本森替补出场。我们希望通过换人策略，将比赛拖延至剩余大约3分钟时，那时，乔·巴里·卡罗尔就可以重返比赛了。替补球员必须顶住接下来至少3个回合的进攻，来争取时间，以实现我们事先设定的计划。

那时，大学比赛还没有进攻时间的限制，因此，我们向球队发出的指示是，要控制进攻节奏（执行通用进攻战术中后卫传前锋的战术），每次进攻中，至少要执行2次战术，耐心寻找空位出手的好机会。我们的控球后卫布莱恩·沃克承担了控制进攻节奏的职责，并出色地执行了战术。布莱恩·沃克直接采用了后卫传前锋的战术。然后，他切入了远侧底角，并接住了传球。在接到球后，他运球离开，并重新开始执行进攻战术。杜克大学队能够抢到篮球的唯一方法就是对我们进行犯规，但是，他们并没有立刻意识到这个问题。我们拖延节奏的计划奏效了，最终，我们以68比60的比分赢得了比赛。

如果想要保护球员并使其不被罚下，区域联防战术是非常有效的选择。当一名球员犯规了4次，且球队需要使他不被罚下时，我们通常会使用区域联防战术，并将他安排在最不容易被攻击的位置，这样，这名球员就不会轻易在运球突破或抢篮板球时犯规。对乔·巴里·卡罗尔来说，这意味着他成了2-3区域联防战术中的侧翼球员，而不是中路球员。但是，如果一名后卫发生了第4次犯规，我们通常会采取1-3-1区域联防战术，并将其安排在底线。

有效利用暂停

在比赛中，主教练的任务是对场上的细节进行研究、探讨并将这些细节告知球员，包括在什么时候使用暂停。在大多数情况下，赛场上的形势变化决定了使用暂停的时机，但也存在着例外。1980年，在我带领的球队与普渡大学队进行的四强赛中，就出现了这样的例外。在印第安纳波利斯的第一场比赛中，与普渡大学队对战的是加利福尼亚大学洛杉矶分校队。加利福尼亚大学洛杉矶分校队是一支优秀的年轻队伍，迈克·桑德斯、迈克·霍尔顿和达伦·戴是他们的主力球员，具有出色进攻能力的身高203厘米的基基·范德维奇更是其中的杰出球员。普渡大学队也有一些极其优秀的球员。阿内特·霍尔曼是一名杰出的球员，也是一位防守专家，他总是会承担起防守对方顶尖球员的重任。他曾经防守过来自印第安纳大学的后卫以赛亚·托马斯、来自明尼苏达州大学的前锋凯文·麦克海尔和来自密歇根大学队的小埃尔文·约翰逊。而在这场比赛的整个过程中，霍尔曼和范德维奇之间的对决堪称经典。

有时，教练需要处理的这样的例外会发生在全美直播的比赛中。在每半场比赛中，会有3次为了插播广告而发生的暂停，它们具有固定的长度，如5分钟、10分钟或15分钟。如果其中一支球队在这一时间点主动请求暂停，这一段插播暂停就会被作废。插播暂停的另一个作用是，如果教练使用了暂停来质疑裁判的判罚尺度，或要求场上监督比赛的官员对判罚进行解释，而最终的结果对该队有利，则不会占用球队的暂停次数。但是，如果教练质疑裁判失败，球队就会失去1次暂停的机会。

霍尔曼在下半场刚开始，就发生了第3次犯规，这时，两队的得分十分接近。大约在下半场中段，普渡大学队还有2次叫暂停的机会。在下半场剩余10分49秒时，在一次篮下混战中，霍尔曼被吹罚了犯规。在我和我的教练团队看来，这个判给霍尔曼的犯规是很明显的错判，这次犯规应该判给普渡大学队的德雷克·莫里斯。我虽然对此坚信不疑，但还是没有轻易决定质疑判罚尺度，因为，如果最终结果依然对我们不利，我们的暂停机会将会只剩1次。但是，最终我还是对这次判罚提出了申诉，但申诉失败了，我们失去了1次暂停机会，而霍尔曼的犯规次数也达到了4次。随着比赛形势越发不利，我们不得不使用了最后一次暂停。这种情况使我们陷入了极大的劣势，因为我们清楚地知道，在如此重要的一场比赛中，为了策略的有效实施，我们需要在比赛快要结束时使用一次暂停。在很多情况下，当我们仅仅落后对手1分时，这样的暂停可以使我们获得优势，但我们已经没有暂停可用。最终，我们输掉了这场比赛。

我们的比赛结束后的下一场比赛是路易斯维尔大学队与艾奥瓦州立大学队的对战，在观看他们的上半场比赛时，上一场比赛的裁判们路过了我所在的位置。我们互相点头示意了。当他们走出几步后，其中一位裁判走了回来，说："教练，对不起，我的判罚失误了。"作为教练，一定要珍惜暂停的机会，因为它们是非常珍贵的！

　　另一个重要的教训是，教练需要明白暂停的价值，尤其是在比分接近的比赛中。有的教练常常在对方领先 6 分，甚至 8 分的时候才会使用暂停，在我看来，这已经太晚了。在大多数类似的情况下，对手的势头很盛时，球队会处于恐慌状态。与其等到最后一个回合再叫暂停，何不提前两三个回合就使用暂停，来让自己的球队更灵活呢？教练也许很快又需要叫一次暂停，但这是没有关系的。使用这样的暂停一定可以有效地削弱对方的势头。

赛前分析

　　高中篮球比赛、大学篮球比赛与 NBA 之间的主要区别之一是比赛准备。高中和大学球队通常每周打 2 场比赛，而 NBA 球队在赛季中期的比赛会比较密集，他们可能会在 5 天里打 4 场比赛，或者在 12 天里打 8 场比赛。高中球队每个赛季会打大约 25 场比赛，大学球队每个赛季会打 30 ~ 40 场比赛，职业球队则会打约 100 场比赛，包括常规赛和季后赛。NBA 球队经常会因连续多场比赛而失去一天的训练时间。尽管比赛场数各不相同，但一些基本的赛前准备步骤是相似的，包括分析比赛录像、球探报告、球员的技术特点和比赛日的模拟训练。

　　赛前准备的关键步骤之一是对两支球队的相对速度和敏捷性进行客观的分析。速度快的球队需要在团队和个人对决中，都充分利用这种速度上的优势。速度较慢的球队必须设法控制比赛节奏，并着重使用基础的篮球技术、持球假动作以及站位。如果对方的后卫速度很快，教练需要在其他位置上使用一名善于在后场进行控球的球员。

　　从 1996—2000 年，我在 NBA 夏洛特黄蜂队任职期间，大前锋安东尼·梅森经常承担把球带到前场组织进攻的职责。1975—1978 年，我在夏洛特大学队执教时，也曾使速度极快的杰出控球球员——中锋塞德里克·马克斯维尔完成在 10 秒内把球带入前场的任务。这两个大个子球员都具有相应的技巧和信心，能够在压力之下进行控球并发动进攻。由此可见，每天的全场运球训练（第 4 章）是教练和球队的重要信息来源。这样的策略使夏洛特大学队成功克制了密歇根州立大学队的速度更快的后卫，击败了当时在中东部地区排名榜首的密歇根州立大学队，并进入了 1997 年的 NCAA 四强赛。

　　同样，投篮能力差的球队也必须寻找其他得分方法。在这种情况下，防守通常是一个很好的均衡器。压迫式防守、包夹以及各种区域联防战术（例如，1 盯人 4 区域联防、区域盯人防守、利用球员的运动能力进行包夹等）可以干扰对手的进攻节奏，并且削弱他们的势头。不断变化防守策略，可以导致对手出现进攻失误，或使其投篮命中率下降。而高强度的防守也能给球队带来很多轻松投篮的机会，这样也会有效地提高球队的投篮命中率。投篮能力差的球队，也必须努力拼抢篮板球，在进攻时，抢篮板球可以带来补篮机会，在防守时，抢篮板球也可以有效阻止对方的二次进攻。

使用下面 5 个关键战术前，需要进行大量的赛前准备。

1. 合理利用进攻时间。
2. 应对全场紧逼防守。
3. 从后场通过转换进攻得分。
4. 从前场通过二次进攻得分。
5. 应对对方的破坏性防守。

NBA 中的赛前准备

下文将对一场比赛进行具体介绍，并指出双方赛前准备的不同之处。为了能够更加从容地应对挡拆进攻战术，高中和大学的球队可以通过两天的训练，来完善他们的技术。在训练到比赛之间的时间，很少有球队会改变自己的战术策略。但是，一支 NBA 球队在一周内，可能会遇到由不同的杰出球员使用的 4 种不同的挡拆进攻战术。如果跟随 NBA 球队参与了这样的 4 场比赛，你就会发现，这种情况下的赛前准备有多么困难。

随着赛季的推进，NBA 球队的训练和准备时间会减少。有的球队会遇到 5 天打 4 场比赛的赛程，通常第一场比赛的赛前准备是最充分的。赛前准备包括应对对手进攻战术的训练、比赛日的晨练、观看对方比赛集锦、熟悉对方球队标志性人物的比赛特点，以及针对对手在比赛中的出场球员，安排本方球员的防守任务。在比赛开始前，还会进行球探报告回顾和比赛录像分析。

比赛结束后，NBA 球队会搭乘包机飞往下一个城市，并在凌晨 1 点至 3 点到达酒店。第二天早上，参赛球员集合，11 点吃早餐，并观看前一天晚上的比赛录像或当晚的对手的录像。然后，球员在出场比赛之前，都可以提前休息。通常球队大巴分两批进入比赛场地，新秀球员和上场少的球员坐早班车，下午 5:30 左右出发，提前到达球馆，做一些准备工作。而主力球员会在下午 6 点左右离开酒店。赛前投篮热身后，教练会再看一遍球探报告，或再播放一遍对手以往的比赛集锦。比赛结束后，球队将重复前一天晚上的行程。第二天的训练通常比较轻松，因为主要参赛球员需要恢复体力。

在第三场比赛当天，球员重复吃早餐、看录像、休息、坐大巴、赛前投篮和到更衣室的行程。比赛结束后，他们会乘球队大巴至机场，前往下一个城市。在舟车劳顿的情况下，第四场比赛往往会变得更加困难，因为疲劳和注意力的下降会开始对球员造成干扰。准备工作主要是分析球探报告和看比赛录像。这时比赛的质量会有所下降，在长时间的比赛中，一些球队会出现发挥失常的情况。

　　球队需要留出足够的赛前训练时间，来对比赛中可能出现的种种情况做好准备，尤其是面对那些速度奇快或压迫性很强的球队时。以下介绍的 5 种情况是比赛中非常典型的情况，如果教练没有做好充分的准备，缺乏速度和敏捷性的球队将会成为待宰羔羊。在下文介绍的训练中，有 1 个训练展示了如何利用进攻时间来发挥球队的自身优势；有 6 个训练展示了在对方的防守侵略性较强，我方在后场承受较大压迫的情况下，如何得分；有 3 个训练展示了如何打半场阵地进攻，以及在进攻时间所剩无几时如何处理好边线球；有 3 个训练讲解了如何在激烈的比赛中处理底线球；最后 3 个训练讲解了教练在面对非常规的区域联防时，该如何准备和应对。

　　如果对手速度更快，或者球队需要面对 1 盯人 4 区域联防、3−2 联防或 1−4 菱形站位联防，那么教练必须在进攻策略的选择上做好准备。由于防守的强度会很高且充满破坏性，进攻方需要在高强度的对抗下完成得分。最重要的是，进攻战术必须有效且具有针对性。

　　在面对高强度和具有破坏性的防守时，教练可以通过特殊形势战术表，来掌握和分析进攻战术。特殊形势战术表如表 9.1 所示。球队需要对这些战术加以训练，并让球员都能够达到一定的水平，这样才可以取得最佳的效果。教练需要准备好多种选择，来应对不同的赛场形势和对手。

合理利用进攻时间

　　从 20 世纪 80 年代中期起，篮球比赛引入了进攻限时，比赛节奏变得更快、更流畅，而这改变了我们以往对控球的认知。经过几年间大大小小会议的讨论和测试，在 1985—1986 赛季 NCAA 的男子比赛中，正式使用了 45 秒的进攻限时。

　　进攻限时最终正式成为比赛规则后，以著名的四角进攻战术为代表的控球进攻模式便宣告退出历史舞台。如前文所述，四角进攻战术已成为北卡罗来纳大学的杰出教练迪恩·史密斯的标志性进攻战术。这是一种布阵平衡的进攻战术，其中三名球员在外线，另外两名球员在三秒区内或两侧底角。因为没有投篮的时间限制，所以一些球队会在领先时使用这一战术，球员之间距离较远，充分利用场地宽度拉开空间，让球员中最好的控球手控球。这时，篮球比分较低，反对这种打法的教练会感到无比愤怒，因为他们不得不追赶这名出色的控球后卫。通常，后卫会在运球后把球传给位于底角的队友，然后全速奔跑来接住回传，接着再次运球。防守方会尝试增加防守压力，但进攻方的球员分散在赛场各处，所以防守方能做的只是不停地追赶传球。停止进攻的唯一方法是对控球后卫进行犯规，但这名后卫往往也是一名杰出的投手。之后的比赛也会随之变为一场罚球比拼。而限制投篮时间便有效地消除了这种拖延进攻的战术。

　　在 1993—1994 赛季，NCAA 男子篮球比赛的进攻时间限制被调整到 35 秒。目前，NCAA 男子篮球比赛的进攻时间为 35 秒，女子比赛的进攻时间为 30 秒；而在 NBA 比赛中，进攻时间为 24 秒，以控制比赛节奏并迫使球员完成投篮。

表 9.1 特殊形势战术表

防守方策略	进攻方应对
全场紧逼防守（盯人或联防）	1 星 4 射进攻战术 ● 选项 1：后卫传球 ● 选项 2：大个子球员传球
全场压迫式防守（盯人）	后场发球得分战术 ● 翻盘战术 5-3 ● 接球一条龙上篮 ● 转移球空中接力 ● 佯装接球直冲篮下 ● 底线球接球球员站成一条直线 ● 边线球接球球员站成一条直线
前场边线球压迫式防守（SOB） ● 重点防守：两分球投篮 ● 重点防守：三分球投篮	前场边线球得分战术 ● 前场边线球盒子形状站位双人接球 ● X 形走位接球 ● X 形掩护走位突破分球，完成三分球投篮 ● X 形掩护走位接球形成单掩护 - 双掩护
前场底线球压迫式防守（BOB）	前场底线球得分战术 ● 内线双掩护 ● 接球球员呈盒子形状站位，双人交叉掩护 ● 接球球员站成一条直线 ● 空中接力
半场破坏性联防 ● 1-3-1 半场包夹防守 ● 1 盯人 4 区域防守 ● 3 区域 2 盯人联防	应对破坏性防守的进攻战术 ● 通用进攻战术 ● 三角进攻战术 ● 后卫前往至低位阵型 三人形成局部以多打少的投篮战术

SOB = 边线界外球
BOB = 底线界外球

　　球队也不会采用控制比赛节奏的进攻模式了，因为现在决定一场比赛胜负的，已经变成了得分能力和进攻战术的执行。

　　在当今的比赛中，已经没有球队使用绕场跑、控球模式或四角进攻战术了，但有些进攻战术会强调球员和球的移动、良好的投篮时机和球员的耐心。许多大个子球员早早地宣布参加 NBA 选秀，并转为职业球员，越来越多的球队也随之开始使用以速度和带球突破为重点的进攻方式。在进攻战术中，伴随着大量的掩护和移动的控球技巧仍然是非常重要的。还有一种讲究控球的进攻战术，是由 4 名球员呈菱形站位，由 3 名球员完成三角进攻战术，下文会对此进行详细说明。

　　由 3 名球员完成的三角进攻战术，是为了充分利用进攻时间限制，来取得对进攻节奏的掌控。根据场上形势，球队可以决定长时间使用或暂时使用这一进攻战术。如果球队早早就陷入了犯规的麻烦且需要使犯规球员留在场上，这种进攻战术尤其有效。它可以使球队得到稳定的得分机会，而不是一击必胜的快速投篮机会。

3 名球员的三角进攻战术

重点

通过利用进攻时间限制，来获得对比赛节奏的控制。

步骤

球员从半场开始，按照以下步骤完成训练。

1. 训练开始时，球员阵型为1-2-2，O1球员在三分线弧顶组织进攻。O5球员和O4球员位于两侧肘区，O2球员和O3球员位于两侧低位。

2. O1球员运球至罚球线延长线右侧，距离边线约1米的位置，保持运球状态。同时，O2球员需要完成一个向底角切入的假动作，并迅速反身兜回三分线弧顶，在必要的情况下，可以让O5球员进行掩护。O2球员需要移动至三分线弧顶，与O5球员的位置对齐。

3. O1球员在传球时，要掌握好时机，以确保O2球员接球时，身体面向篮筐而不是面向边线。传球后，O1球员进入右侧低位。

4. 接球时，O2球员用右脚做中轴脚护住球，并迅速带球向左移动，运球至罚球线延长线左侧的侧翼。位于左侧低位的O3球员，需要完成一个向底角切入的假动作，并切到中路的三分线弧顶，与O4球员在同一水平线上。必要时可以让O4球员进行掩护。

5. O2球员保持运球状态，掌握好时机完成传球，并确保O3球员接球时身体面向篮筐而不是面向边线。传球后，O2球员进入左侧低位（图9.1）。

6. O3球员在接到传球后，用左脚做中轴脚护住球，带球向左移动，来到罚球线延长线右侧的侧翼。位于右侧低位的O1球员，需要完成一个向底角切入的假动作，并切到中路的三分线弧顶，

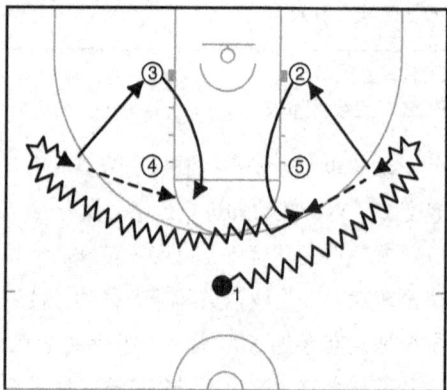

图9.1 3名球员的三角进攻战术

与O5球员在同一水平线上。必要时，可以让O5球员进行掩护。

7. 这一三角进攻战术可以保持一段时间，或完成固定的几组。球队需要具有固定的跑位战术。如果防守方针对O1球员、O2球员或O3球员加大了防守力度，那么，位于对面低位的球员需要全速沿对角线移动至被防守球员位置。如果持球球员开始运球，O5球员和O4球员需要立刻移动至该球员位置，为其提供支援。

这套进攻战术适用于使用三后卫且最终的目标是进攻篮筐的球队。同时，对于在边线或中路执行挡拆战术来说，它也是一种绝佳的战术选择。

应对全场紧逼防守

在设计全场进攻战术及应对一对一盯人防守和区域压迫式防守时，教练要重点考虑4个重要区域。球队要执行以下4个步骤，来完成一个回合，并在对方获得球权后，摆好防守阵型。

1. 球队需要在5秒内，把球发到界内。
2. 从球进入界内并被球员接触的那一瞬间开始，高中篮球队和大学男子篮球队需要在10秒之内带球越过中线。而在NBA和美国女子篮球职业联赛（WNBA）中，这个时间限制是8秒；大学女子篮球比赛则没有这样的时间限制。
3. 球进入前场后，教练需要决定是快速进攻，还是通过半场阵地进攻寻找机会投篮得分。
4. 进攻的队伍得分或丢掉球权后，球队需要迅速摆好防守阵型。

这里的每一个步骤，都需要根据球员的技术特点来制定不同的策略。下文中的1-4阵型进攻战术，在面对人盯人防守和区域联防战术时，都非常有效。在这个进攻战术中，将球发到界内时有两个选择：一个是传给后卫，另一个是传到低位。

1-4 阵型进攻战术与全场紧逼防守，选项 1

重点

在应对全场紧逼防守时的进攻战术执行、传球，以及观察能力。

步骤

球员从后场发底线球，训练开始。为了更清楚地分辨场上的位置，O1球员、O2球员和O3球员担任后卫，O4球员和O5球员为大个子球员。场地按进攻方视角分为左右两路。按照以下步骤完成训练。

1. 球队以1-4阵型站位。两个控球球员，O1球员和O2球员在两侧的侧翼，而大个子球员（O4球员和O5球员）位于两侧肘区，四人一条水平线站位。教练需要根据每个球员的技术特点，将他们放在最能发挥自身优势的位置。
2. 按照基本的把球发到界内的规则，发起进攻。球员有5秒的时间把球发到界内，他们可以使用底线走位。切忌从篮下将球发到界内。发球时，球员应该采用双手传球，同时需要明确，如果发球时球碰到了底线，会被吹罚违例，造成一次失误。

3. 1–4阵型进攻战术需要5名球员全部都参与进攻。无论O3球员在什么位置发球，无论球发给O1球员还是O2球员，进攻战术都是相同的。图9.2中，O3球员在右侧发球，但球队也需要练习从左侧发球的情况。

4. O3球员把球传给O1球员，并移动到罚球区的中路位置。O1球员接球后用中轴脚技术护球，在运球之前，调整姿势，正面面对防守球员。

5. O5球员沿对角线切过中场，并寻找机会完成接球。

如果无人盯防 O5 球员

6. 如果O5球员处于无人盯防的状态，则O1球员需要把球传给O5球员（图9.2）。

7. 在O1球员传球给O5球员后，O2球员需要快速穿过中场，等待O5球员的传球。O4球员离开当前位置，移动到O5球员对面，填补左路外侧的位置。

8. O5球员传球给O2球员后，来到右路牵扯对方的防守。

9. 此时，O2球员、O4球员和O5球员需要开始对抗防守方，并寻找机会突破防守，最终得分。

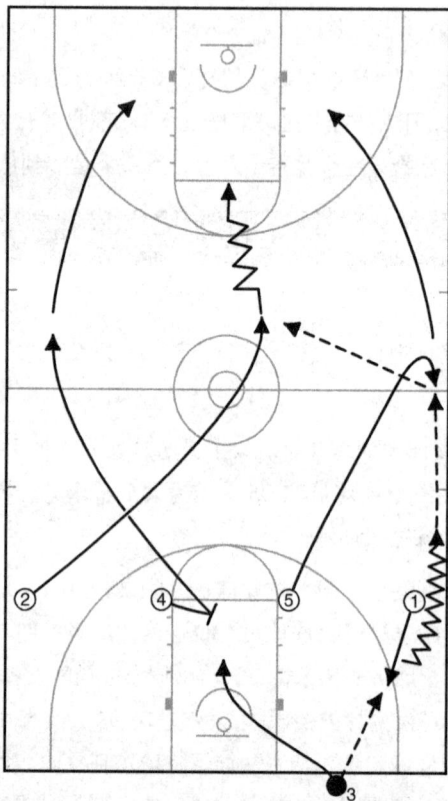

图9.2 1-4阵型进攻战术与全场紧逼防守，
选项1：无人盯防O5球员

如果有人盯防 O5 球员

6. 如果 O1 球员在接到发球后，有防守球员盯防，无法直接传球给 O5 球员，那么他需要看一下 O4 球员或 O3 球员的情况。如果他们也无法接球，那么，把球控制在后场是最后的选择。

7. 如果 O5 球员无法接球，O4 球员可以朝有球的方向切入，并进入 O1 球员的视线中。

8. 如果 O4 球员接到传球，需要转身并寻找 O2 球员。如果 O2 球员无法接球，O4 球员则需要传球给 O3 球员。

9. 接到来自 O1 球员或 O4 球员的传球后，O3 球员需要伺机将球转移给 O2 球员。O3 球员可能需要通过几次运球，才能找到更好的传球角度。

10. 接到球后，O2 球员需要寻找机会传球给 O1 球员，然后 O1 球员切入中路。O2 球员需要占据左路位置，O5 球员需要占据右路位置。

11. 接到球后，O1 球员攻击篮筐，O2 球员和 O5 球员分别占据左右两翼（图 9.3）。O1 球员寻找机会，进行传球、进攻或投篮。

12. 球进入前场后，进攻方需要积极地进攻篮筐。

布阵平衡和空间的控制对于这一进攻战术来说至关重要。

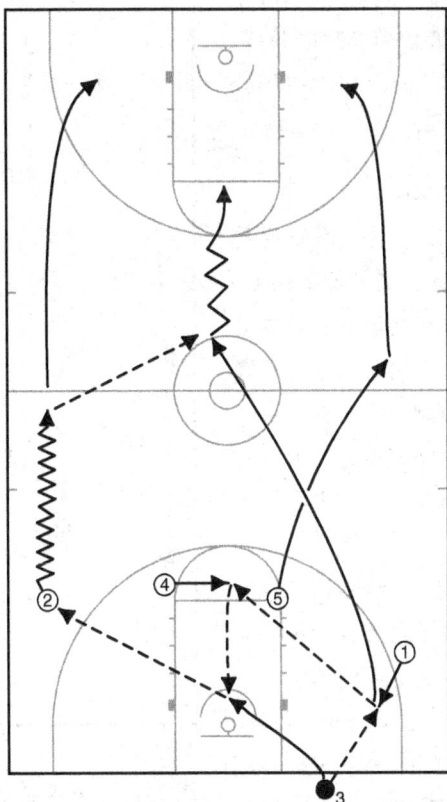

图 9.3 1-4 阵型进攻战术与全场紧逼防守，选项 1：有人盯防 O5 球员

1-4 阵型进攻战术与全场紧逼防守，选项 2

重点

在应对全场紧逼防守时的进攻战术执行、传球，以及观察能力。

步骤

按照图 9.2 所示阵型站位，在后场完成向界内传球，战术随之开始。按照以下步骤完成训练。

1. 球传到界内时，最佳的接球球员往往是 O1 球员，但是，如果防守方强硬的防守让 O1 球员无法顺利接球，O1 球员则需要尽量通过跑动摆脱防守，并寻找机会完成接球。

2. O3 球员发球时的第二个选项是让强侧的大个子球员（O5 球员）接球，O5 球员需要在接球后直接进攻。通常防守方几乎从不会让大个子球员（尤其是 5 号位球员）在防守时进入对方半场甚至三秒区里，所以 O5 球员通常要比对方的防守球员身材高大。

3. 给 O5 球员的传球需要使用从防守方小个子后卫头上传过的高吊传球，尤其是在防守球员正在对持球球员进行防守时。

如果无人盯防 O1 球员

4. O5 球员接到传球后，首先要看 O1 球员此时的位置。而此时 O1 球员需要把针对自己的防守球员带到底线附近，用右脚站住位置后，通过中轴脚技术快速转身，全速移动至防守球员的前方，并寻找机会接住来自 O5 球员的传球（图 9.4）。

5. 在弱侧，O4 球员会看到 O5 球员正在持球，O4 球员需要全速移动至中场，寻找防守薄弱的空位，寻找机会接住来自 O5 球员的传球。

6. 此时，球已经在 O4 球员的前方。如果 O4 球员确认 O5 球员已经把

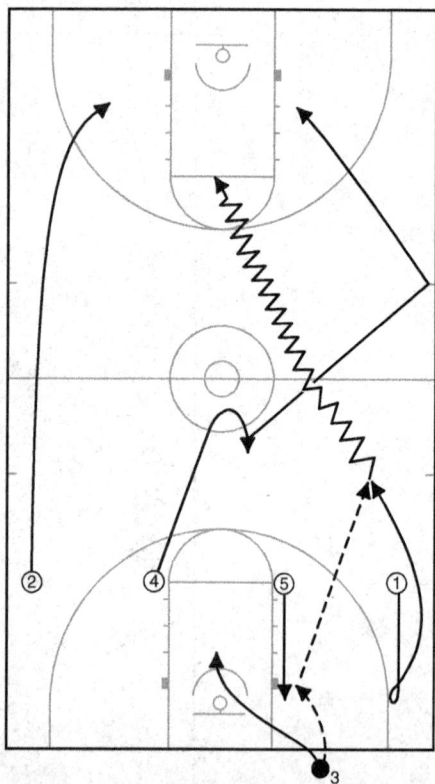

图9.4 1-4 阵型进攻战术与全场紧逼防守，选项 1：无人盯防 O1 球员

球传给了 O1 球员，O4 球员则需要沿对角线移动至强侧，并占据右路位置。

7. 在弱侧，O2 球员需要随时关注场上形势，并占据左路位置。

8. O1 球员、O4 球员和 O2 球员需要承担攻击篮筐的职责。

如果有人盯防 O1 球员

4. 当 O1 球员从边线反跑，却仍然无法摆脱防守时，O5 球员也有第二种传球方案。O5 球员具有三个选择：把球传给中路的 O4 球员、进入赛场的 O3 球员，以及远端边线附近的 O2 球员。

5. 如果 O5 球员选择传球给 O4 球员，O4 球员有两个选项：传给 O1 球员或 O2 球员。如果球传给了 O2 球员，此时 O4 球员在中路，而 O1 球员可以沿对角线切入中路位置。对于 O5 球员来说，最简单的选择是传给刚发完球，正在进入场内的 O3 球员。

6. 如果 O5 球员传球给 O3 球员，O3 球员需要将球传给 O2 球员，然后保持在中路，位于篮球后面，来对抗防守压力。

7. O2 球员接到传球后，需要运球几步，把球传给 O1 球员，然后占据左路位置（图 9.5）。

8. 当 O4 球员意识到自己已经无须继续在后场活动时，需要沿对角线移动至前场标志线，占据右路的位置。此时，O1 球员在中路，O2 球员在左路。

9. 发起进攻时，O1 球员需要决定是直接上篮、投篮，还是传球。

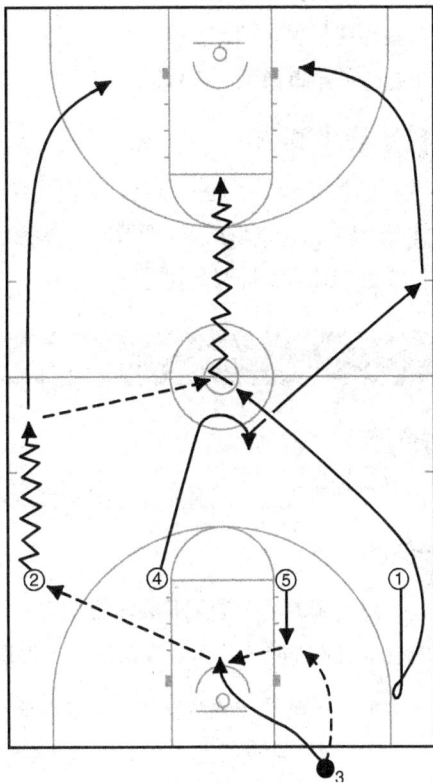

图 9.5 1-4 阵型进攻战术与全场紧逼防守，选项 2：有人盯防 O1 球员

从后场发球进攻得分战术

比赛到了第四节，时间所剩无几，球队从后场发起进攻时需要面对对方的全场扩大防守的战术，这本身非常具有挑战性。在这种情况下，无论是什么级别的球队，首先要解决的问题是如何把球发到场上。要成功地发出底线球，发球球员首先要信心十足，传球到位；还需要明白规则，了解在什么情况下自己可以在底线来回移动，什么

情况下中轴脚必须站住不能移动。球员还必须知道，在发底线球或边线球时，发球球员是不允许起跳的。熟知这些规则后，还需要发球球员在 5 秒之内把球发到场内，这不仅要求发球球员具有扎实的传球基本功，还要求其具有冷静理智的头脑。

在比赛进入最后阶段时，选择合适的球员带球入场需要教练深思熟虑。一个不错的策略是：让替补控球后卫发球，让先发控球后卫接球。这样做是为了使球一直在值得信任的控球手手中。当我在圣安东尼奥马刺队，希望从 NBA 自由球员名单中寻找一个可以签约的目标球员时，爱德·尼利引发了队内的讨论。爱德·尼利身高 198 厘米，是一个体格强壮的替补球员。圣安东尼奥马刺队总经理鲍勃·巴斯首先说："他是一名能够提供保障的球员，因为他擅长发球。"爱德·尼利在 NBA 的 12 年的职业生涯中把这件小事做到了极致。

翻盘战术 5–3

翻盘战术 5–3 是一种全场进攻战术，适用于比赛仅剩 5 秒且持球球队领先 1 分的情况。防守方球队必须立即抢断或者犯规，拿回球权。进攻方在 O3 球员和 O5 球员的位置上，必须安排两名罚球命中率高的球员。

翻盘战术 5–3

重点

目光放长远，同时专注于把球发入场内。

步骤

在比赛时间所剩无几，本方拥有球权的情况下，防守方势必会采用全场扩大防守的战术来施加防守压力。训练从后场发底线球开始，按照以下步骤完成训练。

1. O1 球员在底线发球，站在罚球线边线延长线的外侧。O2 球员与 O1 球员位于同一条直线上，大约距离 O1 球员 3 ~ 3.5 米，面向对方的篮筐。O4 球员在距 O2 球员约 3 米的位置，与 O1 球员和 O2 球员形成一条直线。

2. 主要的界内接球球员是 O5 球员和 O3 球员，两名球员分别站在罚球线中路位置和弱侧低位。

3. 当裁判把球传给 O1 球员并吹哨让其发球时，O4 球员需要为 O2 球员进行下掩护。O2 球员朝着内线做一个试探步，帮助 O4 球员获得一个更好的掩护角度后，向前场冲刺。如果 O2 球员在向前场冲刺的过程中，摆脱了防守球员，O1 球员可以直接把球传给 O2 球员，形成反击上篮。O4 球员完成下掩护后，移动到强侧的底角，等待队友传球。

4. 当 O5 球员发现 O4 球员为 O2 球员进行掩护后，落位在罚球线的角区，O3 球员需要为 O5 球员进行后掩护。O5 球员使用试探步，然后大步移动到弱侧的底角，等待 O1 球员的传球。O3 球员在完成掩护后，向 O1 球员切入，寻找机会接球。

5. O1 球员需要先观察 O2 球员的防守情况，然后观察右侧底角的 O4 球员的情况和冲向左侧底角的 O5 球员，伺机将球传给接球机会最好的球员（图 9.6）。

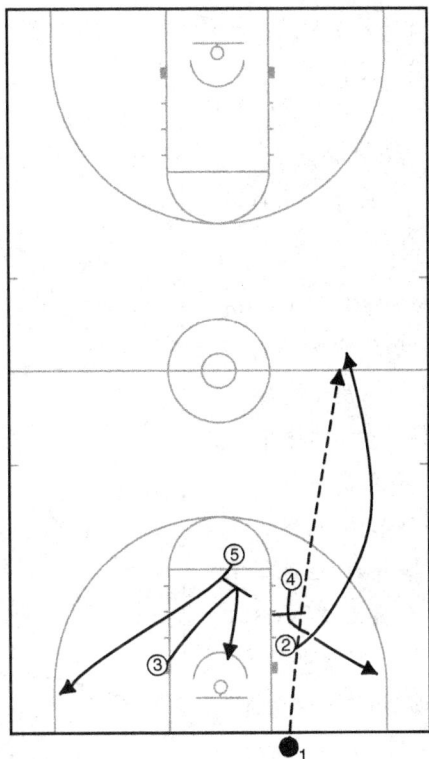

图 9.6 翻盘战术 5-3

接球一条龙上篮

只有在对方进球得分后，本方发球，发球球员可以沿底线跑动时，才可以实施接球一条龙上篮的战术。当防守方倾巢而出，全力以赴抢夺球权时，进攻方可以使用这个战术。当防守方 5 名球员实施全场人盯人扩大防守战术时，这个战术非常有效。球队需要通过训练和一些计谋才能有效地实施这一战术。只有通过训练，教练才能让球员找到适合自己的位置。负责投篮的球员应该有很快的速度，而传球球员必须能完成精准的长传球。

为了在图中进行说明，球员需要具有各自的编号，但是，在比赛中使用这一战术时，需要根据球员的具体技术特点来安排球员的位置。

接球一条龙上篮

重点

应对全场压迫式防守时，从后场长传并一条龙上篮得分。

步骤

对方进攻得分后，本方球员从后场发底线球，战术由此开始。这是为了应对全场紧逼防守而专门设计的进攻战术。O2 球员在场外发底线球，O1 球员在强侧的肘区，与O2 球员保持对齐。O4 球员位于强侧的侧翼。O5 球员位于弱侧低位，O3 球员位于弱侧肘区。O3 球员也可以在弱侧底角站位；如果 O3 球员不以速度见长，也可以站在底线外。按照以下步骤完成训练。

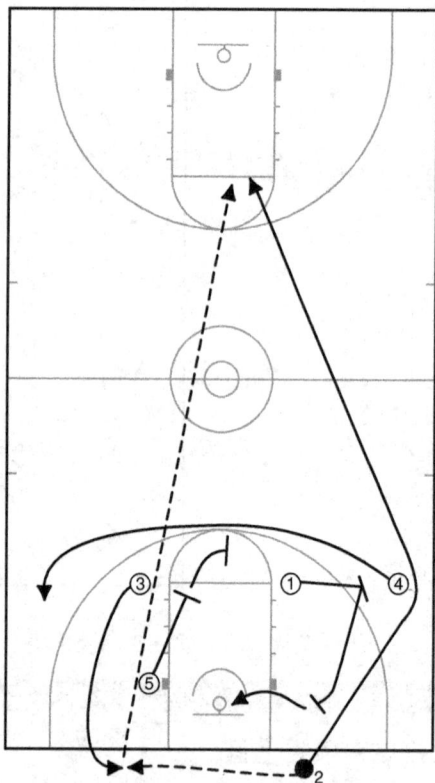

1. 战术开始，裁判把球递给 O2 球员发底线球。O5 球员佯装为 O3 球员进行掩护，但 O3 球员无视掩护，直接冲刺到界外，在底线接住 O2 球员的传球。

2. 同时，O1 球员佯装给 O4 球员进行掩护，并阻挡针对 O2 球员的防守球员。O2 球员传球给 O3 球员后，立刻利用 O1 球员的掩护，沿边线全速移动至前场，等待 O3 球员的长传球（图 9.7）。

3. 对于在场内其他球员的进攻战术：O1 球员可以在中路等待传球，O5 球员在三分线弧顶，并使 O4 球员绕过自己朝边线移动。O2 球员是战术的核心。

图 9.7 接球一条龙上篮

转移球空中接力

球队如果拥有优秀的传球手、弹跳能力出色的球员和关键时刻头脑清晰的球员，就可以利用空中接力战术来对抗对手的罚球。空中接力是攻防转换的一部分，但球队不应该每次都使用这样的战术。在进攻方暂停之后或有替补球员登场，防守方的注意力不是十分集中的时候，这套战术会起到出其不意的效果。防守方需要高度集中注意力，才能对其进行有效防守。

转移球空中接力

重点

在对手罚球命中后，通过二次快攻空中接力得分。

步骤

训练从后场开始，按照以下步骤完成训练。

1. 当对手罚球命中后，战术开始。在O1球员向强侧移动时，O4球员迅速将球传给O1球员。接着，O4球员进入中路。

2. O2球员和O3球员尽量在侧翼跑动，拉开空间；O5球员从中路直插三秒区。

3. O1球员将球传给在罚球线延长线附近的O3球员，记得加一些提前量给O3球员。O1球员完成传球后，全速移动至O3球员附近，然后切入强侧低位。

4. O5球员冲刺到三分线弧顶，接住来自O3球员的传球。接着，O5球员迅速将球传给位于弱侧侧翼的O2球员。

5. 传球时，O1球员需要移动至罚球线的中路，并针对O5球员进行后掩护。O5球员传球给O2球员时，需要向左移动，挡住防守球员，接着利用O1球员的掩护离开，等待O2球员的高吊传球，完成空中接力（图9.8）。

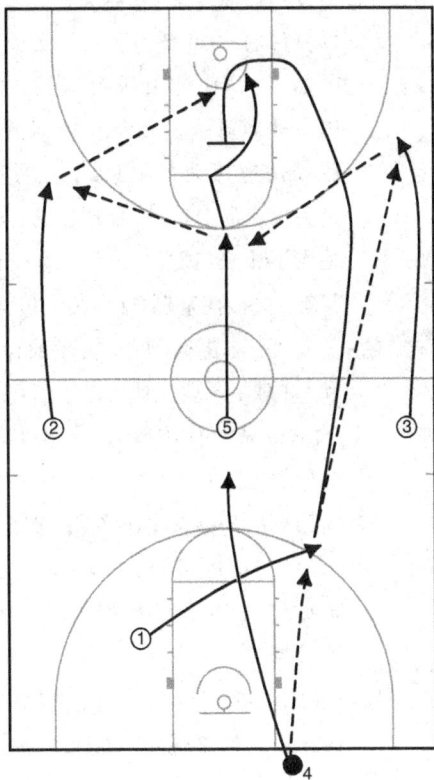

图9.8 转移球空中接力

佯装接球直冲篮下

这个战术成功的次数非常少，一个赛季中只有10~15次。这个战术通常会在半场比赛临近结束或全场比赛临近结束，且球距离对方篮筐很远时出现。在设计战术时，最好是有多种选择的组合，而不是仅使一名球员带球向篮筐进攻。佯装接球直冲篮下的战术在这些情况下是较好的战术选择。

佯装接球直冲篮下

重点

在所剩无几的时间里，面对对方的压迫式防守，从后场发球到篮下完成得分。

步骤

训练从后场发底线球开始。执行这个战术时，需要可以发出精准的长传球的 O4 球员、位于侧翼的两名出色的投球手（O2 球员和 O3 球员）以及位于中场的一名大个子球员（O5 球员）为小个子球员（O1 球员）进行掩护。按照以下步骤完成训练。

1. 当裁判将球递给 O4 球员，示意可以发球时，O5 球员需要移至中场区域，为 O1 球员进行掩护，O1 球员冲向篮筐。接着，O5 球员向后场快速移动 2 ~ 3 步，双手举过头顶，向 O4 球员要球。这样做是为了让 O5 球员处于无人防守的状态，并接住来自 O4 球员的传球。

2. 随着 O1 球员向前移动，O2 球员和 O3 球员需要全速移动至后场，O4 球员需要使用假动作，假意传球给他们。O2 球员和 O3 球员假装回到后场标志线处接球；接着，在 O4 球员传球给 O5 球员时，O2 球员和 O3 球员利用中轴脚技术迅速转身。

3. O5 球员接到球后，直接传球给 O2 球员或 O3 球员，使其完成上篮（图 9.9）。

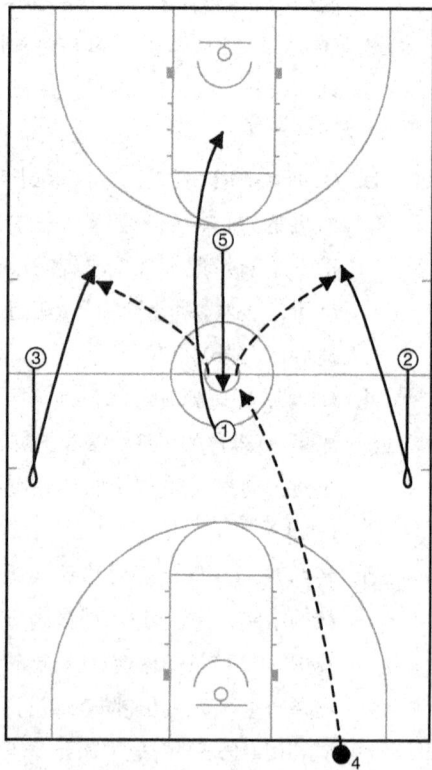

图 9.9 佯装接球直冲篮下

底线球接球球员站成一条直线

如果球队中没有大个子球员能够上场，面对对方的一对一压迫式防守时，球员们站成一条直线的战术是绝佳的应对策略。这个战术执行得成功与否，取决于球员的阵型站位是否恰当。进攻方无论是发底线界外球，还是因为对方得分而从底线发球，都可以使用接球球员站成一条直线的战术。此时，防守方一定是倾巢而出，5 名球员全部聚集在发球的半场，以防止进攻方偷袭得分。

底线球接球球员站成一条直线

重点

从后场发底线球并完成前场得分。

步骤

训练从后场发底线球开始，按照以下步骤完成训练。

1. O3 球员有 4 个传球选择。所有 4 名在场上准备接球的球员都面向 O3 球员，站成一条直线，两两之间相距 30 ~ 45 厘米。不需要事先规定球员的跑动路线，但球员要根据前面球员的行动做出反应，向无人防守的区域冲刺。当直线上第一名球员（O4 球员）跑出去后，负责防守 O5 球员的防守球员，必定会防止其直冲篮下，这时，O5 球员便获得了摆脱防守并完成接球的机会。

2. 当裁判将球递给 O3 球员，示意可以发球时，O4 球员需要迅速移动，摆脱防守，并全速移动至中场，准备直冲篮下。O4 球员既可以选择从右路移动，也可以选择从左路移动。

3. O2 球员向 O4 球员的反方向突围，而直线上的第三名球员（O1 球员）需要朝着 O2 球员的反方向突围。O5 球员需要高举双手，向 O3 球员要球（图 9.10）。

4. 球发到界内后，进攻球员需要各自寻找场上的空位，并带球进入前场。此时，针对 O3 球员的防守是最为薄弱的。

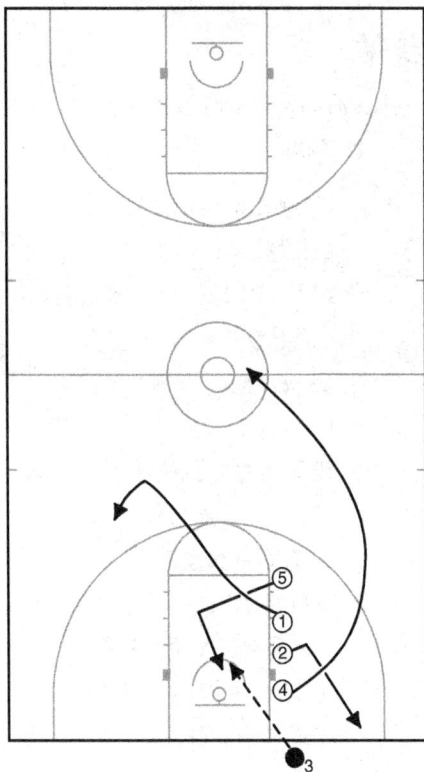

图 9.10 底线球接球球员站成一条直线

无论是对于将球发到界内，还是对于从后场发球完成得分，接球球员站成一条直线的战术都是非常有效的方法。

边线球接球球员站成一条直线

接球球员站成一条直线的战术非常实用，主要原因是，无论是获得底线球、后场边线球还是前场边线球，都可以使用这一战术。这套战术并不复杂，仅需进行一些调整，即可适应大多数情况，并且产生效果。当进攻方获得发边线球的机会时，球员会聚集在场地的一侧，而防守方也会在这一侧布置重兵。接球球员需要在罚球球员（O3 球员）的正前方排成一列，每个接球球员相距 30 ~ 45 厘米。

边线球接球球员站成一条直线

重点

面对压迫式防守时，从后场发出边线球并完成得分。

步骤

从后场发边线球开始，按照以下步骤完成训练。

1. O4 球员站在距离边线约 3 米的位置，与发球球员在一条直线上。O2 球员、O1 球员和 O5 球员依次站在 O4 球员身后。

2. O3 球员喊出"开始"的指令，O4 球员先摆脱防守、进行曲线移动并向篮筐冲刺。O2 球员的移动方向与 O4 球员相反。O1 球员的移动方向与 O2、O4 球员相反。O5 球员向 O3 球员方向的空位移动（图 9.11）。

3. O3 球员可以选择将球传给 4 名球员中的任意一名。O3 球员必须做出正确的选择，把球传到场内。

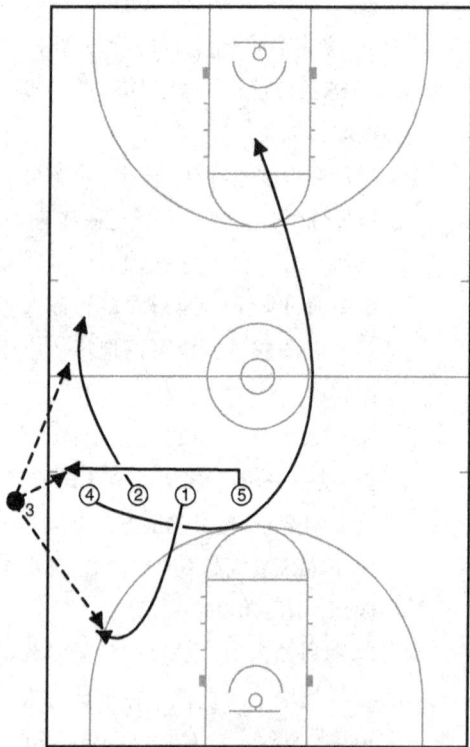

图 9.11 边线球接球球员站成一条直线

从前场发球进攻得分战术

在最后一个回合中，如果进攻方落后防守方但在 3 分之内，并且还拥有暂停的机会，那么，进攻方赢得比赛的机会就来了。这种进攻战术最让人担心的地方在于，如何能够把球传到最有机会投进绝杀的球员手中。教练必须牢记，无论球队采取什么样的战术，都要面对对方不惜一切代价的防守。因此，如果防守方下定决心不让进攻方的关键人物接球，其他球员必须有足够的警惕性，随时做好准备接住发球员的传球。

前场边线球盒子形状站位双人接球

防守方的防守强度决定了战术的目标是先把球传进场内然后组织进攻，还是使用一次传球之后完成得分。这种进攻战术被称为盒子形状站位双人接球战术，目的是从罚球线的延长线跑动到中场，在接到传球之后完成得分。

前场边线球盒子形状站位双人接球

重点

从前场发边线球，寻找机会完成得分。

步骤

训练从前场发边线球开始，按照以下步骤完成训练。

1. 4名接球球员站位呈一个盒子形状。O5球员和O2球员位于两侧低位，O4球员和O1球员位于两侧肘区。O4球员必须具有绝佳弹跳能力，因为他需要在这个战术中完成空中接力。

2. O4球员需要为O1球员进行交叉掩护。O1球员佯装给O2球员进行掩护，并转身利用O4球员的掩护离开。

3. O5球员移动至罚球线附近，准备为O2球员进行掩护。O2球员为O4球员进行后掩护，并利用O5球员的掩护向边线移动，此时O5球员位于没有防守的空位。

4. O3球员有4个发球选择：给O4球员发高球，使其完成空中接力；发给即将到强侧肘区的O1球员；发给底角的O2球员；发给为O2球员进行掩护后向球靠近的O5球员（图9.12）。

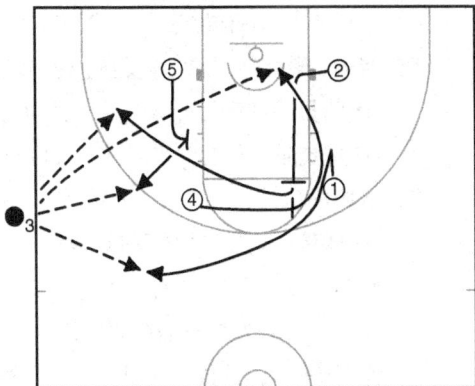
图9.12 前场边线球盒子形状站位双人接球

X形走位接球

如果比赛时间只剩下不到4秒，发出边线球后，接球球员几乎没有办法再组织进攻，只能使用X形走位接球战术。队友此时应该到底角，尽量带走防守球员，给执行最后一投的球员拉开空间。接球球员在投篮之前，可能还会有一点时间来调整、运球，并使自己面向篮筐。接球之后，球员没有办法继续组织进攻或将球传给其他队友，因为这样的话，大概率会出现失误或遭到抢断，所以只能孤注一掷。如果比赛时间还剩5 ~ 10秒，接球球员可能还会有时间进行一次挡拆配合或突破分球。如果球员有着极强的单打能力，无论是上述的哪种情况，X形走位接球都可以成为合适的战术选择。

X 形掩护走位接球

重点

保持阵型，正确执行进攻战术，在7秒内，完成从发前场边线球到最后完成两分投篮。

步骤

从发前场边线球开始，按照以下步骤完成训练。

1. O1 球员在篮下站位，O2 球员和 O3 球员在罚球线边线的延长线上、三分线两侧的位置。O5 球员站在三分线附近。

2. O3 球员首先需要切入左侧底角。O2 球员从 O3 球员的后方切入右侧底角。

3. O2 球员和 O3 球员完成跑动后，O5 球员转身并为 O1 球员进行下掩护。O1 球员需要利用 O5 球员的掩护，移动到三分线弧顶和中圈之间，找到空位接球的机会。

4. O4 球员发球进场后，立即移动至同侧低位，准备抢篮板球。此时，球队的阵型已经做好了执行进攻战术的准备。

5. 在大多数情况下，边线球会发给球队的控球后卫（O1 球员），而 O1 球员通常是球队中的最佳控球手，可以胜任突破上篮的角色。

6. 当 O1 球员利用 O5 球员的掩护移动后，O4 球员把球发到 O1 球员的手中，O5 球员移动到三分线弧顶，并再次为 O1 球员进行掩护（图 9.13）。接着，O5 球员站住位置，随时准备接住 O1 球员的回传球，并完成高位跳投。

7. 队内的最佳投手（在本例中为 O2 球员）站在 O1 球员同侧的底角。如果此时进攻方落后 2 分，O1 球员在攻击篮筐之前，需要确认底角的防守情况。

8. O1 球员有 3 个选择：带球突破、传球给 O5 球员完成两分投篮或传球给埋伏在底角的 O2 球员完成三分球投篮。

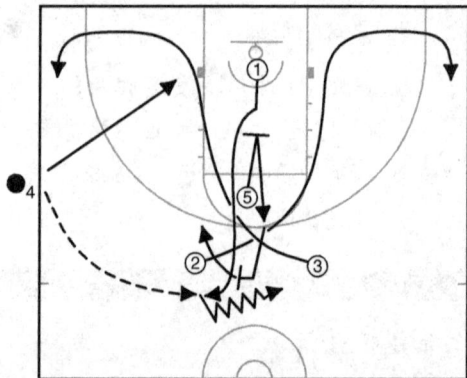

图 9.13 X 形掩护走位接球

这个战术需要让球队中的最佳投手埋伏在底角，并把球传到他的手中。控球后卫可以直接突破上篮完成得分，也可以突破分球把球传到外线。如果 O2 球员不仅是一个出色的投手，还具有优秀的控球技术，也可以让 O1 球员和 O2 球员互换角色，这样会对防守产生更大的威胁。在暂停期间，教练在战术板上布置战术时，应该考虑的是把球员放在他们感觉最舒服的位置上。教练应了解球员们的长处，知道他们喜欢从哪一侧投篮、习惯于从左路还是右路进行突破。对关键时刻的战术进行训练，是比赛管理中至关重要的一部分。这使得教练可以从中汲取相关知识。X 形掩护走位接球和突破分球的战术，可以为多个球员创造出不同的得分机会。

X 形掩护走位突破分球完成三分球投篮

重点

保持阵型，正确执行进攻战术，在落后 3 分的情况下，通过发边线球战术完成三分球投篮。

步骤

训练从前场发边线球开始。这个战术的最终目的是命中三分球，按照以下步骤完成训练。

1. 战术从 X 形掩护走位突破分球阵型开始，球员各自站好位置后，O4 球员准备把球发进场内。
2. O2 球员和 O3 球员需要切入各自一侧的低位，而不是移动至底角。
3. O5 球员为 O1 球员进行掩护，O4 球员发球传给 O1 球员。
4. O4 球员发球后，O3 球员需要为 O2 球员进行交叉掩护，O2 球员利用掩护移动到底角。O4 球员立即为 O2 球员进行双掩护，O2 球员需要利用 O4 球员的掩护完成蛇形走位，在底角寻找机会，完成接球就投的三分球投篮。
5. 在 O1 球员利用 O5 球员的掩护移动后，O5 球员需要移动到右侧低位，为 O3 球员进行双掩护的最后一重掩护，O3 球员则需要移动到三分线外，寻找机会，完成接球就投的三分球投篮。
6. 在接到边线球时，O1 球员有 3 种选择：如果有空位直接自己投篮、传球给 O2 球员完成三分球投篮或传球给 O3 球员完成三分球投篮（图 9.14）。

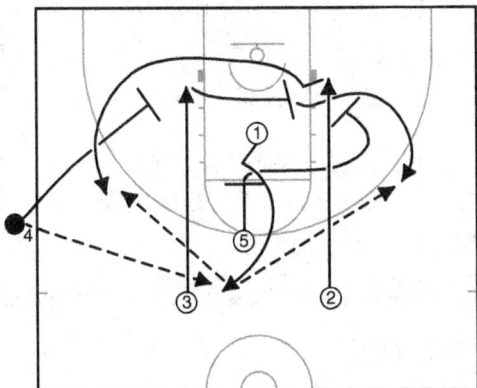

图 9.14 X 形掩护走位突破分球完成三分球投篮

这套进攻战术是为了使球队中的最佳三分球投手获得投篮机会。在当今的比赛中，很多球队的中锋也有着不错的外线投篮命中率，因此，在特殊情况下，教练可以考虑将这套战术中的 O5 球员和 O3 球员角色互换。

X 形掩护走位接球形成单掩护－双掩护

重点

保持阵型，正确执行进攻战术，在落后 3 分的情况下，通过发边线球战术完成三分球投篮。

步骤

训练从发前场边线球开始。这个战术的最终目的是命中三分球，按照以下步骤完成训练。

1. 战术从 X 形掩护走位突破分球阵型开始，球员各自站好位置后，O1 球员在中场位置接到队友发进场内的边线球。

2. 发球完成后，O3 球员需要移动到左侧三分线，O2 球员直接移动至篮下中路，O4 球员位于左侧低位的进行单掩护-双掩护的绝佳位置。

3. 为了找到进行掩护的适当位置，O3 球员比 O2 球员的站位要更靠近高位大约 30 厘米。O3 球员移动至罚球区，为 O2 球员进行交叉双掩护。在 O4 球员进行的第 2 个掩护下，O2 球员通过试探步，从中路切入。

4. 在 O2 球员利用 O3 球员的掩护移动后，O3 球员需要利用 O5 球员的掩护，移动到三分线外的位置。

5. O1 球员可以传球给 O2 球员或 O3 球员，他们的位置都可以完成三分球投篮（图 9.15）。

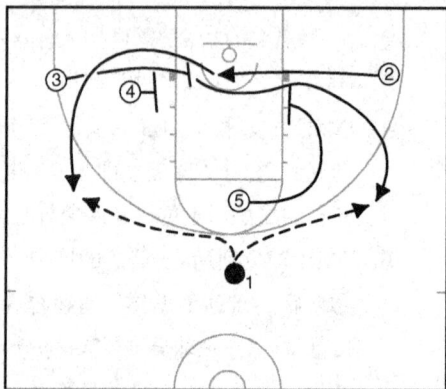

图 9.15 X 形掩护走位接球形成单掩护-双掩护

在这一进攻战术中，应该将球队中的 3 个最佳外围投手安排在 O1 球员、O2 球员和 O3 球员的位置。

内线双掩护

关于底线界外球的进攻战术，普遍存在的理论有两种：一是主张先把球发到界内，然后组织进攻；二是认为发球也是进攻得分的一个重要的环节。尤其是在比赛的关键时刻，教练要充分考虑场上比分、比赛所剩时间、进攻所剩时间、场上的球员位置，以及球员在比赛中的发挥等多种因素。内线双掩护的进攻战术，是将发球作为进攻得分的一部分来设计的，如果球队中有一个技术高超的投手可以胜任战术中 O2 球员的职责，这套进攻战术将会威力十足。迈克尔·乔丹在效力于芝加哥公牛队期间，几乎在每场比赛中都会使用这一进攻战术，迈克尔·乔丹正是战术中的投手。

内线双掩护

重点

通过假动作和传球，进行高质量的掩护。

步骤

训练从前场发边线球开始。这套战术的目的是让球队中的投手获得空位投篮的机会。在整套战术中，O4 球员和 O5 球员需要为 O2 球员进行掩护，最终，O2 球员移动到底角，完成接球就投。如果在比赛中使用了几次这样的进攻战术，就容易被对手识破，因此，可以对战术加以调整，让 O2 球员变成诱饵。最终传球给 O5 球员或进行第一重掩护的球员，而不是 O2 球员。按照以下步骤完成训练。

1. O3 球员在底线发球。O4 球员和 O2 球员分别位于强侧和弱侧的低位。O5 球员在罚球线下方，O1 球员在三分线弧顶位置。

2. 裁判把球递给 O3 球员，示意可以发球时，O5 球员需要为 O2 球员进行掩护。O2 球员需要利用 O5 球员的掩护移动到底角。但是，如果战术的目的是使 O5 球员投篮，O2 球员不需要立刻利用掩护移动到底角，而需要稍作停顿，等 O5 球员移动到低位后，再移动到底角。

3. O5 球员移动到低位，此时 O3 球员发完球进场，移动至另一侧的低位。O4 球员需要为 O5 球员进行坚实的后掩护，O5 球员在空位接球后，可以完成上篮（图9.16）。

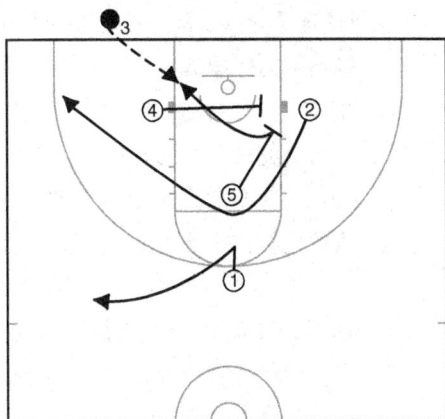

图 9.16 内线双掩护

接球球员呈盒子形状站位，双人交叉掩护

最简单的进攻战术往往是最有效的。发底线球时，接球球员呈盒子形状站位，这样很容易执行战术且容易迷惑对手。球员需要熟悉三种指令：交叉掩护、对角掩护和上掩护。每种指令都会提示球员完成一个角度的掩护。然后，球员可以在四个点的任意一个点站位，并执行进攻战术。例如，交叉掩护后的空位或投篮的位置，应该是与发球球员相对的肘区。如果球员喊出"交叉 2"的指令，表示战术的目的是给 O2 球员进行交叉掩护，让其有空位投篮的机会；"交叉 3"的指令表示战术的目的是给 O3球员创造机会，以此类推；如果指令是"对角 4"，则 O4 球员与发球球员需要在一条对角线上站位，在发球球员前侧的球员则需要跑动，进行掩护。进攻方需要找到对手防守薄弱的点，通过攻击篮筐，得到上篮或制造犯规的机会。

接球球员呈盒子形状站位，双人交叉掩护

重点

保持阵型，进行掩护，切入底角并完成传球。

步骤

训练从前场发边线球开始。接球球员呈盒子形状站位，按照以下步骤完成训练。

1. O1 球员在发球时，喊出指令"交叉 2"。O5 球员假装移动到内线接球，突然转身回到底角位置，让防守方误以为这次战术是为了让他完成三分球投篮。

2. O3 球员喊出指令"后掩护"，并向正在盯防 O2 球员的防守球员方向移动。O2 球员通过试探步移动至内线，和 O4 球员一起进行交叉掩护，挡住盯防 O2 球员的防守球员。

3. O2 球员利用掩护切入中路，寻找机会完成空中接力或上篮（图 9.17）。O4 球员保持挡住 X2 球员的掩护，获得空位，接球攻击篮筐可以作为该进攻战术的第二选项。O1 球员假装传球给 O5 球员，然后观察针对 O2 球员和 O4球员的防守情况，伺机传球。为确保战术安全执行，O3 球员需要移动至尽可能高的安全位置。

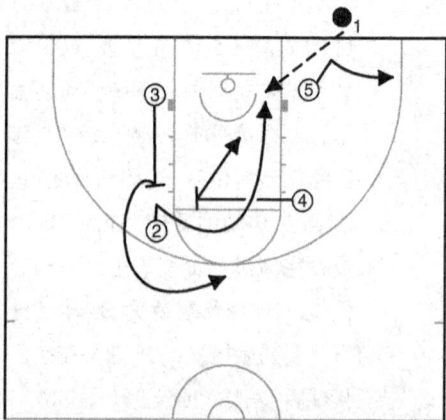

图 9.17　接球球员呈盒子形状站位，双人交叉掩护

接球球员站成一条直线

发边线球或底线球时，接球球员站成一排，是非常有效的战术。无论是后场球还是前场球，接球球员站成一条直线，既可以在篮下偷袭得分，也可以让球队把球发到界内，从容地组织进攻。这个进攻战术可以让教练员按照球队中球员的特点安排站位，可以根据自己的想法，安排不同的球员去发球、接球、组织进攻以及完成最后的投篮。

接球球员站成一条直线

重点

在面对对方的压迫式防守时，把边线球或底线球发到界内。

步骤

训练从前场发底线球开始，按照以下步骤完成训练。

1. O3 球员负责发底线球。其余球员站成一条直线，两两之间相距约 30 厘米。O2 球员在队列的最前面，位于有球侧的低位。O1 球员、O4 球员和 O5 球员依次站在 O2 球员的身后。

2. O1 球员绕过 O2 球员切入底线，接着，快速移动至中路，并转到边线方向，举手要球。O1 球员移动后，O5 球员使用试探步向中路移动，接着转身移动至底角，同样举手要球。

3. O4 球员进入罚球区，挡住盯防 O2 球员的防守球员。O2 球员进入三秒区内，再转身回到肘区，向边线移动，等待 O3 球员的传球。

4. 完成下掩护后，O4 球员朝有球的方向移动，可举手要球。O3 球员需要观察场上的形势，并决定是否要将发球到界内（图 9.18）。无论是哪个球员接到了传球，都要传球给 O1 球员，并让其组织进攻。

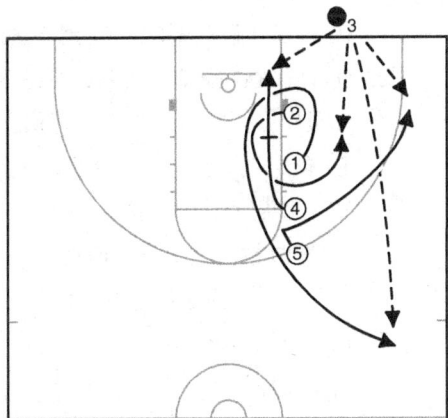

图 9.18 接球球员站成一条直线

如果教练只能选择一种发边线球或底线球的战术，就应该选择接球球员站成一条直线的战术。在高强度的防守下，这套战术非常有效果，且容易拉开空间，适用于场上的各种形势。如果防守方在底线布置了重兵防守，接球球员站成一条直线的战术可以提供多种不同的选项，而最终的目的都是将球发到界内，并尽快地将球传到控球后卫的手中。如果接球球员站成一条直线，4名球员都可以成为接球球员，发球球员需要观察哪位球员有空位，并应该把球发到防守最为薄弱的球员手中。进攻方必须注意，防守方会竭尽全力地牵制他们，因此在传球时，一定要找到有空位的球员。

空中接力

在发前场底线球时，空中接力也是一个可选择的进攻战术。想要成功地完成空中接力，球员必须确保许多关键要素。例如场上布阵需要保持平衡，这样涉及空中接力的球员，都能够有足够的空间完成技术动作。假动作很重要，而且必须要恰当地将其做出来。传球球员需要观察防守方的动向，把球传到扣篮球员可以完成扣篮的位置。在这种情况下，选择通过空中接力完成进攻，不仅球员要时刻保持专注，还要让球队的整体性与球员的技术特点相结合。

空中接力

重点

在面对压迫式防守时，发界外球完成空中接力。

步骤

训练从前场发底线球开始，按照以下步骤完成训练。

1. O1球员在篮下靠右的位置发底线球。
2. O4球员在左侧低位稍微靠罚球区边线的位置，O5球员在同一侧的肘区。O3球员在右侧肘区，O2球员埋伏在右侧底角。
3. 在喊出"开始"的指令后，O4球员假装为O5球员进行掩护。O5球员做出试探步的假动作，让防守方认为他要向外线移动。
4. O3球员立刻做出反应，上前进行交叉掩护。
5. O5球员转身，利用O3球员的掩护向中路移动两大步，等待O1球员的高吊传球，完成空中接力（图9.19）。

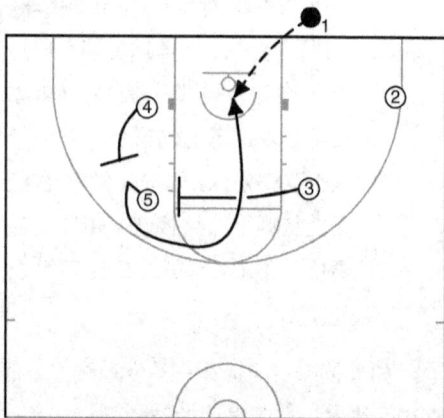

图9.19 空中接力

面对破坏性区域联防的进攻战术

在传统的进攻理念中，如果防守方摆出1名球员盯人防守加4名球员区域联防的阵型，破解办法是安排2名球员作为进攻尖兵；如果防守方摆出2名球员盯人防守加3名球员区域联防，破解的办法是安排1名球员作为进攻尖兵。进攻方摆好阵型后，球员可以通过移动，来创造执行三角进攻战术和局部以多打少的机会，形成在进攻中3对2的局面，这其中需要包括球队中的最佳投手。如果防守方使用以1盯人4区域联防、3区域2盯人、1-3-1阵型半场包夹等防守战术，使用这种进攻战术是奏效的。因为，这些防守阵型是专门为破解区域联防的进攻阵型而设计的。

在面对这些防守战术时，进攻方必须做好充足的准备，而这些准备正来自日常的训练。面对区域联防，特别是那些旨在破坏进攻节奏的区域联防时，进攻方需要集中注意力。大多数教练在常规的进攻战术中，都可以应付基本的2-3区域联防和3-2区域联防，但如果防守方通过包夹、限制进攻方关键人物接球等方式，破坏进攻节奏，进攻方则需要对其进行事先安排。教练需要精心设计进攻战术，确保球队中投篮最有把握的球员能够获得空位，并能将球传到他的手中。

1盯人4区域联防、3区域2盯人联防、1-3-1半场包夹防守是3种最常见的破坏性防守战术。遇到这种防守阵型，进攻方需要耐心地传球，寻找机会在局部形成以多打少的情况，保持场上布阵的平衡，充分利用场地的宽度拉开空间，并且通过球员的跑动及分球，创造出二次进攻的机会。

应对 1-3-1 半场包夹防守

实施1-3-1半场包夹防守是为了将进攻球员留在外线，对上篮严防死守。在第6章介绍的通用进攻战术中，后卫传前锋的进攻战术就是一个很好的破解1-3-1半场包夹防守的方式。在这套进攻战术中，投手被安排在了空位，且有大个子球员直插篮下，准备空中接力。这种进攻通常会从一侧发起，最后攻击篮筐时，则是在发起进攻的另一侧。

应对 1-3-1 半场包夹防守

重点

保持布阵平衡，执行进攻战术，在半场攻防中应对1-3-1半场包夹防守。

步骤

从半场进攻开始，按照以下步骤完成训练。

1. O2球员发起进攻，传球给O4球员，然后切入另一侧底角。
2. O5球员给O3球员进行掩护后，移动至低位，并尽量离开低位防守球员的视野。
3. O3球员从侧翼移动到有球侧肘区附近，找机会接队友传球并完成投篮。O1

球员使用 "V" 字形跑位，在三分线弧顶接到传球（图9.20）。

4. 随着进攻战术的开始，球员会在场上移动，阵型也会发生变化。O4 球员需要确认 O3 球员是否在中路防守球员身后向自己靠近。如果 O4 球员未将球传给 O3 球员，那么 O3 球员需要移动到有球侧的底线附近。

5. 当 O5 球员绕到防守球员的身后，到达篮下时，O1 球员需要寻找机会，向 O5 球员传球，并使其完成空中接力（图9.21）。如果没有机会，O1 球员需要完成运球，并将球传给 O2 球员，后者可能会选择投篮或把球传给位于内线的 O5 球员。

6. O4 球员把球传给 O1 球员后，需要重新回到肘区附近，并与 O2 球员和 O5 球员形成三角进攻的站位。

这套战术可以为球队提供多个绝佳的投篮机会，且能够确保篮下始终有球员。

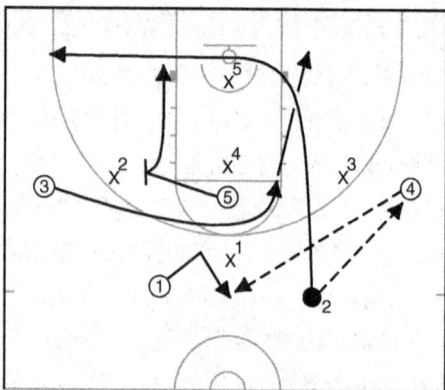

图9.20 应对 1-3-1 半场包夹防守：传球到三分线弧顶

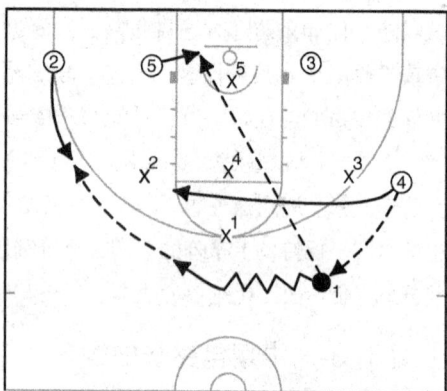

图9.21 应对 1-3-1 半场包夹防守：传球到内线

应对 1 盯人 4 区域联防

实施 1 盯人 4 区域联防防守，是为了对进攻方的关键人物进行一对一防守，并通过区域联防对进攻方其他的球员进行防守。其目的是阻止某一位球员得高分，尽量限制他的投篮视野，减少他的投篮得分机会。有时，教练会将 1 名盯人防守球员，用来重点防守对方最善于处理球的球员，以破坏对方的组织进攻节奏。经过一些修改后，第 6 章介绍的通用进攻战术为这样的进攻需求提供了战术选择。

应对 1 盯人 4 区域联防

重点

面对 1 盯人 4 区域联防时，保持正确的进攻阵型，执行进攻战术。

步骤

X2 球员负责防守 O2 球员。球员从半场开始执行通用进攻战术，按照以下步骤完成训练。

1. 进攻方需要打破防守方的 4 名球员盒子形状站位的区域联防，战术随之开始。O1 球员传球给 O3 球员后，O3 球员需要将球回传到 O1 球员手中。接着，O1 球员传球给 O2 球员，O2 球员传球给 O4 球员。O2 球员切入强侧低位，并阻挡防守 O4 球员的 X4 球员。

2. O3 球员利用挡住 X4 球员的掩护，移动至强侧的底角。

3. O4 球员传球给 O3 球员，并移动至弱侧低位（图 9.22）。O1 球员移动到侧翼，站在 O4 球员原本的位置，并准备接球。O5 球员保持在中路的高位，并获得空位。

4. 阵型重新排列后，O1 球员持球位于侧翼，O3 球员位于有球侧的底角，O5 球员位于有球侧的高位肘区，O4 球员位于弱侧低位。O2 球员位于有球侧的低位，进行掩护挡住防守方的 X4 球员，并尝试牵扯对方两名后卫的防守。

5. O1 球员、O3 球员和 O5 球员需要建立三角进攻的阵型，三名球员都需要找机会完成空位投篮（图 9.23）。进攻的目的是发现防守中的漏洞，并让球队中的最佳投手站在这些位置上。

6. 如果控球后卫（O1 球员）决定通过运球进行转身，O2 球员需要利用 O4 球员的掩护，兜出来接球。在这种情况下，O5 球员需要继续留在高位，从罚球线的一侧来到另一侧，与在低位的 O4 球员及在侧翼的 O2 球员再次形成三角进攻的阵型。

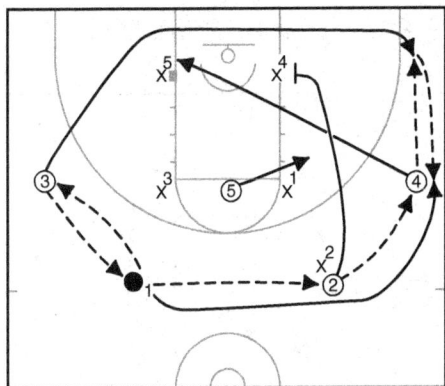

图 9.22 应对 1 盯人 4 区域联防：打破防守方的区域联防

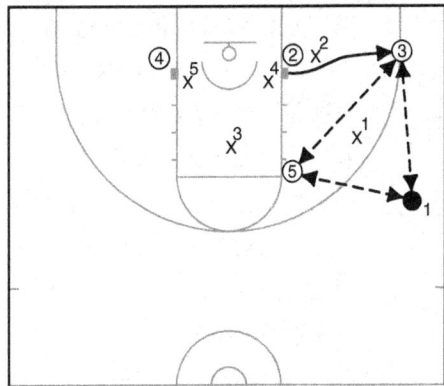

图 9.23 应对 1 盯人 4 区域联防：建立三角进攻的阵型

应对3盯人2区域联防

实施3盯人2区域联防的目的是给那些不太擅长外线投篮的球队施加压力。这种防守战术对于篮下进攻非常有效，但是面对跳投时，就没有那么大的威力了。3盯人2区域联防是一场心理战，让不擅长投篮的球员在自己不擅长的位置投篮，同时对擅长投篮的投手持续施加压力。但是，只要球队有严明的纪律，通过耐心地传球，总能寻找到好的得分机会。

3盯人2区域联防在一些情况下会极其有效。2003年的NCAA中，奥本大学老虎队虽然以1分之差惜败于最后获得冠军的雪城大学队，但是，在那场比赛中，奥本大学老虎队的表现极其出色。奥本大学老虎队的防守战术打乱了雪城大学队的进攻节奏，让雪城大学队平时行云流水般的进攻战术无法发挥。当对方的关键球员、主力得分手或球队组织者把球传出后，奥本大学老虎队会让这些球员很难重新拿到球。而雪城大学队想要赢得比赛，角色球员就必须有超常的发挥，必须在抢篮板球、助攻和篮下得分方面做得十分出色，而事实是，这些角色球员打出了一场精彩的比赛。虽然最后的结果是雪城大学队获胜，但是，他们也费了很大的力气才经受住了这场考验。

应对3盯人2区域联防

重点

面对3盯人2区域联防时，在局部形成三角进攻的阵型，进而形成以多打少的态势，为投手和抢篮板球的球员创造空间。

步骤

球员由半场处开始，按照以下步骤完成训练。

1. 防守方的X4球员和X5球员在与底线平行的一条直线上，进行底线防守。其中一人的主要任务是防守对方的底线跳投，另一人的任务是防守低位。X3球员的防守范围是中路和三分线弧顶。X1球员和X2球员负责盯防对方的两名后卫，迫使进攻方的O3球员、O4球员和O5球员在外线投篮。

2. O1球员传球给O5球员。

3. O1球员和O2球员移动到各自一侧的低位（图9.24）。O1球员和O2球员会造成低位的拥挤。他

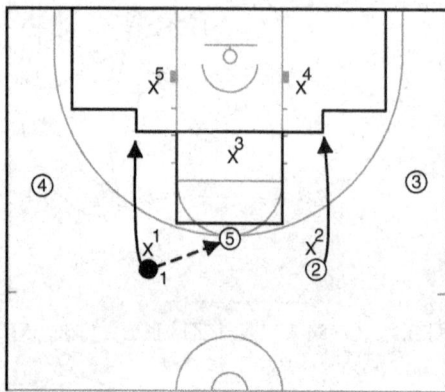

图9.24　应对3盯人2区域联防：潜入低位

们需要挡住在底线防守的球员，或者通过交叉掩护获得空位并完成接球。

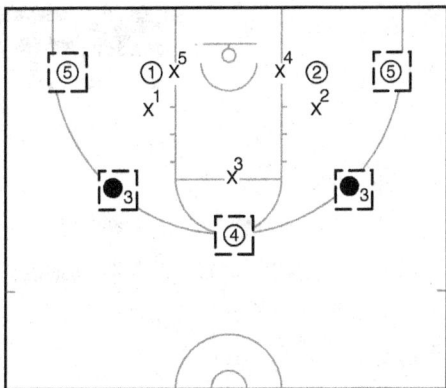

图 9.25　应对 3 盯人 2 区域联防：寻找空位投篮

4. 低位以外的区域是防守方战略性放弃的地方，这里会有空位接球的机会（图 9.25）。底角、侧翼和三分线弧顶是进攻方有机会空位投篮的区域（即图 9.25 中虚线方框区域）。

5. 为了能够更好地判断场上的形势，需要让 O3 球员持球，O4 球员在三分线弧顶，O5 球员在底角。从右路发动进攻时，O3 球员和 O5 球员在底角，可以制造一个 2 打 1 的局面，即 O3 球员到底角之后，与底角的 O5 球员面对防守球员 X4；或者 O3 球员和三分线弧顶的 O4 球员一起面对防守球员 X3。从左路进攻的情况是相同的，除了 X4 球员变成 X5 球员，剩下的没有变化。

6. 如果球能够在 O3 球员、O4 球员和 O5 球员之间转移，并慢慢向篮筐推进，就一定能创造出开阔的投篮空间。

要确保使用合适的球员担任投手，且确保抢篮板球的球员能够进攻篮筐。

破坏性防守会给大多数球队带来麻烦。在季后赛的比赛中，教练必须考虑到对手经常使用这些非常规防守手段的可能性。有些球队在背水一战时会使用通过 1 盯人 4 区域联防、3 区域 2 盯人联防、1-3-1 半场包夹防守等破坏性防守战术，以博得获胜的机会，正如奥本大学老虎队差点击败了雪城大学队那样。成功的教练会提前为比赛中会出现的各种情况做好准备，包括对方的全场压迫式防守、发界外球时受到的压迫式防守，以及破坏性防守等，而不是等比赛开始后才对战术进行调整。

关于作者

李·罗斯（Lee Rose）

李·罗斯的执教生涯是从担任高中篮球队教练开始的；随后，他开始在大学篮球队担任助理教练；再之后，他成了位于肯塔基州莱克星顿市的特兰西瓦尼亚大学的主教练和体育指导员。

1975年，北卡罗来纳大学夏洛特分校聘请罗斯担任主教练和体育指导员。罗斯到任后不久，学校就尝到了"甜头"。当时，罗斯在该校执教的3个赛季中创造了72胜18负（胜率为80%）的纪录。1976年，他带领北卡罗来纳大学夏洛特分校篮球队闯入NIT决赛。1977年，他带领北卡罗来纳大学夏洛特分校篮球队闯入NCAA半决赛；同年，罗斯被 *Sporting News* 评选为"美国年度教练"。

1978年，罗斯离开北卡罗来纳大学夏洛特分校，来到普渡大学任职。在这期间，他带领一线队闯入NIT决赛，又于1980年带领一线队闯入半决赛。当时，作为普渡大学锅炉工队的教练，他创造了50胜18负的纪录。后来，他接受了南佛罗里达大学的邀请，成了他们篮球队的主教练。那个时候，该校的篮球项目仅有10年的历史。

作为一名大学篮球队的主教练，罗斯的胜率约为70.5%（388胜162负）。同样令人印象深刻的是，罗斯任职的每个协会都曾授予他"年度教练"的称号，包括肯塔基大学生体育协会、美国大学体育协会太阳带联盟和十大联盟。2001年，罗斯入选肯塔基州运动名人堂。

大学执教生涯结束后，罗斯来到NBA，继续担任5支球队的助理教练，这5支球队分别为：圣安东尼奥马刺队、新泽西网队、密尔沃基雄鹿队、夏洛特黄蜂队和夏洛特山猫队。此外，李·罗斯还是密尔沃基雄鹿队的球员人事部副主管。他还担任过NBA发展联盟的教练顾问和教练主管。NBA还聘请罗斯负责NBA选秀前训练营的场上指导和训练，时间长达15年以上。

关于译者

张磊

张磊是体育教育训练学（篮球方向）硕士、首都体育学院篮球教研室教师、篮球国际级裁判、北京市篮球运动协会裁判委员会副主任。作为现役国际级裁判，他曾多次代表我国在世界级篮球赛事中担任裁判，并长期在中国男子篮球职业联赛（CBA）、中国女子篮球职业联赛（WCBA）、中国大学生篮球联赛（CUBA）的常规赛、季后赛、总决赛和全明星赛中担任裁判。他曾在各类国家级期刊发表学术文章 20 余篇，包括 2 篇 SCI 期刊文章；独自编写《篮球裁判手势操》并参与其他 6 本图书的编写。他的主要研究方向：篮球教学与训练。

李野鹏

李野鹏是体育教育训练学（篮球方向）硕士、首都体育学院篮球教研室教师、篮球国家一级运动员、游泳国家一级运动员。他拥有多年的篮球教学与训练经验，曾以主教练身份带领首都体育学院篮球队参加国家级比赛并取得较好成绩（8 强）。他于 2005—2008 年在第 29 届奥林匹克运动会组织委员会工作；于 2019 年前往丹麦葛莱体育运动教育学院进行交流学习。他的主要研究方向：篮球教学与训练。